MANUAL DE SINDICÂNCIA PATRIMONIAL

APURAÇÃO DE ENRIQUECIMENTO ILÍCITO

Teoria e Prática, inclui estudo de caso

2ª Edição
Atualizada pela Lei 14.230/21 – Improbidade Administrativa

Freitas Bastos Editora

Copyright © 2022 by Claudio Roberto Paz Lima, José Ricardo Bento Garcia de Freitas e Marco A. S. Ricciardi Jr.

Todos os direitos reservados e protegidos pela Lei 9.610, de 19.2.1998. É proibida a reprodução total ou parcial, por quaisquer meios, bem como a produção de apostilas, sem autorização prévia, por escrito, da Editora.

Direitos exclusivos da edição e distribuição em língua portuguesa:
Maria Augusta Delgado Livraria, Distribuidora e Editora

Editor: Isaac D. Abulafia
Diagramação e Capa: Madalena Araújo

Dados Internacionais de Catalogação na Publicação (CIP) de acordo com ISBD

R436m	Ricciardi Jr., Marco A. S.
	Manual de sindicância patrimonial: apuração de enriquecimento ilícito / Claudio Roberto Paz Lima, Marco A. S. Ricciardi Jr., José Ricardo Bento Garcia de Freitas. - 2. ed. - Rio de Janeiro, RJ: Freitas Bastos, 2022.
	292 p. ; 15,5cm x 23cm.
	ISBN: 978-65-5675-192-4
	1. Administração pública. 2. Sindicância patrimonial. 3. Enriquecimento ilícito. I. Lima, Claudio Roberto Paz. II. Freitas, José Ricardo Bento Garcia de. III. Título.
2022-2480	CDD 350 CDU 35

Elaborado por Odilio Hilario Moreira Junior - CRB-8/9949

Índice para catálogo sistemático:
1. Administração pública 350
2. Administração pública 35

Freitas Bastos Editora
atendimento@freitasbastos.com
www.freitasbastos.com

MANUAL DE SINDICÂNCIA PATRIMONIAL

APURAÇÃO DE ENRIQUECIMENTO ILÍCITO

Teoria e Prática, inclui estudo de caso

2ª Edição
Atualizada pela Lei 14.230/21 – Improbidade Administrativa

CLAUDIO ROBERTO PAZ LIMA
MARCO A. S. RICCIARDI JR.
JOSÉ RICARDO BENTO GARCIA DE FREITAS

AGRADECIMENTOS

Claudio Roberto Paz Lima

Agradeço a Deus, pela vida. Aos meus pais, Francisco Ximenes e Maria Hosana pela formação moral e amor incomparável, extensivo aos meus irmãos Carlos Antônio, Francisco Wellington, Lauro Sérgio e Maria Liduina. Agradeço especialmente à minha esposa Silvia Regina Alfradique por todo o apoio, amor e amizade de todos os dias. Expresso a minha eterna gratidão ao Delegado de Polícia Jayme Berbat Filho, que me inspira com sua capacidade e entusiasmo profissional. Ao Procurador do Estado do Rio de Janeiro, Dr. Paulo Enrique Mainier, que sempre divide conosco os seus conhecimentos acerca de sindicância patrimonial, buscando o aprofundamento do estudo nesta importante matéria. Agradeço ainda a todos que colaboraram com o sucesso da primeira edição do Manual de Sindicância Patrimonial. Ao Livreiro Wilsinho, pelo apoio incondicional na divulgação da nossa obra e pelo atendimento inigualável em sua livraria, bem como a todos que fazem parte da editora Freitas Bastos, na pessoa do editor Isaac.

José Ricardo Bento Garcia de Freitas

Agradeço, inicialmente, a Deus, pelas asas que me deu, pelo sustento do meu voo e pelas culminâncias a que me permitiu atingir. Igualmente, agradeço aos meus pais, Cid Canella Tavares e Emma Bento Garcia de Freitas Tavares, por tudo que sou. Tudo! À minha amada esposa, Cristina Teixeira da Fonseca, a flor que Deus plantou no meu coração, por todo amor, amizade e dedicação com que me presenteia diariamente. Ao Corpo de Bombeiros Militar do Estado do Rio de Janeiro, que me honrou com a mais bela missão: vidas salvar. Aos Delegados da PCERJ Wagner Ramos Pereira e José Luiz Coutinho de Carvalho por me terem aberto as portas da Corregedoria Geral Unificada. Enfim, aos ex-Corregedores-Gerais Desembargadores Giuseppe Vitagliano, Telma Musse Diuana e Ivone Ferreira Caetano, pelos valiosos ensinamentos e confiança em mim depositada.

Marco A. S. Ricciardi Jr.

Agradeço, em memória, a duas grandes mulheres: minha mãe, Suely de Queiroz Vieira e minha avó, Vera Salviano de Queiroz Vieira; à minha mulher Susane Velasques, pela dedicação e amor, e por ter me dado dois filhos espetaculares: Natália Velasques Ricciardi e João Guilherme Velasques *Ricciardi.; aos ilustres amigos que acompanham a minha caminhada, Delegados da Polícia Civil do Estado do Rio de Janeiro: Marcelo Fernandes Rodrigues e Jayme Berbat; ao Procurador de Fazenda do Estado do Rio de Janeiro, Paulo Enrique Mainiere, ao Auditor de Controle Interno do Estado do Rio de Janeiro, Victor Marcell e ao Grande Criador por toda a Graça recebida.*

APRESENTAÇÃO

A presente obra é fruto da experiência dos autores na área correcional, especialmente na condução de investigação patrimonial voltada à apuração de enriquecimento ilícito por parte de agentes públicos, bem como na instrução de processos administrativos disciplinares.

No que concerne aos autores, tem-se que o Comissário de Polícia Civil Claudio Roberto Paz Lima e o Perito Criminal Marco Antonio Ricciardi atuaram na comissão de sindicância patrimonial da Corregedoria Geral Unificada Secretaria de Segurança do Rio de Janeiro (CGU). O Coronel José Ricardo Bento Garcia de Freitas, oficial da reserva do Corpo de Bombeiros Militar do Estado do Rio de Janeiro (CBMERJ), trabalhou por quase uma década no mesmo órgão correcional, exercendo o cargo de Superintendente do CBMERJ/CGU.

Toda a expertise adquirida ao longo da trajetória profissional dos autores, somada às pesquisas e estudos sobre esse importante tema, culminaram na publicação da primeira edição do Manual de Sindicância Patrimonial, que teve por escopo apresentar a sindicância patrimonial como um dos mais modernos e eficazes instrumentos de que a Administração Pública dispõe para coibir a corrupção, por meio da descoberta de enriquecimento ilícito por parte de agentes públicos.

A primeira edição foi muito bem recepcionada no âmbito das Corregedorias, das Controladorias e nos ambientes acadêmicos, uma vez que os autores apresentaram, de forma didática, os conceitos e os procedimentos imprescindíveis para uma correta investigação patrimonial na esfera administrativa, bem como os dispositivos legais que amparam esse tipo de apuração.

Os autores tiveram a preocupação de demonstrar, de modo prático, que a investigação patrimonial, levada a efeito em procedimento administrativo denominado sindicância patrimonial, não se confunde com a apuração realizada por meio de inquérito civil ou ação de improbidade, uma vez que tais procedimentos podem e devem coexistir, cada um na sua esfera de competência.

É importante também frisar que a investigação patrimonial não constitui um fim em si mesma, mas um meio pelo qual a hipótese de enriquecimento ilícito de agente público poderá ser indiciada, vindo a exsurgir, então, a obrigação de instauração do devido processo administrativo disciplinar (PAD), procedimento este que mereceu ser tratado com maior relevo nesta segunda edição.

Assim, como exposto na primeira edição, muito embora o enriquecimento ilícito aqui analisado seja uma das hipóteses de improbidade administrativa, os autores não adentraram no estudo das demais hipóteses de atos de improbidade previstas na Lei nº 8.429/92, em razão da especificidade temática e do caráter prático deste manual, sobretudo no que concerne aos reflexos do "ato de improbidade" na esfera do direito administrativo sancionador, e sua respectiva consubstanciação em transgressão disciplinar.

Contudo, não se pode olvidar que a Lei nº 8.429/92, conhecida como LIA (Lei de Improbidade Administrativa), constitui a base legal da apuração do ato de improbidade administrativa consistente no enriquecimento ilícito, dando suporte legal também à investigação patrimonial levada a efeito na sindicância patrimonial.

De relevante destaque é o fato de que a novel Lei Federal nº 14.230, de 2021, promoveu importantes alterações na Lei de Improbidade Administrativa, tanto que esta passou a ser chamada de "nova LIA". Essas alterações não foram poucas e, portanto, foram aqui detidamente analisadas, na medida em que irão refletir substancialmente na apuração do ato de improbidade consistente no enriquecimento ilícito, mormente em relação à questão da exigência expressa do dolo para a configuração do ato de improbidade administrativa, conforme consignado na nova redação do art. 1º, da Lei nº 8.429/1992, com a inclusão dos parágrafos 2º e 3º.

Finalmente, espera-se que esta obra represente uma contribuição didática a subsidiar todos aqueles que atuam na esfera correcional e de controle interno, voltados à apuração de enriquecimento ilícito, por parte de agentes públicos de quaisquer dos entes federados.

PREFÁCIO

Existe, ainda, uma série de mitos que rodeia o tema da investigação patrimonial com o objetivo de apurar o enriquecimento ilícito por parte de agentes públicos. Há quem até hoje entenda que a Administração Pública não pode realizar esse tipo de apuração de forma independente, que a apuração de enriquecimento somente poderia ocorrer se associada a outro ato de improbidade qualquer e que esse procedimento se tornaria uma "inquisição" escrutinando a vida de um agente público de forma totalmente imotivada e arbitrária.

A esses antigos mitos se juntam uma série de suposições e interpretações superficiais e apressadas da Lei Federal nº 14.230, de 2021, que promoveu importantes alterações na Lei nº 8.429, de 1992, passando a ser chamada de Nova Lei de Improbidade Administrativa.

Quando, há alguns anos, recebi a missão de atuar na área correcional, não havia doutrina sobre o assunto. Havia alguns casos de indícios de enriquecimento ilícito, mas buscava-se uma apuração sobre recebimento de vantagem indevida, quase sempre de forma infrutífera, resultando em um arquivamento. Diante desse diagnóstico, busquei o conhecimento sobre o assunto, junto aos autores, Claudio Roberto Paz Lima, Marco Antonio dos Santos Ricciardi Junior e José Ricardo Bento Garcia de Freitas, que trabalhavam com o Delegado de Polícia Jayme Berbat, que faz a apresentação do presente livro. Os ensinamentos desses agentes públicos foram essenciais para a conclusão de procedimentos disciplinares que tinham por base a apuração de enriquecimento ilícito.

A leitura da 1ª edição desse livro me deu a certeza que a doutrina jurídica ganha uma obra de referência, produzida com muito cuidado por quem trabalha há muito tempo em Corregedorias com procedimentos disciplinares, tendo participado de inúmeros casos relacionados a esse tipo de investigação, mas que também possui grande preocupação metodológica e acadêmica.

Não é um livro destinado apenas para quem trabalha em Corregedoria, Controladoria e Controle Interno. A obra pode ser muito bem utilizada por operadores jurídicos que precisam entender como fazer e analisar uma apuração patrimonial, por agentes públicos que precisam entender seus deveres e obrigações de apresentação de suas informações patrimoniais para a Administração Pública e, também, por quem precisa defender agentes públicos e precisa entender bem e de forma didática os conceitos, os procedimentos e as normas jurídicas atinentes à investigação patrimonial.

Em suma, trata-se de um importante instrumento jurídico para que os seus leitores possam destruir os mitos que ainda ficam sendo repetidos por profissionais que ainda desconhecem a juridicidade do procedimento de apuração administrativa de enriquecimento ilícito e mesmo assim não buscam estudar o tema com profundidade ou que, infelizmente, possuem objetivos desvinculados da defesa da probidade administrativa e do combate à corrupção.

PAULO ENRIQUE MAINIER

Procurador do Estado do Rio de Janeiro

PREFÁCIO
1ª EDIÇÃO

O combate à corrupção e ao seu ominoso consectário, a saber: o enriquecimento ilícito dos agentes públicos, constitui o maior desafio a ser superado, se quisermos evoluir de patamar civilizatório a fim de nos colocarmos entre as nações que inadmitem essa nódoa. Entretanto, se houve inegáveis avanços normativos, notadamente, em decorrência dos tratados e convenções internacionais aos quais o Brasil aderiu, nas últimas décadas, na prática ainda há muito que ser feito. Temos pela frente um longo itinerário a ser percorrido visando ao atingimento desse fim que se colima, qual seja, a abolição dessa ignomínia.

Com efeito, a sindicância patrimonial é o instrumento hábil a capacitar a Administração Pública a alcançar esta finalidade, razão pela qual seu conhecimento e, sobretudo, sua aplicação se impõem como um dos mais relevantes deveres do Estado hodierno ante a profusão de práticas atentatórias à probidade administrativa que, desafortunadamente, ainda persistem.

Neste sentido, o presente Manual, em que pese a despretensão e a modéstia de seus autores, colmata um incompreensível hiato na nossa literatura jurídica, haja vista que sem embargo da importância do tema, o ambiente acadêmico ainda não lhe dedicou toda a atenção merecida, o que faz da presente iniciativa motivo de alento a todos quantos sonham com a prevalência da decência no trato da coisa pública.

Assim, por meio de exposição sistemática, linguagem escorreita, consulta bibliográfica de excelência e rigor conceitual, os autores nos apresentam em seus contornos e nuanças procedimento de perscrutação patrimonial, o qual ainda é ignoto pela esmagadora maioria dos operadores do direito, capacitando-lhes, destarte, a manejarem-no e tornarem-no realidade quotidiana nos órgãos correcionais, uma vez que a SINPA (acrônimo designativo do procedimento em comento) é inelutável e se imporá como uma necessidade inafastável dos novos tempos.

Ademais, o presente livro é atualíssimo, incorporando e analisando a importante alteração legislativa levada a efeito pelo Decreto nº 10.571/20, publicado em 19 de dezembro de 2020; além de ser de índole prática, contendo modelos de peças, que serão de utilidade aos que se dispuserem a laborar nesta seara; a par de fazer justo reconhecimento ao papel da Controladoria Geral da União, no que tange à aplicação deste procedimento investigativo, em nossas plagas; e uma merecida menção ao delegado de Polícia Sebastião José Lessa que, de maneira escoteira, nos longínquos anos noventa, iniciou a perscrutação patrimonial.

Destaque-se que os autores têm vasta experiência na matéria, de maneira que não nos apresentam conhecimento meramente livresco, mas haurido de experiência prática da época em que atuaram na Corregedoria Geral Unificada das Polícias Civil, Militar e Bombeiro Militar, tendo ali desenvolvido, pioneiramente, no Rio de Janeiro, as investigações preliminares (procedimento investigativo e contábil antecedente da SINPA) e as respectivas sindicâncias. De modo que eles conhecem bem o assunto que expõem, sendo oportuno apresentá-los:

Claudio Roberto Paz Lima é um craque! Devotado ao serviço público, o qual ele exerce tal qual um sacerdócio, conhece como poucos o assunto em comento, tendo com seu invulgar dinamismo e inexcedível dedicação trabalhado em centenas de procedimentos desta natureza, tanto como Vogal de Comissão de Sindicância Patrimonial, como na Chefia de Gabinete da saudosa CGU/SESEG; Coronel BM José Ricardo Bento Garcia de Freitas, denodado oficial da respeitabilíssima corporação dos bombeiros militares fluminenses, notabilizou-se tanto por sua atuação na área de ensino, porquanto serviu por longo período na Academia de Bombeiro Militar Dom Pedro II, de onde foi comandante, como por sua atuação na Superintendência das Comissões CGU/CBMERJ, e Marco Antonio Ricciardi, perito criminal da PCERJ que foi incumbido das primeiras investigações contábeis, que instruíram as investigações preliminares nos primórdios da Comissão de Sindicância

Patrimonial da SESEG/CGU, em uma época que muito pouco se sabia acerca do alcance deste procedimento, tendo ele dado importante contribuição na metodologia dessas investigações.

Por fim, saudamos o lançamento desta obra, que certamente será de muito proveito não apenas para os servidores que levarão a cabo a ingente tarefa de perscrutação patrimonial, nas repartições públicas deste país continental, mas também para todos aqueles que se interessarem por conhecer essa eficaz ferramenta de combate à corrupção.

JAYME BERBAT FILHO
Delegado de Polícia

Ex-Presidente da Comissão de Sindicância
Patrimonial – SESEG/CGU

ABREVIATURAS E SIGLAS

ABNT	Associação Brasileira de Normas Técnicas
ANAC	Agência Nacional de Aviação Civil
CBMERJ	Corpo de Bombeiros Militar do Estado do Rio de Janeiro
CC5	Contas especiais mantidas no Brasil por brasileiros que moram no exterior
CGE	Controladoria Geral do Estado do Rio de Janeiro
CGPC	Controladoria Geral da Polícia Civil
CGPOL	Corregedoria Geral de Polícia Civil
CGU/SESEG	Corregedoria Unificada das Polícias Civil, Militar e Corpo de Bombeiros Militar da Secretaria de Estado de Segurança
CGU/UNIÃO	Controladoria Geral da União
COAF	Conselho de Controle de Atividades Financeiras
CPIA	Comissão Permanente de Inquérito Administrativo
CTN	Código Tributário Nacional
DBV	Declarações de Bens e Valores
DIMOB	Declaração das Informações sobre Atividades Imobiliárias
DIRPF	Declaração de imposto de renda de pessoa física
DECRED	Declaração de Operações com Cartões de Crédito
DELEMIG	Delegacia de Imigração da Polícia Federal
DOSSIÊ INTEGRADO	Consolidado de dados extraídos eletronicamente de diversos sistemas da Receita Federal
EXTRATO DE RELINT	Extração de dados de relatório de inteligência (RELINT)
INFOSEG	Rede que reúne informações de segurança pública dos órgãos de fiscalização do Brasil, através do emprego da tecnologia da informação e comunicação
JUCERJA	Junta Comercial do Estado do Rio de Janeiro
LAB	Laboratório de Análise Financeira

LIA	Lei de Improbidade Administrativa
PAD	Processo Administrativo Disciplinar
PGE	Procuradoria Geral do Estado
PGM	Procuradoria Geral do Município
PGFN	Procuradoria Geral da Fazenda Nacional
PCERJ	Polícia Civil do Estado do Rio de Janeiro
RELATÓRIO e-FINANCEIRA	Conjunto de informações de pessoa jurídica enviadas para a Receita Federal por meio de arquivos digitais, na forma da Instrução Normativa RFB, nº 1.571, de 2015, alterada pela IN nº 1.835, de 3 de outubro de 2018
REsp	Recurso Especial
RELINT	Relatório de Inteligência
REPOSITÓRIO	Reunião de normas, manuais, jurisprudências, entendimentos, boas práticas, artigos e demais informações de todas as áreas de determinado órgão
RENAVAM	Registro Nacional de Veículos Automotores
RIF	Relatório de Inteligência Financeira
RFB	Receita Federal do Brasil
SAD	Sindicância Administrativa Disciplinar
SESEG	Secretaria de Estado de Segurança
SEFAZ	Secretaria de Fazenda
SEPOL	Secretaria de Estado de Polícia Civil do Rio de Janeiro
SIAFI	Sistema Integrado de Administração Financeira do Governo Federal
SISPATRI	Sistema de Registro de Bens de Agentes Públicos
SINPA	Sindicância Patrimonial (abreviatura prevista no artigo 5º, inciso III, da Instrução Normativa nº 14, de 2018)
STF	Supremo Tribunal Federal
STJ	Superior Tribunal de Justiça
SUSP	Sistema Único de Segurança Pública
TJ	Tribunal de Justiça
VPD	Variação Patrimonial Descoberta
VPL	Variação Patrimonial Líquida (receitas — despesas)

SUMÁRIO

INTRODUÇÃO   **23**

1 INVESTIGAÇÃO PATRIMONIAL   **25**

1.1 Fundamentação legal 28

1.2 Fundamentos normativos da sindicância patrimonial 31

2 SINDICÂNCIA PATRIMONIAL   **45**

2.1 Instauração 50

2.2 Motivação 54

2.3 Finalidade 58

2.4 Instrução 62

     2.4.1 Pesquisas em Cartórios sobre bens imóveis..68

     2.4.2 Intercâmbio de informações sigilosas 70

2.5 Prazos para conclusão................................. 77

2.6 Relatório da sindicância patrimonial.......... 79

3 ANÁLISE TÉCNICA DA SINDICÂNCIA PATRIMONIAL   **83**

3.1 Fluxo de Caixa e Rastreio Patrimonial 87

     3.1.1 Método Fluxo de Caixa 88

3.2 Coleta de dados... 92

3.3 Avaliação dos dados coletados 98

3.4 Avaliação da DIMOF e e-Financeira........... 99

4 DECLARAÇÃO DE BENS E VALORES NO CONTEXTO DA INVESTIGAÇÃO PATRIMONIAL 103

4.1 Obrigatoriedade da entrega e da atualização das declarações de bens e valores 104

4.2 Sinais exteriores de riqueza 114

4.3 Consequências da não apresentação das declarações de bens e valores 117

5 ENRIQUECIMENTO ILÍCITO PRESUMIDO 123

5.1 Enriquecimento ilícito no contexto da improbidade administrativa............................... 137

5.2 Configuração da improbidade administrativa por enriquecimento ilícito: aspectos doutrinários.. 138

5.3 Relevância da sindicância patrimonial na apuração de enriquecimento ilícito na esfera administrativa...................................... 144

6 PROCESSO ADMINISTRATIVO DISCIPLINAR ORIUNDO DA SINDICÂNCIA PATRIMONIAL 147

6.1 Fases do processo administrativo disciplinar 151

6.1.1 Levantamento do sigilo bancário................155
6.1.2 Acesso da comissão às informações protegidas pelo sigilo fiscal 156

6.2 Enquadramento disciplinar de condutas administrativamente ímprobas......................... 158

6.3 Características que diferenciam o processo administrativo disciplinar e a ação de improbidade 162

6.4 Independência entre as instâncias 167

7 PRESCRIÇÃO · 173

7.1 Prescrição da pretensão punitiva estatal disciplinar 174

7.2 Prescrição no âmbito da ação de improbidade administrativa 185

8 CONCLUSÃO · 189

9 REFERÊNCIAS · 191

APÊNDICE 1: ESTUDO DE CASO HIPOTÉTICO · 195

APÊNDICE 2: MODELOS DE DOCUMENTOS · 229

MODELO I
Minuta de Decreto Para Instituir Sindicância Patrimonial 229

MODELO II
Portaria Inicial da Sindicância Patrimonial 235

MODELO III
Portaria de Designação de Secretário da Comissão 237

MODELO IV
Ata de Deliberação Inaugural 238

MODELO V
Ofício à Secretaria da Receita Federal Solicitação de Dossiê Integrado 241

MODELO VI
Ofício para Cartório de Registro
e Distribuição 243

MODELO VII
Ofício para Cartório de Registro
e Distribuição 244

MODELO VIII
Ofício para Cartório – Registro de
Pessoas Jurídicas 245

MODELO IX
Ofício para Concessionárias
(Água, Luz E Gás).. 246

MODELO X
Ofício para Junta Comercial 247

MODELO XI
Ofício para a Capitania dos Portos.................. 248

MODELO XII
Ofício para a Polícia Federal – Delegacia de
Imigração (DELEMIG) 249

MODELO XIII
Ofício Departamento de Trânsito..................... 250

MODELO XIV
Termo de Cientificação do Servidor
Investigado 251

MODELO XV
Termo de Renúncia de Sigilo Fiscal
e Bancário.. 253

MODELO XVI
Autorização de Transferência
do Sigilo Bancário... 254

MODELO XVII
Autorização de Transferência
do Sigilo Fiscal.. 255

MODELO XVIII
Requerimento da Comissão Processante
Solicitação de Afastamento do
Sigilo Bancário 256

ANEXO
DECRETOS **259**

DECRETO Nº 10.571
DE 9 DE DEZEMBRO DE 2020 259

DECRETO Nº 42.553
DE 15 DE JULHO DE 2010 267

DECRETO Nº 43.483
DE 27 DE FEVEREIRO DE 2012 271

DECRETO Nº 46.364
DE 17 DE JULHO DE 2018 279

INTRODUÇÃO

A finalidade da presente obra é dar continuidade à ampla abordagem sobre a sindicância patrimonial à luz da Lei da Improbidade Administrativa e demais disposições normativas vigentes, minudenciando os aspectos práticos da investigação acerca do enriquecimento ilícito, inclusive da análise contábil, que é necessária à apuração da evolução patrimonial de agente público.

Para efeitos didáticos, inicia-se a obra abordando o conceito *"lato sensu"* de investigação patrimonial, que abrange desde a análise preliminar das declarações de bens e valores dos agentes públicos até a conclusão da sindicância patrimonial, ressaltando a fundamentação legal de todas as fases.

Prestigiando o contexto histórico, ainda que em breve síntese, será aqui abordada a origem da utilização da sindicância patrimonial no âmbito do Serviço Público brasileiro, desde o Decreto Federal nº 5.483, de 30 de junho de 2005, até o advento do Decreto Federal nº 10.571, de 9 de dezembro de 2020, que trata da matéria na esfera do Poder Executivo Federal. De igual modo, serão estudadas as normas em vigor no Estado do Rio de Janeiro, inclusive a Lei Orgânica da Polícia Civil do Rio de Janeiro, que também dispõe sobre a sindicância patrimonial.

Com fundamento nos ditames legais e no entendimento jurisprudencial que dão amparo à sindicância patrimonial, os autores aqui versaram sobre as metodologias utilizadas na análise contábil e na investigação propriamente dita, com o objetivo de verificar eventual variação patrimonial incompatível por parte de agentes públicos.

Esta obra também contempla o estudo dos processos administrativos disciplinares instaurados a partir de sindicância patrimonial, enfrentando questões importantes como prescrição, independência entre a ação de improbidade e a apuração administrativa levada a efeito no PAD, e as sanções aplicáveis na esfera administrativa disciplinar.

Outra questão de suma importância apresentada neste manual versa sobre as consequências da não apresentação anual das declarações de bens e valores dos agentes públicos, perante os órgãos de gestão de pessoal ou por meio do SISPATRI – Sistema de Registro de Bens de Agentes Públicos –, podendo ensejar a pena de demissão.

Portanto, esta obra, ainda que modestamente – mas sem se afastar de relevantes premissas assentadas em fundamentos legais, conceituais, doutrinários e instrumentais –, objetiva à compreensão da apuração da modalidade de improbidade administrativa, caracterizada pelo enriquecimento ilícito de agente público, por meio de sindicância patrimonial.

1 INVESTIGAÇÃO PATRIMONIAL

Em linhas gerais, investigação patrimonial consiste na avaliação completa das informações disponíveis sobre uma pessoa física ou jurídica, com o objetivo de encontrar bens e direitos à disposição. Esse tipo de investigação é comumente utilizada nas ações de improbidade administrativa na modalidade enriquecimento ilícito, e também em processos trabalhistas, em litígios de família, em concessão de benefícios sociais, em investigação criminal de lavagem de capitais, dentre outros. Portanto, cada ramo do direito utiliza a investigação patrimonial/financeira com um objetivo específico.

Em razão de tal característica, adotar-se-á aqui, em atendimento ao escopo da presente obra, o seguinte conceito genérico: a investigação patrimonial consiste no conjunto de medidas encetadas paralela e simultaneamente à investigação do crime ou transgressão disciplinar, para identificar direitos, valores e bens, móveis e imóveis, presentes e passados, adquiridos com o produto da prática espúria, seja por investigados, seja por seus familiares, intermediários, pessoas jurídicas e sócios "de direito" ou "de fato", desde que haja indicativo de que os bens em seus nomes sejam instrumentos, proveitos e produtos do crime que se investiga.

Especificamente, a investigação patrimonial aqui estudada tem por fim a aferição de desequilíbrio entre o patrimônio do servidor e os seus ganhos formalmente declarados. O seu foco é a na apuração, no campo administrativo, do ato de improbidade na modalidade enriquecimento ilícito, insculpido no artigo 9º inciso VII, da Lei nº 8.429/1992, não tendo vínculo com qualquer conduta antecedente.

Essa investigação patrimonial, no seu esforço apuratório, é composta por fases, todas elas sigilosas, inquisitoriais e não punitivas, sistematicamente encadeadas, que objetivam apontar, ao fim e ao cabo, indícios de enriquecimento ilícito por parte de agente público. Daí decorre a sua versão *"lato sensu"*.

Assim colocado, tem-se que o conceito de investigação patrimonial *"lato sensu"* engloba não só a sindicância patrimonial (investigação patrimonial *"stricto sensu"*), mas também a importante fase que a antecede, denominada investigação preliminar.

Nessa senda, precisamos diferenciar os seguintes conceitos:

> **Investigação preliminar**: A investigação preliminar, também chamada de verificação preliminar, é um procedimento administrativo sigiloso e será realizada de ofício ou com base em denúncia ou representação recebida, que deverá ser fundamentada, contendo a narrativa dos fatos em linguagem clara e objetiva, com todas as suas circunstâncias, a individualização do servidor público envolvido, acompanhada de indício concernente à irregularidade ou ilegalidade imputada, iniciada com objetivo de coletar elementos para verificar o cabimento da instauração de sindicância ou processo administrativo disciplinar.
>
> **Sindicância Patrimonial**: A sindicância patrimonial consiste em procedimento administrativo, sigiloso e não punitivo, destinado a investigar indícios de enriquecimento ilícito por parte de agentes públicos, inclusive evolução patrimonial incompatível com os seus recursos e disponibilidades por eles informados na sua declaração patrimonial. Esse procedimento visa, portanto, colher dados e informações suficientes para subsidiar a autoridade competente na decisão sobre a deflagração de processo administrativo disciplinar, relativamente à hipótese de enriquecimento ilícito (Art. 9º, inciso VII, da Lei 8.429/92).

Na investigação preliminar se analisa, em regra, os dados disponíveis e declarados pelo próprio investigado. Já no âmbito da sindicância patrimonial o rastreio patrimonial é mais abrangente, possibilitando a busca de outras informações que não foram fornecidas pelo investigado.

A investigação patrimonial no âmbito da Administração Pública pode ser impulsionada por diversas formas. Não raro, a apuração se inicia a partir da constatação de sinais exteriores de riqueza e/ou movimentação financeira atípica detectada com a análise preliminar das declarações de bens e valores do agente público. Daí a importância da obrigatoriedade da entrega e atualização, anualmente, das declarações de bens e valores, como adiante será demonstrado, quando falarmos do SISPATRI – Sistema de Registro de Bens de Agentes Públicos.

Destaque-se o disposto no artigo 10, do Decreto Estadual/RJ nº 43.483/2012, que exemplifica algumas hipóteses de justa causa para a instauração de sindicância patrimonial:

> Art. 10. Ao tomar conhecimento de indícios de enriquecimento ilícito ou sinais de incompatibilidade patrimonial do servidor através de qualquer dos meios previstos nas disposições antecedentes, através de notícia divulgada pela imprensa escrita ou falada, ou através de denúncia de autoria identificada, o Corregedor-Geral da Corregedoria Geral Unificada deverá determinar a instauração de sindicância patrimonial, destinada à apuração dos fatos.

A investigação patrimonial pode ser iniciada também por provocação do Ministério Público, em razão da existência de apuração do ato de improbidade na modalidade enriquecimento ilícito no âmbito de inquérito civil ou ação de improbidade.

Acrescenta-se que nada obsta que seja instaurada de imediato uma sindicância patrimonial, sem a necessidade de uma apuração preliminar, desde que a Administração aponte os elementos mínimos que demonstrem a justa causa para a deflagração do procedimento.

Quanto à conclusão da investigação patrimonial, tem-se que esse procedimento inquisitorial e sigiloso encerra-se nas seguintes hipóteses:

(i) com o término da investigação preliminar, caso não sejam verificados os indícios mínimos de enriquecimento ilícito por parte do agente investigado;

(ii) com a conclusão da sindicância patrimonial, seja com a decisão de arquivamento ou com a sugestão de instauração de processo administrativo disciplinar (PAD).

Nesta segunda hipótese, caso haja a sugestão de instauração de PAD, ingressaremos na fase seguinte, dando início ao processo administrativo disciplinar, que estará sujeito ao devido processo legal, ao contraditório e à ampla defesa.

1.1 FUNDAMENTAÇÃO LEGAL

A investigação patrimonial como um todo (*lato sensu*) encontra o seu amparo legal na Lei Federal nº 8.429, de 2 de junho de 1992 (Lei de Improbidade Administrativa – LIA –, alterada pela Lei Federal nº 14.230/2021), nomeadamente no seu artigo 9º, inciso VII (improbidade administrativa/enriquecimento ilícito presumido) e no artigo 13.

Ressalte-se o teor do artigo 1º da Lei nº 8.429/1992: *Art. 1º O sistema de responsabilização por atos de improbidade administrativa tutelará a **probidade** na organização do Estado e no exercício de suas funções, como forma de assegurar a integridade do patrimônio público e social, nos termos desta Lei. (Redação dada pela Lei nº 14.230, de 2021).*

O artigo 2º da Lei nº 8.429/1992 dispõe sobre o conceito de agente público e agente político, nestes termos:

> Art. 2º Para os efeitos desta Lei, consideram-se agente público o agente político, o servidor público e todo aquele que exerce, ainda que transitoriamente ou sem remuneração, por eleição, nomeação, designação, contratação ou qualquer outra forma de investidura ou vínculo, mandato, cargo, emprego ou função nas entidades referidas no art. 1º desta Lei. (Redação dada pela Lei nº 14.230, de 2021).

O que se pode afirmar é que enquanto esses agentes, elencados no dispositivo acima referenciado, estiverem em exercício, também estarão sujeitos à investigação patrimonial na seara administrativa, desde que motivada pela Administração, com foco na apuração de enriquecimento ilícito previsto na Lei de Improbidade Administrativa (LIA).

A respeito da LIA, é importante trazer à baila uma das recentes alterações promovidas pela novel Lei nº 14.230/2021, relativamente ao seu artigo 9º, *caput* e inciso VII, que trata do ato de improbidade administrativa na modalidade enriquecimento ilícito (presumido):

Redação anterior artigo 9º *caput:*

> Art. 9º Constitui ato de improbidade administrativa importando enriquecimento ilícito auferir qualquer tipo de vantagem patrimonial indevida em razão do exercício de cargo, mandato, função, emprego ou atividade nas entidades mencionadas no art. 1º desta lei, e notadamente:
>
> (...)
>
> VII – adquirir, para si ou para outrem, **no exercício de mandato, cargo, emprego ou função pública,** bens de qualquer natureza cujo valor seja desproporcional à evolução do patrimônio ou à renda do agente público;

Nova redação do artigo 9º *caput:*

> Art. 9º Constitui ato de improbidade administrativa importando em enriquecimento ilícito auferir, **mediante a prática de ato doloso,** qualquer tipo de vantagem patrimonial indevida em razão do exercício de cargo, de mandato, de função, de emprego ou de atividade nas entidades referidas no art. 1º desta Lei, e notadamente:
>
> (...)

> VII – adquirir, para si ou para outrem, **no exercício de mandato, de cargo, de emprego ou de função pública, e em razão deles**, bens de qualquer natureza, decorrentes dos atos descritos no *caput* deste artigo, cujo valor seja desproporcional à evolução do patrimônio ou à renda do agente público, assegurada a demonstração pelo agente da licitude da origem dessa evolução.

Como se lê, os mencionados dispositivos não regulamentam expressamente a investigação patrimonial ou a sindicância patrimonial em estudo. Entretanto, não é difícil defender a sua legalidade, uma vez que a Lei de Improbidade Administrativa, ao condicionar a posse e o exercício de agente público à apresentação de declaração de imposto de renda e proventos de qualquer natureza, possibilita à Administração Pública a perquirição da evolução patrimonial dos seus agentes, atendendo aos princípios da moralidade, da probidade e da transparência.

Nesse sentido, esperava-se que as alterações promovidas na Lei nº 8.429/1992 ou até mesmo outra lei pudessem normatizar, expressamente, o procedimento de sindicância patrimonial, para que uma norma federal impusesse, hierarquicamente, a adoção desse procedimento.

Sem embargos, a partir da base legal já mencionada, artigo 9º, inciso VII da Lei Federal nº 8.429/92, os entes federados têm normatizado a sindicância patrimonial por meio de decretos e portarias, amparados pela autonomia dos Estados em relação à esfera federal, cujos resultados, quando questionados, vem sendo ratificados e legitimados pelo Poder Judiciário, com supedâneo nos princípios da probidade, da moralidade e da transparência.

1.2 FUNDAMENTOS NORMATIVOS DA SINDICÂNCIA PATRIMONIAL

A sindicância patrimonial foi regulamentada pela primeira vez no Poder Executivo Federal, por meio do Decreto Federal nº 5.483, de 2005 (revogado pelo Decreto Federal nº 10.571, de nove de dezembro de dois mil e vinte), tendo o referido decreto inserido o conceito de sindicância patrimonial no artigo 9º:

> Art. 9º – A sindicância patrimonial constituir-se-á em procedimento sigiloso e meramente investigatório, não tendo caráter punitivo.

O revogado decreto dispunha ainda sobre os procedimentos de entrega das declarações de bens e valores e a análise patrimonial, por meio de sindicância patrimonial, estabelecendo que a Controladoria Geral da União seria o órgão competente para realizar a investigação patrimonial, como se depreende do artigo 7º:

> Art. 7º A Controladoria-Geral da União, no âmbito do Poder Executivo Federal, **poderá analisar, sempre que julgar necessário**, a evolução patrimonial do agente público, a fim de verificar a compatibilidade desta com os recursos e disponibilidades que compõem o seu patrimônio, na forma prevista na Lei nº 8.429, de 1992, observadas as disposições especiais da Lei nº 8.730, de 10 de novembro de 1993.
>
> Parágrafo único. **Verificada a incompatibilidade patrimonial**, na forma estabelecida no *caput*, a Controladoria-Geral da União **instaurará procedimento de sindicância patrimonial** ou requisitará sua instauração ao órgão ou entidade competente.

O dispositivo supramencionado cuidava das duas fases da investigação patrimonial: investigação preliminar (*caput*) e sindicância patrimonial (parágrafo único).

Desde então, a Controladoria Geral da União, por meio da Corregedoria Geral da União, assumiu um protagonismo na condução de procedimentos administrativos disciplinares, bem como em relação à investigação patrimonial. Cabe ressaltar que a CGU[1] produz vasto material de apoio e consulta para os demais órgãos e entes da Federação, disponibilizado no seu repositório[2]. É de extrema relevância o papel desse órgão central no combate à corrupção, ao menos na esfera do Poder Executivo Federal.

Acrescente-se que, não obstante, o revogado Decreto nº 5.483/2005 se limitar ao Poder Executivo Federal, pode-se dizer que ele foi o marco da sindicância patrimonial em todo o País, refletindo uma luz para os demais entes da Federação, tornando essa ferramenta uma realidade em diversos Estados e Municípios, sem comprometer a autonomia conferida aos Estados pela Constituição Federal, em relação à esfera federal.

Nessa toada, deve-se pontuar que, em relação ao Estado do Rio de Janeiro, por exemplo, a sindicância patrimonial foi regulamentada somente em 2010, por meio do Decreto nº 42.553[3], de 15 de julho de Dois mil e dez, destinado a todos os servidores públicos civis do Poder Executivo do Estado do Rio de Janeiro.

Em 2012, o Governo do Estado publicou o Decreto Estadual 43.483/2012 normatizando a sindicância patrimonial, relativamente aos órgãos vinculados à extinta Secretaria de Segurança (Polícia Civil e Polícia Militar) e o Corpo de Bombeiros Militar do Estado do Rio de Janeiro. Esses três órgãos subscreveram a Resolução Conjunta SESEG/SEDEC nº 137/2014.

Assinala-se que no Rio de Janeiro, foram editadas as seguintes normas estaduais alusivas à sindicância patrimonial e à entrega de declarações de bens e valores, bem como a sua análise prévia:

---

1   A Controladoria Geral da União – CGU foi criada pela Lei 10.683, de 28 de maio de 2003. Em 2016, foi transformada no Ministério da Transparência, Fiscalização e Controladoria-Geral da União. No Governo Jair Bolsonaro, o órgão voltou a ser chamado de Controladoria-Geral da União.

2   https://repositorio.cgu.gov.br/

3   Decreto nº 42.553, de 2010: Regulamenta, no âmbito do Poder Executivo Estadual, o artigo 13 da Lei nº 8.429, de 2 de junho de 1992, institui a sindicância patrimonial e dá outras providências.

- **Decreto Estadual nº 42.553/10** – Regulamenta, no âmbito do Poder Executivo Estadual, o artigo 13 da Lei nº 8.429, de 2 de junho de 1992, institui a sindicância patrimonial e dá outras providências.

- **Decreto Estadual nº 43.483/12** (alterado pelo Decreto nº 44.509/13) – dispõe sobre a sindicância patrimonial de servidores da Polícia Civil, da Polícia Militar e do Corpo de Bombeiros Militar, no âmbito do Poder Executivo do Estado do Rio de Janeiro, a cargo da Corregedoria Geral Unificada da extinta Secretaria de Segurança. Em que pese esse órgão correcional ter sido desmobilizado, o decreto em comento continua em vigor.

- **Resolução Conjunta SESEG/SEDEC nº 137/14** – trata dos procedimentos adotados pela Corregedoria Geral acerca das investigações patrimoniais relativas aos órgãos mencionados no Decreto nº 43.483/12, que também não foi revogado.

Essas duas últimas normas estabeleceram que a competência para conduzir as investigações patrimoniais (investigações preliminares e sindicâncias patrimoniais), relativamente aos órgãos que menciona, ficaria a cargo da Corregedoria Geral Unificada das Polícias Civil e Militar e Corpo de Bombeiros Militar. Com a extinção da Secretaria de Segurança e desmobilização da CGU/SESEG, essas atribuições passaram, no caso da Polícia Civil, para a Secretaria de Estado de Polícia Civil, ficando a cargo da Controladoria Geral da Polícia Civil.

Também foi editado no Estado do Rio de Janeiro o Decreto Estadual nº 46.364, de 2018 (alterado pelos Decretos nº 46.663, de 2019 e 47.767, de 2022), o qual instituiu o Sistema de Controle de Bens Patrimoniais dos Agentes Públicos – **SISPATRI** – como sistema oficial para a entrega de declaração eletrônica de bens e valores pelos agentes públicos do Poder Executivo Estadual.

O supramencionado decreto também deu suporte para a realização de investigação patrimonial, relativamente aos servidores do Poder Executivo do Estado do Rio de Janeiro.

É imperioso ressaltar o teor dos artigos 11 e 12, da referida norma, *in verbis:*

> Art. 11 – Ao tomar conhecimento de fundada notícia, mesmo por denúncia anônima, ou ainda de indícios de enriquecimento ilícito, inclusive evolução patrimonial incompatível com os recursos e disponibilidades do agente público, ou da prestação de declaração falsa pelo agente à Administração, a autoridade competente para investigar e apurar os fatos determinará a instauração de **sindicância patrimonial.**
>
> § 1º – A sindicância patrimonial será instaurada, mediante portaria, pela autoridade competente.
>
> § 2º – A sindicância patrimonial constituir-se-á em procedimento sigiloso e meramente investigatório, não tendo caráter punitivo.
>
> § 3º – O procedimento de sindicância patrimonial será conduzido por comissão composta por dois ou mais servidores ou empregados efetivos de órgãos ou entidades da administração pública estadual, direta ou indireta.
>
> § 4º – O prazo para conclusão do procedimento de sindicância patrimonial será de trinta dias, contados da data da publicação do ato que constituir a comissão, podendo ser prorrogado, por igual período ou por período inferior, pela autoridade competente pela instauração, desde que justificada a necessidade.
>
> § 5º – Concluídos os trabalhos da sindicância patrimonial, a comissão responsável por sua condução fará relatório sobre os fatos apurados, opinando pelo seu arquivamento ou, se for o caso, por sua conversão em processo administrativo disciplinar.
>
> § 6º – Caberá à Controladoria Geral do Estado e as autoridades competentes para instauração da Sindicância Patrimonial adotarem medidas que garantam a preservação do sigilo das informações recebidas, relativas à situação econômica ou financeira do agente público ou de terceiros e à natureza e ao estado de seus negócios ou atividades.

> Art. 12 – Concluído o procedimento de sindicância patrimonial nos termos deste Decreto, dar-se-á imediato conhecimento do fato ao Ministério Público Estadual, ao Tribunal de Contas do Estado, à Corregedoria Geral do Estado, à Secretaria da Receita Federal do Brasil e ao Conselho de Controle de Atividades Financeiras – COAF, resguardando-se o sigilo das apurações realizadas.

Destarte, há pouco mais de uma década a sindicância patrimonial tornou-se uma realidade no Estado do Rio de Janeiro, sendo amplamente utilizada pelos Órgãos de Segurança Pública e também pela Secretaria de Estado de Fazenda (SEFAZ). Salienta-se que a Corregedoria Tributária, órgão desta aludida Secretaria, promoveu algumas apurações que culminaram, inclusive, na demissão de agentes públicos.

Reitera-se, por oportuno, que, em relação à Polícia Civil, as investigações patrimoniais, a partir de janeiro de 2019, passaram para a Controladoria Geral – CGPC. Portanto, não compete à Corregedoria da Polícia Civil do Rio de Janeiro realizar esse tipo de investigação.

Assim sendo, se a Controladoria Geral de Polícia, por meio de sindicância patrimonial, comprovar o enriquecimento ilícito por parte de policial civil, os autos serão remetidos à corregedoria, visando à instauração do competente processo administrativo disciplinar. E a Corregedoria da Polícia Civil instaurará o devido PAD, que terá como origem a investigação patrimonial feita pela Controladoria Geral. Nessa nova fase, o procedimento passa a se submeter aos princípios inerentes ao direito administrativo sancionador.

É de relevância destacar que a sindicância patrimonial foi inserida no texto da **Lei Orgânica da Polícia Civil do Estado do Rio de Janeiro**, Lei Complementar 204, de 30 de junho de 2022, cujo trecho merece ser trazido à colação:

Da sindicância patrimonial

> Art. 27 – A sindicância patrimonial constitui-se em procedimento investigativo, sigiloso e de caráter não

punitivo para apurar evolução patrimonial incompatível com os recursos e disponibilidades do servidor policial civil.

§ 1º – O procedimento de sindicância patrimonial será conduzido por comissão previamente constituída e composta por servidores estáveis ocupantes de cargos públicos efetivos, designada pelo Controlador-Geral da Polícia Civil.

§ 2º – O prazo para conclusão do procedimento de sindicância patrimonial será de **90 (noventa) dias**, contado da data da publicação da Portaria, podendo ser prorrogado, por iguais períodos, pela autoridade competente pela instauração, desde que justificada a necessidade, não podendo, porém, as prorrogações ultrapassar 1 (um) ano.

§ 3º – A comissão de que trata o § 1º deste artigo será presidida obrigatoriamente por Delegado de Polícia da classe mais elevada da carreira.

Art. 28 – Após a instauração do procedimento, a comissão dará ciência imediata ao sindicado e efetuará as diligências necessárias à elucidação do fato.

Parágrafo Único – As consultas, solicitações de informações e documentos necessários à instrução da sindicância, quando dirigidas à Secretaria da Receita Federal do Ministério da Fazenda, deverão ser feitas por intermédio do Controlador Geral, observado o dever da comissão de, após a transferência, assegurar a preservação do sigilo fiscal.

Art. 29 – Concluídos os trabalhos da sindicância patrimonial, a comissão encaminhará ao Controlador-Geral relatório sobre os fatos apurados, que decidirá pelo seu arquivamento ou, se for o caso, pela sua remessa ao Corregedor-Geral para que decida acerca da instauração de processo administrativo disciplinar.

Pontue-se que a Lei Orgânica da Polícia Civil, em seu artigo 27, § 3º, passou a exigir que a comissão de sindicância patrimonial seja, obrigatoriamente, presidida por Delegado de Polícia da classe mais elevada da carreira, o que antes não era exigido pelos decretos estaduais que cuidam dessa matéria.

Ainda como exemplo, meramente didático, de ente federado que também normatizou a sindicância patrimonial, mencionamos a Prefeitura de São Paulo, que inseriu a "Divisão de Procedimento Patrimonial[4]" no Programa de Integridade e Boas Práticas da Corregedoria, com as seguintes competências:

> **CONTROLADORIA GERAL DO MUNICÍPIO DE SÃO PAULO – Divisão de Procedimento Patrimonial** – Esta Divisão é responsável pela condução dos procedimentos de apuração de enriquecimento ilícito de agentes públicos municipais, nos termos do Decreto Municipal nº 54.838, de 13 de fevereiro de 2014, chamados "Sindicâncias Patrimoniais". A sindicância patrimonial é um procedimento investigativo, não punitivo e sigiloso e que se destina à apuração de eventual enriquecimento ilícito por parte de agentes públicos municipais.
>
> É conduzida pela Corregedoria Geral do Município no exercício da competência prevista no artigo 135, III, da Lei Municipal nº 15.764/2013, segundo o qual compete à Corregedoria Geral do Município "acompanhar a evolução patrimonial dos agentes públicos do Poder Executivo Municipal, com exame sistemático das declarações de bens e renda, e observar a existência de sinais exteriores de riqueza, identificando eventuais incompatibilidades com a renda declarada, por meio, inclusive, de acesso aos bancos de dados municipais e de outros entes, além de requisição de todas as informações e documentos que entender necessário, instaurando, se for o caso, procedimento para a apuração de eventual enriquecimento ilícito". No âmbito do procedimento, a modalidade de enriquecimento ilícito que se investiga consiste na aquisição, para si ou para outrem, no exercício do cargo

---

4   https://www.prefeitura.sp.gov.br/cidade/secretarias/upload/controladoria_geral/Processos%20e%20Procedimentos%20CORR_1708.pdf

público, de bens de qualquer natureza cujo valor seja desproporcional à evolução do patrimônio ou à renda do agente público, conforme preceitua o artigo 9º, VII, da Lei Federal nº 8.429/1992, consubstanciando, nesta seara, uma infração político-administrativa[5].

Acrescente-se que todas essas normas elaboradas após a edição do Decreto 5.483, de 2005 (revogado), embora autônomas, procuraram manter certa simetria, aproveitando os conceitos e fundamentos jurídicos já assentados, sem perder de vista que **a principal base legal da sindicância patrimonial é, de fato, o artigo 13 da Lei nº 8.429/92 e o seu objeto está previsto no artigo 9º, inciso VII**, da mesma norma.

Assinala-se que, no final do ano de 2020, a Administração Pública Federal promoveu mudanças, por meio do Decreto nº 10.571, de 2020, que dispõe sobre situações que possam gerar conflito de interesses por agentes públicos civis da Administração Federal, bem como tratou da sindicância patrimonial, tendo **revogado o Decreto nº 5.483, de 2005**, que cuidava dessa matéria.

Registre-se o teor do artigo 16, do Decreto nº 10.571/2020:

Art. 16. Ficam revogados:

I – o Decreto nº 5.483, de 30 de junho de 2005;

II – o Decreto nº 6.906, de 21 de julho de 2009; e

III – o art. 4º do Código de Conduta da Alta Administração Federal, instituído pela Exposição de Motivos nº 37, de 18 de agosto de 2000, aprovada em 21 de agosto de 2000.

Analisemos:

• Inciso I: toda a matéria de investigação patrimonial que era tratada no decreto anterior, passou a ser regulada no novo decreto;

---

5   https://www.prefeitura.sp.gov.br/cidade/secretarias/upload/controladoria_geral/Processos%20e%20Procedimentos%20CORR_1708.pdf.

- Inciso II: a obrigatoriedade de prestação de informação sobre vínculos familiares pelos agentes públicos, anteriormente prevista no Decreto nº 6.906/2009, passou a ser regulada no Decreto nº 10.571/2020 como *"obrigação de apresentar declarações sobre conflito de interesses à Comissão de Ética Pública"*; e

- Inciso III: revogou o Código de Conduta da Alta Administração Federal. Essa norma representava um compromisso moral das autoridades da Alta Administração Federal com o Chefe de Governo"[6].

Em relação à sindicância patrimonial, é importante frisar que o Decreto 10.571/2020 manteve o conceito inserido na norma anterior, como se extrai do artigo 14:

> Art. 14. A sindicância patrimonial consiste em procedimento administrativo, sigiloso e não punitivo, destinado a investigar indícios de enriquecimento ilícito por parte de agentes públicos federais, inclusive evolução patrimonial incompatível com os seus recursos e disponibilidades por eles informados na sua declaração patrimonial.
>
> § 1º O prazo para conclusão da sindicância patrimonial é de trinta dias, contado da data de sua instauração.
>
> § 2º O prazo de que trata o § 1º poderá ser prorrogado pela autoridade instauradora.
>
> § 3º Após a conclusão da apuração no âmbito da sindicância patrimonial, será elaborado relatório conclusivo sobre os fatos apurados, que deverá conter recomendação à autoridade instauradora:
>
> I – pelo arquivamento dos autos; ou
>
> II – pela instauração de processo administrativo disciplinar, caso tenham sido identificados indícios de autoria e de materialidade de enriquecimento ilícito, por parte do agente público federal investigado.

---

6   http://www.planalto.gov.br/ccivil_03/codigos/codi_conduta/cod_conduta.htm

Demonstramos a seguir que o Decreto revogado nº 5.483/2005 alcançava todos os agentes públicos no âmbito do Poder Executivo Federal, enquanto o Decreto nº 10.571, de 2020, restringiu o alcance da norma ao dispor apenas sobre os agentes públicos civis da administração pública federal direta e indireta, excluindo assim os servidores militares.

> **Decreto nº 5.483/2005:**
>
> Art. 1º – A declaração dos bens e valores que integram o patrimônio privado de **agente público, no âmbito do Poder Executivo Federal**, conforme previsto na Lei nº 8.429, de junho de 1992, observarão as normas deste Decreto.
>
> **Decreto nº 10.571/2020:**
>
> Art. 2º O disposto neste Decreto aplica-se a todos os **agentes públicos civis da administração pública federal direta e indireta.**
>
> **Parágrafo único.** O disposto neste Decreto aplica-se aos empregados, aos dirigentes e aos conselheiros de empresas estatais, inclusive aquelas não dependentes de recursos do Tesouro Nacional para o custeio de despesas de pessoal ou para o custeio em geral.

Malgrado o Decreto nº 10.571/2020 dirigir-se apenas aos servidores civis, tal fato não exime os servidores militares do dever de probidade, tampouco das previsões constantes das Leis Federais nºˢ 8.429/92 e 8.730/93, estando todos sujeitos a serem investigados por meio de sindicância patrimonial.

A fim de clarificar a fundamentação legal abordada neste capítulo, apresenta-se o quadro abaixo com a cronologia normativa alusiva à sindicância patrimonial:

Esgotam-se aqui, portanto, as principais normas no âmbito do Poder Executivo Federal, relativamente ao **enriquecimento ilícito**, as quais têm servido como base para a elaboração de normas estaduais e municipais, no sentido de regulamentar a sindicância patrimonial de acordo com a realidade de cada ente federado.

Como já mencionado anteriormente, a finalidade desses procedimentos (investigação patrimonial e sindicância patrimonial) é a apuração na esfera administrativa da conduta que é tida como ato de ato de **improbidade administrativa**, com previsão no artigo 9º, inciso VII da Lei nº 8.429/92.

Pontue-se que o termo improbidade administrativa foi inserido na Constituição Cidadã de 1988, em seu artigo 15, inciso V, e no artigo 37, § 4º, o qual estabeleceu que os atos de improbidade administrativa importarão a suspensão dos direitos políticos, a perda da função pública, a indisponibilidade dos bens e o ressarcimento ao erário na forma e gradação previstas em lei, sem prejuízo da ação penal cabível. Essas medidas não são, contudo, objeto do presente estudo, uma vez que não se incluem no rol dos procedimentos administrativos disciplinares aqui abordados.

Deve-se destacar, portanto, que o combate à improbidade administrativa, de um modo geral, surgiu como um imperativo constitucional, materializando-se na Lei Federal nº 8.429/92, que, efetivamente, dispõe sobre as sanções aplicáveis aos agentes públicos, nos casos de enriquecimento ilícito no exercício de mandato, cargo, emprego ou função na administração pública direta, indireta ou fundacional e dá outras providências.

Nesse sentido, a Lei de Improbidade Administrativa passou a ser considerada um importante instrumento jurídico de combate à corrupção na gestão pública, prevendo sanções políticas, administrativas e civis aplicáveis, de forma cumulativa, parcial ou isolada, ao agente público que no desempenho de suas atribuições praticar ato considerado ímprobo.

A LIA, como ficou conhecida a Lei nº 8.429/92, tem por meta apurar os atos de improbidade administrativa de forma muito abrangente. Renomados doutrinadores escrevem sobre a improbidade administrativa de forma densa e ampla. No entanto, nesta obra dedicaremos atenção aos atos de improbidade administrativa que importam em enriquecimento insculpido no artigo 9º, notadamente o inciso VII, que trata do enriquecimento ilícito presumido.

Ressalte-se que a apuração do enriquecimento ilícito presumido, previsto no artigo 9º, inciso VII da LIA, tem como ferramenta principal a sindicância patrimonial, denominada pela Controladoria Geral da União como SINPA, e que precisa ser compreendida como uma importante ferramenta no combate à corrupção no âmbito da Administração Pública, concomitantemente a outros tipos de investigações criminais, cíveis e administrativas.

Por oportuno, e em que pese a corrupção e a improbidade serem condutas nefastas à administração pública, o que poderia sugerir alguma sinonímia entre ambas, trata-se, aquela, de um tipo penal, e esta, de um delito de natureza cível. Asseverando ainda mais a distinção entre ambas, releva-se aqui a colocação trazida por Marçal Justen Filho acerca dos termos corrupção e improbidade:

> "Corrupção e improbidade não se confundem. Em muitos casos concretos, uma mesma conduta pode configurar tanto improbidade como corrupção. Mas

> as duas figuras são distintas, de modo que há casos em que se caracteriza apenas a corrupção e existem outros em que existe somente a improbidade."[7]

Portanto e repisando, para o efetivo combate aos atos lesivos à administração pública, sejam tais atos perpetrados pela criminosa via da corrupção ou pela prática de atos ímprobos, é necessário reconhecer a sindicância patrimonial, paralelamente a outros instrumentos investigativos, como fundamental à consecução dessa árdua tarefa, tal qual o fez, por exemplo, a Controladoria Geral da União no âmbito do Poder Executivo Federal.

---

7 Reforma da lei de improbidade administrativa comentada e comparada: Lei 14.230, de 25 de outubro de 2021. Marçal Justen Filho. 1 ed. Rio de Janeiro: Forense. 2022, p. 11.

2 SINDICÂNCIA PATRIMONIAL

Como já abordado, a sindicância patrimonial é um procedimento investigativo, sigiloso, inquisitorial e não punitivo, utilizado pela Administração Pública para perscrutar a evolução patrimonial dos agentes públicos, quando se evidenciam sinais de enriquecimento ilícito.

De maneira geral, a doutrina conceitua sindicância como sendo um procedimento preliminar, investigativo e não punitivo, instaurado com o objetivo de verificar a existência de elementos mínimos que justifiquem a instauração de um processo administrativo disciplinar. No entanto, a Administração também utiliza outras espécies de sindicância – sindicância administrativa disciplinar –, respeitados os princípios do contraditório e da ampla defesa, para punir servidores quando comprovada a prática de uma transgressão disciplinar, o que não é o caso da sindicância patrimonial.

Acerca do conceito genérico de sindicância, vale acrescentar as lições do jurista Antônio Carlos Alencar Carvalho:

> "Sindicância quer dizer investigação, procedimento para esclarecer fatos, para coleta de elementos de informação, a fim de elucidar questões não suficientemente claras para a adoção de providências imediatas do ponto de vista disciplinar. (...) A sindicância decorre do princípio da moralidade administrativa, que reclama a apuração dos desvios de conduta cometidos por servidores públicos, os quais devem ser devidamente investigados para a sua elucidação, particularmente quanto à autoria e materialidade da falta, verificando-se as circunstâncias em que foi cometida e todos mais elementos pertinentes no intuito de que, se houver responsabilidade disciplinar a ser imposta, possa ser aberto o processo administrativo disciplinar sancionador contra o agente público transgressor"[8].

---

8   CARVALHO, Antônio Carlos Alencar. Manual de processo administrativo disciplinar e sindicância: à luz da jurisprudência dos Tribunais e da casuística da Administração Pública. 4. ed. rev. atual. e aum. Belo Horizonte: Fórum, 2014. p. 473 e 474.

No momento da instauração da sindicância, para efeitos de interrupção da contagem do prazo prescricional, é de suma importância consignar a sua natureza, se ela é punitiva ou investigativa. Com essa preocupação, a Procuradoria Geral do Estado do Rio de Janeiro publicou a Orientação Administrativa PGE/RJ nº 11[9], de onde se extrai os seguintes conceitos:

> (i) a sindicância tem natureza meramente investigativa, isto é, se consiste em averiguação preliminar, por não existirem ainda indícios de autoria e materialidade suficientes para a instauração de sindicância punitiva ou, a depender da gravidade da infração, para a instauração de processo administrativo disciplinar, não se configurando ainda a justa causa;
>
> (ii) a sindicância, por já estarem presentes indícios suficientes de autoria e materialidade, configurando-se a justa causa, tem natureza punitiva, isto é, poderá resultar na eventual imposição de sanção administrativa ao sindicado (...) Em se tratando de sindicância punitiva, devem ser assegurados ao sindicado os direitos à ampla defesa e contraditório (...).

Fixada a noção do conceito genérico de sindicância, passaremos a analisar, especificamente, a espécie **sindicância patrimonial** e o seu conceito legal, assentado no Decreto Federal nº 10.571 de 9 de dezembro de 2020:

> Art. 14 – A sindicância patrimonial consiste em procedimento administrativo sigiloso e **não punitivo**, destinado a investigar indícios de enriquecimento ilícito por parte de agentes públicos federais, inclusive evolução patrimonial incompatível com os seus recursos e disponibilidades por eles informados na sua declaração patrimonial.

---

9 Disponível no endereço eletrônico: https://pge.rj.gov.br/entendimentos/orientacoes-administrativas. Último acesso em 27/05/2022.

Importante conceito doutrinário sobre sindicância patrimonial foi trazido na década passada pelo autor Sebastião José Lessa, um dos precursores da criação da sindicância patrimonial no âmbito da Polícia Federal, que assim a definiu:

> "Trata-se de procedimento administrativo de investigação, colegiado, sigiloso, não punitivo, que intenta elucidar regularmente sinais indicativos de enriquecimento ilícito à vista de manifesta evolução patrimonial incompatível com os recursos e disponibilidades do imputado, indícios autorizativos da persecução nas esferas penal, disciplinar e de improbidade administrativa, tudo com arrimo no art. 13 da Lei nº 8.429/92; arts. 7º parágrafo único, 8º, 9º e 10º, Decreto 5.483/05 (DOU, 1.07.05); arts. 4º, V, 16 e 18, Portaria MCT/ CGU nº 335, de 30.05.06 (DOU, 31.05.06)"[10].

Atente-se que a sindicância patrimonial não surgiu no ordenamento jurídico com o supramencionado decreto, e sim com o Decreto Federal nº 5.483, de 2005 (revogado pelo Decreto nº 10.571/2020). Já na ementa dessa norma, verifica-se o seu objetivo principal que é o de regulamentar, no âmbito do Poder Executivo Federal, o artigo 13 da Lei nº 8.429, de 2 de junho de 1991, instituindo a sindicância patrimonial[11].

Não obstante, darmos um destaque à abordagem dos decretos federais, é importante ressaltar, desde logo, que a sindicância patrimonial é uma ferramenta que pode e deve ser utilizada no âmbito da Administração Pública de um modo geral, em qualquer ente da federação, tendo como base o artigo 13 e parágrafos 2º e 3º, da Lei de Improbidade Administrativa, tendo como objeto, especificamente, o disposto no artigo 9º, inciso VII do mesmo diploma legal.

Na verdade, é preciso que todo órgão ou entidade vulnerados com práticas ilícitas, sobre as quais recaiam fundadas notícias ou indícios de enriquecimento ilícito do agente público, utilize a sindicância patrimonial como ferramenta imprescindível à medida correcional.

---

10 LESSA, Sebastião José. Improbidade Administrativa. Brasília: Editora Fórum, 2011, p. 128.
11 http://www.planalto.gov.br/ccivil_03/_Ato2004-2006/2005/Decreto/D5483.html

Assim, faz-se necessário que esses órgãos ou entidades possuam o conhecimento adequado à utilização desse instrumento, com servidores e empregados públicos treinados especificamente na matéria, motivo pelo qual surgiu a iniciativa dos autores em escrever sobre o assunto, baseando-se numa vasta experiência correcional.

Também é importante destacar que a sindicância patrimonial deve ser iniciada por portaria, e nessa peça inaugural devem ser designados pelo menos dois servidores ou empregados públicos efetivos para compor o que chamamos de **comissão de sindicância patrimonial.**

Sobre a formação da comissão de sindicância patrimonial, trazemos à colação importante lição extraída do Manual de Processo Administrativo Disciplinar da Corregedoria Geral da União, edição 2021, página 244[12]:

> (...) O procedimento deve ser conduzido por comissão composta de **pelo menos dois servidores ou empregados públicos efetivos.** Não há necessidade de os servidores serem estáveis, visto não possuir a sindicância caráter punitivo. O prazo para o término dos trabalhos é de 30 dias, prorrogável por igual período ou inferior. Ao final, a comissão de sindicância patrimonial emitirá relatório conclusivo opinando pelo arquivamento das peças processuais, caso não caracterizados indícios de enriquecimento ilícito do investigado, ou pela instauração de processo administrativo disciplinar (PAD), na hipótese de serem demonstrados sinais claros de desproporção entre a renda e a evolução patrimonial do agente público.

Dessa maneira, adiantamos que o prazo para a conclusão da sindicância patrimonial é de 30 (trinta) dias, podendo ser prorrogado, justificadamente, salvo previsão legal diversa em normas esparsas.

A sindicância patrimonial, mediante o relatório da comissão, possui dois resultados possíveis:

---

12 Manual de Processo Administrativo Disciplinar – Controladoria Geral da União – Corregedoria Geral da União (https://repositorio.cgu.gov.br/bitstream/1/42052/13/Manual_PAD.pdf)

A) Restando comprovada a variação patrimonial incompatível por parte do servidor investigado, promove-se a instauração do competente **processo administrativo** disciplinar, que poderá culminar na aplicação da pena capital de demissão.

B) Caso não reste comprovada a incompatibilidade patrimonial, a sindicância patrimonial deverá ser **arquivada**.

Repisa-se que a sindicância patrimonial é um procedimento não contraditório e não punitivo, que tem por objetivo colher dados e informações suficientes a subsidiar a autoridade competente na decisão sobre a deflagração de processo administrativo disciplinar, relativamente à constatação da conduta de enriquecimento ilícito, prevista no inciso VII do art. 9º, da Lei nº 8.429/92 – enriquecimento ilícito presumido.

A despeito do seu caráter sigiloso e inquisitorial, é importante observar a parte final do inciso VII (artigo 9º da Lei 8.429/1992), introduzido pela Lei nº 14.230/2021, que assim dispõe: *"assegurada a demonstração pelo agente da licitude da origem dessa evolução"*. Implica dizer que, ao se deparar com os indícios suficientes da existência de enriquecimento ilícito, deve-se dar oportunidade ao servidor investigado de justificar a origem lícita do acréscimo patrimonial constatado.

De se ressaltar que a sindicância patrimonial desempenha papel de destaque na apuração das infrações administrativas, potencialmente causadoras de enriquecimento ilícito do agente público. Por meio da análise da evolução patrimonial do servidor, suficientes indícios de incompatibilidade patrimonial poderão ser extraídos, subsidiando, destarte, a deflagração do processo administrativo disciplinar *stricto sensu,* que poderá culminar na aplicação da pena de demissão.

Ocorre que, não obstante, essa ferramenta já estar sendo utilizada desde o ano de 2003 no âmbito do Poder Executivo Federal, ela ainda é objeto de algumas discussões e questionamentos infundados, talvez por conta da sua potencialidade no combate à corrupção no âmbito das instituições públicas. Alguns segmentos, inclusive, ressentem-se em implementar essa poderosa ferramenta.

Malgrado as posições contrárias, os autores, conscientes da importância dessa matéria, motivaram-se a manter esta obra atualizada, à luz da jurisprudência dos Tribunais Superiores e das alterações legislativas.

Nessa senda, na 1ª Edição do Guia de Boas Práticas voltado para as Unidades de Corregedoria do Sistema Único de Segurança Pública-SUSP (2020)[13], foi inserido um modelo de decreto para instituir a sindicância patrimonial, cujo teor está inserido no apêndice do presente manual.

2.1 INSTAURAÇÃO

A instauração da sindicância patrimonial opera-se com a confecção de portaria pela autoridade competente. Essa portaria possui algumas especificidades, devendo-se observar o seguinte:

A) Competência da autoridade instauradora

B) Fundamento legal

C) Motivação

D) Delimitação do raio acusatório (período apurado e valores detectados)

E) Observância do prazo prescricional

F) Indicação dos servidores designados para compor a comissão que irá atuar na sindicância patrimonial

Noutro giro, a Súmula do STJ nº 641 dispõe que "*A portaria de instauração do processo administrativo disciplinar prescinde de exposi-*

---

13 Guia de Boas Práticas voltado para as Unidades de Corregedoria do Sistema Único de Segurança Pública-SUSP (2020). Acessível em: https://www.gov.br/mj/pt-br/canais_atendimento/coger/arquivos/guia_de_boas_praticas___corregedorias_do_susp.pdf.

ção detalhada dos fatos a serem apurados". STJ. 1ª Seção. Aprovado em 18/02/2020. DJe, 19/02/2020". Entretanto, é importante que, no momento da instauração da sindicância patrimonial, a autoridade demonstre a justa causa e descreva com clareza o objeto da apuração.

É importante frisar ainda que a sindicância patrimonial, embora sigilosa e meramente investigativa, **não pode ser instaurada sem motivo**, pois esse constitui uma exigência imposta a todos os atos administrativos, independentemente de sua natureza, devendo-se inclusive atentar para o disposto no artigo 19 da própria lei de improbidade administrativa, que prevê o crime de representação inidônea. Diga-se de passagem, esse é o único crime previsto pela Lei nº 8.429/92:

> Art. 19. Constitui crime a representação por ato de improbidade contra agente público ou terceiro beneficiário, quando o autor da denúncia o sabe inocente. Pena: detenção de seis a dez meses e multa.

Além disso, a autoridade administrativa deve atentar para o disposto no artigo 27 da Lei nº 13.869, de 5 de setembro de 2019, que dispõe sobre o crime de abuso de autoridade, incriminando a instauração de procedimento investigatório à falta de indícios, nestes termos:

> Art. 27. Requisitar instauração ou instaurar procedimento investigatório de infração penal ou administrativa, em desfavor de alguém, à falta de qualquer indício da prática de crime, de ilícito funcional ou de infração administrativa:
>
> Pena – detenção, de 6 (seis) meses a 2 (dois) anos, e multa.
>
> Parágrafo único. Não há crime quando se tratar de sindicância ou investigação preliminar sumária, devidamente justificada.

Nesse diapasão, à luz dos princípios do Direito Administrativo Moderno, notadamente do Direito Administrativo Sancionador, e dos princípios do Direito Penal nele incorporados, não se deve instaurar a sindicância patrimonial com base em acusação genérica, vaga e aberta, ou sem elementos mínimos que indiquem possível enriquecimento ilícito ou evolução patrimonial incompatível do agente. Essa deflagração carece de JUSTA CAUSA para seu seguimento, hipótese que torna não só a sindicância patrimonial, mas também os processos e eventuais penalidades dela decorrentes, passível de anulação.

Segundo a lição de Sebastião José Lessa:

> "A sindicância patrimonial, a bem dizer, não é uma investigação comum. Na verdade, trata-se de modalidade de apuração especial, a par da regra ordinatória do art. 143 da Lei 8.112/90. Tal instrumento recebe um estofo singular, ou seja, apurar indícios de possível enriquecimento ilícito, caracterizado por uma evolução patrimonial incompatível com os recursos e disponibilidades do agente público, nessa qualidade. Pondere-se, na linha da segurança jurídica, que a sindicância patrimonial não deve ser usada indiscriminadamente ou como instrumento de intimidação. Portanto, deve haver um fundamentado exame de admissibilidade para a instauração da sindicância patrimonial, até porque existe a possibilidade da prévia instauração de investigação preliminar..."[14].

Nesse sentido, a sindicância patrimonial deverá ser instruída com diversos tipos de procedimentos que a antecedem. Por se tratar de uma ferramenta invasiva na vida do agente público, a sua instauração precisa estar embasada em reais evidências de enriquecimento ilícito. Portanto, em regra, essa sindicância é precedida por uma investigação preliminar, que, por sua vez, pode ser deflagrada com base na simples análise prévia das declarações de imposto de renda do servidor, como já mencionado neste manual.

Despiciendo dizer que, diante de fundados indícios de enriquecimento ilícito, a Administração poderá, de pronto e prescindindo até mesmo de prévia investigação preliminar, instaurar a competente sin-

---

14   LESSA, Sebastião José. Improbidade Administrativa. Brasília: Editora Fórum, 2011, p. 128.

dicância patrimonial, não ficando obrigada à existência de uma investigação preliminar.

Apresenta-se a seguir um quadro exemplificativo do fluxo básico de instrução da sindicância patrimonial.

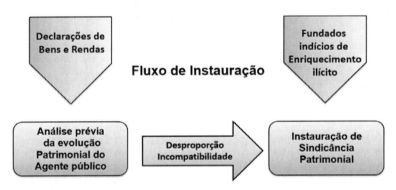

Denúncia anônima pode deflagrar investigação patrimonial?

O poder-dever imposto aos servidores da Administração Pública exige a apuração de denúncia de irregularidade, de desvios, de enriquecimento ilícito, mesmo que essa denúncia seja apócrifa, anônima. Portanto, é possível que uma denúncia anônima dê azo a uma investigação patrimonial, caso em que a Administração deve agir com o máximo de cautela, a fim de evitar apuração desnecessária e inverídica. Nesse sentido, acrescente-se o teor da Súmula 611 do Superior Tribunal de Justiça, nestes termos: *"Desde que devida e com amparo em investigação ou sindicância, é permitida a instauração de processo administrativo disciplinar com base em denúncia anônima, em face do poder-dever de autotutela imposto à Administração".*

2.2 MOTIVAÇÃO

A instauração da sindicância patrimonial pode ser decorrente dos procedimentos já mencionados anteriormente, por exemplo:

A) Análise prévia das declarações de bens e valores;

B) Comunicação do Ministério Público acerca da existência de inquérito ou ação de improbidade;

C) Investigação preliminar iniciada pela própria comissão de sindicância, como base em denúncias/informes;

D) Encontro fortuito de provas em outro procedimento;

E) Recebimento de Relatório de Inteligência Financeira oriundo do COAF – Conselho de Controle de Atividades Financeiras.

Na obra Controle de Legalidade da Administração Pública, Diálogos Institucionais, Paulo Enrique Mainier fez importante alusão à motivação da sindicância patrimonial e ao princípio da impessoalidade[15]:

> "O primeiro passo é, evidentemente, identificar o agente público que será objeto da apuração. Não cabe escolher aleatoriamente, não cabe escolher aquele profissional ineficiente, não cabe escolher o inimigo.
>
> É preciso que o agente público seja alvo de denúncias, representações, notícias na mídia, requisições judiciais e do Ministério Público, ou ainda que seja selecionado em razão de um trabalho preventivo da própria Administração Pública, mediante uma seleção periódica e sistemática, por critérios de risco preestabelecidos (cargo em comissão, relacionamen-

---

15 Controle de legalidade da administração pública: diálogos institucionais/ Anderson Schreiber (et al.); coordenado por Anderson Schreiber, Paulo Enrique Mainier. – Indaiatuba: Editora Foco, 2022. Página 119.

> to com particulares, participação societária etc.) ou por amostragem (desde que obedecido ao princípio da impessoalidade).
>
> Identificado o agente, é preciso, em segundo passo, iniciar a investigação preliminar, com justificativa do motivo, no bojo de autos físicos ou eletrônicos, para coleta de informações e verificação de sinais exteriores de riqueza ou de incompatibilidade patrimonial."

Nesse aspecto, deve-se observar, sobremaneira, o princípio da impessoalidade para se evitar a utilização errônea da sindicância patrimonial, a qual deve ser impulsionada dentro das hipóteses legais já mencionadas, dentre outras que ainda serão abordadas adiante.

Impõe-se pontuar, neste tópico da motivação, a relevância do Relatório de Inteligência Financeira (RIF), produzido pelo Conselho de Controle de Atividades Financeiras (COAF). Esse documento, em regra, é utilizado nas investigações de combate ao crime de lavagem de dinheiro. Entretanto, por seu intermédio, podem ser revelados sinais de enriquecimento ilícito por parte de agentes públicos, motivando a instauração de sindicância patrimonial.

Dado o caráter sigiloso, a análise do Relatório de Inteligência Financeira deve obedecer às regras impostas pela Doutrina de Inteligência. Para que as informações sejam úteis à deflagração de uma sindicância patrimonial, os analistas devem se cercar dos devidos cuidados no que diz respeito à difusão das informações.

Ressalte-se que o Governo Federal promoveu mudanças na estrutura do COAF – Lei nº 13.974, de 7 de janeiro de 2020 – transferindo esse Conselho da estrutura do Ministério da Fazenda para a estrutura do Banco Central do Brasil[16].

A Lei nº 13.974, de 2020, teve origem na Medida Provisória nº 893/2019, a qual estabeleceu a mudança do nome de COAF para Uni-

---

16 https://www.in.gov.br/web/dou/-/lei-n-13.974-de-7-de-janeiro-de-2020-236986816: LEI Nº 13.974, DE 7 DE JANEIRO DE 2020 – Dispõe sobre o Conselho de Controle de Atividades Financeiras (Coaf), de que trata o art. 14 da Lei nº 9.613, de 3 de março de 1998.

dade de Inteligência Financeira (UIF), determinando, igualmente, a transformação do Plenário, órgão colegiado, em um Conselho Deliberativo. Essas duas alterações foram derrubadas pelos parlamentares durante a votação da medida provisória.

Impende ressaltar que não convém a análise do RIF no âmbito da Sindicância Patrimonial. Na realidade, os dados constantes do Relatório de Inteligência Financeira serão extraídos e documentados, servindo como uma espécie de notícia que irá motivar a deflagração da sindicância patrimonial.

O Supremo Tribunal Federal, instado a julgar um caso concreto, decidiu ser legal o compartilhamento de informações sigilosas com o Ministério Público e as autoridades policiais, para fins de investigações policiais:

> O Plenário do Supremo Tribunal Federal (STF) decidiu que é legítimo o compartilhamento com o Ministério Público e as autoridades policiais, para fins de investigação criminal, da integralidade dos dados bancários e fiscais do contribuinte obtidos pela Receita Federal e pela Unidade de Inteligência Financeira (UIF), sem a necessidade de autorização prévia do Poder Judiciário.
>
> O julgamento do Recurso Extraordinário **(RE) 1.055.941** foi concluído com os votos da ministra Cármen Lúcia e dos ministros Ricardo Lewandowski, Gilmar Mendes, Marco Aurélio e Celso de Mello. Por maioria, o recurso foi julgado procedente para restabelecer a sentença condenatória fundamentada em dados compartilhados pela Receita sem prévia autorização judicial[17].

O objeto do julgado acima, contudo, não se confunde com o compartilhamento de dados sigilosos entre a Receita Federal e a autoridade administrativa, após a instauração da sindicância patrimonial. Nesse

---

17 http://www.stf.jus.br/portal/cms/verNoticiaDetalhe.asp?idConteudo=431123&caixaBusca=N

caso, o intercâmbio de informações encontra amparo no artigo 198, §
1º, II, do Código Tributário Nacional[18]:

> Art. 198: Sem prejuízo do disposto na legislação cri-
> minal, é vedada a divulgação, por parte da Fazenda
> Pública ou de seus servidores, de informação obtida
> em razão do ofício sobre a situação econômica ou fi-
> nanceira do sujeito passivo ou de terceiros e sobre a
> natureza e o estado de seus negócios ou atividades.
>
> § 1º Excetuam-se do disposto neste artigo, além dos
> casos previstos no art. 199, os seguintes:
>
> (...)
>
> II – solicitações de autoridade administrativa no
> interesse da Administração Pública, desde que seja
> comprovada a instauração regular de processo admi-
> nistrativo, no órgão ou na entidade respectiva, com o
> objetivo de investigar o sujeito passivo a que se refere
> a informação, por prática de infração administrativa.
>
> Sobre esse tema, é importante trazer à colação as lições
> do autor Joni Amora, Delegado de Polícia do Estado
> do Rio de Janeiro, autor experiente neste assunto:
>
> "Questão polêmica e pouco explorada, até mesmo na
> doutrina, é o tratamento a ser dado por parte das auto-
> ridades administrativas estaduais aos relatórios de inte-
> ligência (RIF) e sua informação complementar, oriun-
> dos do Conselho de Controle de Atividades Financeiras
> (COAF) do Governo Federal, de caráter sigiloso.
>
> Não raro a Polícia Civil recebe tais relatórios, conten-
> do, por vezes, informação complementar, produzida
> pela Coordenadoria de Segurança e Inteligências do
> Ministério Público, no intuito de que se investiguem
> os fatos.
>
> Inicialmente, entendeu-se que as informações cons-
> tantes de tais documentos seriam sigilosas e se en-

---

18   Lei nº 5.172, de 25 de outubro de 1966, com alteração da Lei Complementar nº 104, de 10
de janeiro de 2001

quadrariam na denominada 'reserva de jurisdição'. Assim, tais dados eram direcionados à Corregedoria Geral Unificada pela Polícia Civil, objetivando a instauração de sindicância patrimonial.

Máxima vênia, o fato de um documento ser protegido por sigilo – desde que não seja obtido ilicitamente – jamais pode elidir o poder-dever da Administração Pública (inclusive a polícia judiciária) de determinar a imediata apuração dos indícios de crimes, transgressões administrativas disciplinares e atos de improbidade administrativa"[19].

Todas essas cautelas alusivas à sindicância patrimonial devem ser observadas, dada a natureza sigilosa dos dados que serão manuseados. Daí surge a necessidade de se perscrutar individualmente o servidor. Não se recomenda que na mesma sindicância patrimonial tenha, no polo passivo, mais de um servidor nos autos.

2.3 FINALIDADE

A finalidade precípua da sindicância patrimonial é identificar indícios de evolução patrimonial incompatível com a renda dos agentes públicos, fato esse que tipifica o ilícito de improbidade administrativa, modalidade enriquecimento ilícito, conforme previsto no inciso VII do art. 9º da Lei nº 8.429/92, daí motivando a instauração da sindicância patrimonial.

Ao tomar conhecimento de indícios de enriquecimento ilícito ou sinais de incompatibilidade patrimonial, a autoridade competente deverá instaurar a sindicância patrimonial, a qual não se destina à apuração de transgressão disciplinar, na espécie, tampouco de crime.

---

19   AMORA, Joni Barbosa. Corregedoria Geral Unificada e Sistema Disciplinar da Segurança Pública do Estado do Rio de Janeiro. Rio de Janeiro: Lumen Juris, 2018, p. 59 e 60.

A sindicância patrimonial é, portanto, um instrumento que antecede o processo administrativo disciplinar e indica em que proporção a evolução patrimonial do servidor se mostrou incompatível, devendo ser demonstrado com clareza o(s) período(s) em que o enriquecimento ilícito se comprovou, bem como a data em que se tornou conhecido por parte da autoridade competente.

Uma das características mais importantes da investigação patrimonial, como um todo, é o seu caráter sigiloso, impondo aos membros da comissão o dever de resguardar as informações sigilosas compartilhadas pelos diversos órgãos.

Não se deve confundir a sindicância patrimonial com a sindicância administrativa disciplinar (SAD). Esta tem por escopo apurar determinada transgressão disciplinar, obedecendo ao princípio da legalidade; aquela se destina precipuamente à apuração da compatibilidade entre a evolução patrimonial do servidor público e os seus ganhos formalmente declarados, além de se definir como sendo uma arma poderosíssima no combate à corrupção.

Repisa-se, no entanto, que o predito instrumental investigativo não pode ser utilizado de forma equivocada ou sem motivação predeterminada e claramente estabelecida.

O procedimento de sindicância patrimonial é instaurado com o objetivo de apurar indícios de enriquecimento ilícito de agente público, consubstanciado na desproporcionalidade entre a evolução patrimonial e a sua renda. O enriquecimento ilícito configura ato de improbidade administrativa, nos termos do artigo 9º, inciso VII, da Lei nº 8.429/92.

Cabe ressaltar que a sindicância patrimonial não cuida da apuração das demais espécies de atos de improbidade administrativa, nem mesmo das condutas previstas nos demais incisos do mencionado artigo 9º. No entanto, se no curso da sindicância patrimonial a comissão se deparar com algum outro tipo de ilícito, tal constatação deverá ser comunicada ao órgão competente para as devidas providências, seja o Ministério Público, as Polícias Judiciárias ou até mesmo a Secretaria da Receita Federal do Brasil.

Que não se olvide, a sindicância patrimonial é voltada à apuração específica da modalidade de enriquecimento prevista no artigo 9º, inciso VII, da Lei Federal nº 8.429/92, a chamada Lei de Improbidade Administrativa ou LIA.

> Art. 9º Constitui ato de improbidade administrativa importando em enriquecimento ilícito auferir, mediante a prática de ato doloso, qualquer tipo de vantagem patrimonial indevida em razão do exercício de cargo, de mandato, de função, de emprego ou de atividade nas entidades referidas no art. 1º desta Lei, e notadamente: (Redação dada pela Lei nº 14.230, de 2021)
>
> (...)
>
> VII – adquirir, para si ou para outrem, no exercício de mandato, de cargo, de emprego ou de função pública, e em razão deles, bens de qualquer natureza, decorrentes dos atos descritos no *caput* deste artigo, cujo valor seja desproporcional à evolução do patrimônio ou à renda do agente público, assegurada a demonstração pelo agente da licitude da origem dessa evolução; (Redação dada pela Lei nº 14.230, de 2021)

Por não se vincular a fato antecedente, a constatação da conduta prevista no aludido dispositivo requer a utilização de um mecanismo capaz de detectar a desproporção entre o patrimônio amealhado pelo servidor e a sua renda declarada. A sindicância patrimonial é a ferramenta que atende perfeitamente a esse desiderato.

Reitere-se, por oportuno, que ao sugerir a instauração de sindicância patrimonial, a Administração deve atentar para a verificação da presença de indícios autorizadores mínimos para tal, a fim de evitar a deflagração desnecessária ou incabível do procedimento.

É importante reforçar que tanto na sindicância patrimonial quanto no procedimento levado a efeito pelo Ministério Público, a análise de variação patrimonial parte do pressuposto de que a renda auferida por um contribuinte, em determinado ano, deve ser suficiente para comportar os acréscimos declarados em seu patrimônio, em relação àquele mesmo ano. O acréscimo patrimonial será considerado lícito quando houver lastro no total de rendimentos auferidos, sejam eles tributáveis, não tributáveis ou sujeitos à tributação exclusiva e/ou nas dívidas e ônus reais líquidos.

Quando os rendimentos líquidos (rendimentos brutos, deduzidas as despesas declaradas) não se mostram suficientes para comportar o acréscimo no patrimônio, a análise contábil indica um saldo de caixa negativo, apontando patrimônio a descoberto e revelando irregularidade na declaração de bens ou omissão de receita.

Patrimônio a descoberto é, portanto, aquele cuja licitude se revela contrastada pela incompatibilidade da renda de seu titular.

Noutro giro, cabe ressaltar que essa investigação patrimonial não tem por escopo a apuração de tributos e, apesar de utilizar formatação semelhante à Declaração do Imposto de Renda de Pessoa Física (DIRPF), possui uma abordagem distinta daquela usualmente realizada pela Receita Federal.

Assim, não é somente a ocorrência de patrimônio a descoberto que interessa ao estudo da evolução patrimonial. Chamará igual atenção a análise em que, embora os rendimentos líquidos tenham sido suficientes para comportar o acréscimo patrimonial declarado, tal acréscimo seja de tamanha monta que importe em um índice de comprometimento bastante elevado na renda do investigado.

Isso porque, além da sobra de caixa ter de ser positiva para suportar o aumento no patrimônio, ela deveria ainda comportar uma parcela significativa de gastos realizados por qualquer pessoa e normalmente não informados nas Declarações de Ajuste do Imposto de Renda, tais como: contas de telefone, luz, água, gás e outros; gastos com alimentação; gastos com lazer e vestuário; gastos com combustíveis e manutenção de automóveis; pagamento de condomínio; pagamento de empregados e serviços prestados; pagamento de impostos e contribuições.

Desse modo, ainda que o saldo (renda auferida x variação no patrimônio) se apresente positivo e não se vislumbre patrimônio a descoberto, se o índice de comprometimento for demasiadamente elevado haverá que se falar em indícios de incompatibilidade na evolução patrimonial, tendo em vista que qualquer pessoa necessita de uma sobra de caixa anual capaz de refletir uma renda média mensal mínima para se manter, especialmente no que tange aos gastos acima citados.

Repise-se, por oportuno, que o patrimônio somente pode ser acrescido quando houver lastro no total de rendimentos auferidos, sejam eles tributáveis, não tributáveis ou sujeitos à tributação exclusiva e/ou nas dívidas e ônus reais adquiridos.

Importante ressaltar que, ao apresentar "patrimônio a descoberto", o saldo de caixa fica negativo, ou seja, sua renda líquida mensal fica insuficiente para arcar com suas despesas mensais declaradas. Isso sem contar que não se consideram nesta análise as despesas pessoais e de manutenção de seus bens, o que aumentaria ainda mais a insuficiência de caixa.

Todos esses aspectos são analisados no âmbito da sindicância patrimonial, razão pela qual o seu caráter é eminentemente investigativo, inquisitorial, sigiloso e não punitivo, como já mencionado anteriormente.

2.4 INSTRUÇÃO

A instrução da Sindicância Patrimonial consiste numa série de atos produzidos, com o intuito de buscar elementos para amparar a formação da convicção por parte da comissão (composta por pelo menos dois membros) e da autoridade julgadora, como se resume no quadro abaixo:

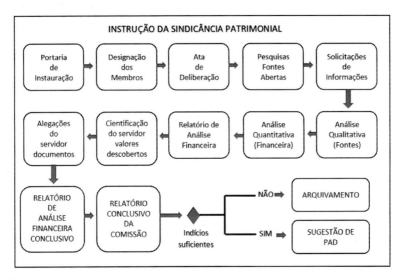

Essa instrução depende da coleta de dados, oriundos de diversos órgãos, fiscais, bancários, agências prestadoras de serviços, companhias aéreas e outros, cujo fim se destina à verificação da compatibilidade entre o universo patrimonial do agente público e seus ganhos formalmente declarados. Para tanto, o patrimônio do agente público será cotejado com a sua renda declarada, independentemente de esta ter sido auferida fora serviço público. Todos os dados carreados aos autos devem ser analisados quantitativa e qualitativamente.

Também devem ser solicitadas informações aos órgãos de Inteligência, realizando-se pedido de busca, sendo certo que os relatórios de inteligência (RELINT)[20] não podem ser anexados à sindicância patrimonial, devendo ser produzido apenas um extrato dos dados considerados relevantes.

O trabalho realizado no âmbito da sindicância patrimonial é investigativo, mas também **contábil**. A comissão deve dispor de pelo menos um membro com capacidade técnica para analisar os dados bancários e fiscais, o montante de bens, documentos cartorários e outros, podendo

---

20 RELINT – Relatório produzido no âmbito dos órgãos que compõem o Sistema de Inteligência. Esse documento não pode ser juntado aos autos da sindicância patrimonial.

ser um contador, um perito, ou mesmo um servidor com suficiente capacidade técnica, notadamente em relação à análise de Declaração de Bens e Valores.

Não existe a previsão legal de um rol taxativo de providências que devam ser adotadas no curso da sindicância patrimonial, mas algumas delas são imprescindíveis à futura comprovação, de forma segura e indene de dúvidas, da existência de enriquecimento ilícito por parte do servidor, em sede de processo administrativo disciplinar.

O rol adiante proposto é meramente exemplificativo, mas pode ser seguido como base para uma boa instrução da sindicância patrimonial, e comporta as seguintes diligências:

- Busca de informações sobre a existência de sociedades empresárias e simples, associações ou fundações nas quais o investigado e/ou seus dependentes figurem em atos constitutivos ou alterações (na Junta Comercial e no Registro Civil de Pessoas Jurídicas).

- Busca de informações de propriedade de veículos automotores em nome do investigado e de seus dependentes (Departamento de Trânsito).

- Busca de informações sobre atos e negócios jurídicos imobiliários praticados pelo investigado e seus dependentes (ex.: procurações e promessas de compra e venda registradas em Cartórios Distribuidores).

- Busca de informações sobre Títulos e Documentos em nome do investigado e seus dependentes (ex.: contratos, testamentos, títulos protestados em Cartórios de Títulos e Documentos).

- Busca de informações sobre a existência de veículos aquáticos (embarcações e outros) em nome do investigado e seus dependentes (na Capitania dos Portos).

- Busca de informações sobre viagens ao exterior realizadas pelo investigado e seus dependentes. Essas informações são fornecidas pela Polícia Federal.

- Busca de informações cadastrais do investigado e seus dependentes junto às concessionárias de serviços públicos. Não raro, através de um cadastro de uma conta de energia ou de água, por exemplo, se identifica um imóvel, o qual pode estar sendo ocultado pelo servidor.

- Realização de diligências nos endereços obtidos para avaliar a situação real e atual dos bens, entre outras possíveis, principalmente decorrentes de prova emprestada de investigações cíveis e criminais em curso.

- Busca de informações sobre processos judiciais em nome do investigado e seus dependentes, podendo ser realizadas pesquisas em **fontes abertas**, sites dos órgãos públicos e redes sociais.

De posse das informações, a comissão de sindicância patrimonial deve fazer uma análise quantitativa e qualitativa para delinear todo o lastro patrimonial do servidor, normalmente nos últimos cinco anos, sem impedimento de que esse período de apuração se amplie, desde que seja posterior ao ingresso do investigado no serviço público.

Durante a instrução da investigação patrimonial, poderão ser detectados sinais exteriores de riqueza, como já mencionado anteriormente, que justificam a instauração da sindicância patrimonial. Mas esses sinais devem ser cotejados com as declarações de bens e valores apresentadas pelo servidor.

Assinala-se que serão analisados muitos dados contábeis, informações fiscais e bancárias no curso da sindicância patrimonial. Por essa razão, mister se faz que a comissão de sindicância seja composta ou disponha de servidor com conhecimento técnico, preferencialmente um perito contábil.

No tocante à análise desse balanço patrimonial, bem como do fluxo de caixa, o *expert* utilizará de conhecimentos universais da ciência da contabilidade, atentando para os objetivos da sindicância patrimonial, ou seja, identificação de evolução patrimonial incompatível, de valores a descoberto e de movimentações atípicas. Essa análise técnica e quantitativa deverá ser lançada e especificada **relatório de análise financeira**[21], que fará parte da sindicância patrimonial.

---

21 Relatório subscrito pelo analista (perito ou contador) a requerimento da comissão de sindicância patrimonial, onde serão apontados os métodos utilizados na análise, os períodos apurados e as conclusões acerca da compatibilidade da evolução patrimonial avaliada.

É relevante mencionar um rol exemplificativo de incongruências que podem ser detectadas durante a análise da documentação carreada à sindicância patrimonial:

- Imóveis registrados em nome do servidor, que não foram informados na declaração de bens. Em alguns casos denotam inclusive o crime de lavagem de dinheiro (ocultação de bens), que deverá ser comunicado à Polícia Judiciária, com vistas à devida apuração.

- Escrituras públicas de transações financeiras, que remetem a movimentações atípicas e desproporcionais com os rendimentos auferidos pelo servidor.

- Movimentação financeira atípica. Essa modalidade é muito comum, principalmente porque quando o COAF detecta as movimentações bancárias consideradas atípicas, nasce um relatório que é enviado para as autoridades competentes para apuração, chamado de RIF. Muitas investigações patrimoniais se iniciaram com base nessas informações.[22]

- Saldo negativo proveniente do cotejo das despesas realizadas com os ganhos auferidos em determinado período. Esse é o típico caso em que se verifica que os ganhos do servidor não suportam seus elevados gastos, por exemplo, com viagens, educação, manutenção de bens de alto valor.

- A participação como gestor de sociedade empresária. Essa hipótese não chega a ser um indicador para a caracterização de enriquecimento ilícito. No entanto, em regra, o servidor público é impedido de atuar como sócio gestor de sociedade empresária, configurando assim uma transgressão disciplinar.

- Erros de preenchimento das fichas de declaração do IRPF.

Em razão da constatação das situações como essas acima indicadas (exemplificativamente), o servidor deve ser chamado a prestar esclare-

---

22 COAF – Conselho de Controle de Atividades Financeiras é uma unidade de inteligência financeira do Governo Federal que atua principalmente na prevenção e no combate à lavagem de dinheiro.

cimento ainda em fase de sindicância, sendo-lhe facultado esclarecer a origem lícita de tais gastos ou acréscimos patrimoniais, como prevê o inciso VII, do artigo 9º, da Lei 8.429/1992:

> (...) Art. 9º – (...) VII – adquirir, para si ou para outrem, no exercício de mandato, de cargo, de emprego ou de função pública, e em razão deles, bens de qualquer natureza, decorrentes dos atos descritos no *caput* deste artigo, cujo valor seja desproporcional à evolução do patrimônio ou à renda do agente público, **assegurada a demonstração pelo agente da licitude da origem dessa evolução;** (Redação dada pela Lei nº 14.230, de 2021).

Portanto, em que pese a sindicância patrimonial ser um procedimento inquisitorial, não punitivo e sigiloso, caso sejam detectados sinais de incompatibilidade da evolução patrimonial do servidor com os ganhos por ele legitimamente auferidos, deverá ser dada oportunidade ao investigado para esclarecer essas incongruências, que serão apontadas em um **Termo de Cientificação** que tem por intento notificar o servidor investigado acerca do que fora considerado incompatível.

À guisa de informação, Termo de Cientificação é o documento elaborado pelos membros da comissão de sindicância patrimonial, onde serão apontadas as incongruências encontradas, a fim de dar a oportunidade ao servidor investigado de esclarecer a licitude da origem dos recursos. Normalmente se elabora esse termo quando já se conhece os valores que precisam ser comprovados.

Em muitos casos, adotando-se essas medidas de cautela, evita-se a instauração desnecessária de um processo administrativo disciplinar em face do servidor, caso ele tenha conseguido justificar a evolução patrimonial ainda em sede de sindicância investigativa.

Não raro, a aparente evolução patrimonial inicialmente detectada se trata de mera sonegação de informação, não configurando assim um enriquecimento ilícito propriamente dito. É o caso, por exemplo, de um servidor que auferiu legitimamente rendas na iniciativa privada e não as declarou para o fisco. Instado a justificar esses valores, uma vez conseguindo comprovar a origem lícita, não há que se falar em ilícito enriquecimento. Em tais casos, a comissão de sindicância patrimonial tem o dever de comunicar à Receita Federal para a adoção das medidas cabíveis.

Pode ocorrer também que, ao final da investigação patrimonial, não se tenha demonstrado que o servidor incorreu na conduta do artigo 9º, inciso VII, da Lei 8.429/92 (enriquecimento ilícito presumido), mas sim em outra hipótese de improbidade administrativa como, por exemplo, o inciso *"VIII – aceitar emprego, comissão ou exercer atividade de consultoria ou assessoramento para pessoa física ou jurídica que tenha interesse suscetível de ser atingido ou amparado por ação ou omissão decorrente das atribuições do agente público, durante a atividade"*.

Nesse caso, de igual modo, o fato será levado ao conhecimento da autoridade competente para que seja instaurado o processo disciplinar. No entanto, esse processo não será instruído com os autos da sindicância patrimonial. Essa delimitação do objeto da sindicância patrimonial deve ficar muito clara, para que ela não seja confundida com outros tipos de procedimentos administrativos disciplinares.

2.4.1 Pesquisas em Cartórios sobre bens imóveis

Como já mencionado, as informações sobre a posse ou propriedade de bens imóveis por parte do servidor é de suma importância à análise da evolução patrimonial. Essas informações podem ser compartilhadas com a comissão de sindicância patrimonial, por meio do dossiê integrado emitido pela Receita Federal, consistente na DIMOB – Declaração das Informações Sobre Atividades Imobiliárias.

Conquanto os cartórios sejam obrigados a emitir uma Declaração sobre Operações Imobiliárias (DOI) para a Secretaria da Receita Federal, cada vez que ocorre um fato gerador da emissão desse documento, seja na alienação, seja na doação, na herança ou na permuta, esses dados não são processados eletronicamente, apenas armazenados, não sendo usados para cruzar a Declaração de Bens do Imposto de Renda de Pessoa Física (DIRPF) e de Pessoa Jurídica (DIRPJ).

Para uma busca minuciosa de bens imóveis de um agente, por exemplo, não há outra maneira a não ser emitir ofícios para os serviços de registros de imóveis do país inteiro ou, pelo menos, na região em que possui domicílio ou residência.

Sem dúvida, é um trabalho lento e muitas vezes pouco eficiente, considerando que os imóveis podem estar em nome de dependentes diretos, cônjuges, parentes ou pessoas desvinculadas de qualquer relação de parentesco com o contribuinte (testas de ferro ou laranjas).

Importa também atentar para os chamados CPFs fantasmas, algo infelizmente muito comum dada a absoluta falta de controle da emissão de CPFs, tudo feito pelo correio, sem maiores dificuldades para o fraudador.

As pesquisas em cadastros das concessionárias de serviço público podem indicar a existência de imóveis, possibilitando assim uma consulta mais acurada junto aos cartórios. No anexo do presente manual, inserimos alguns modelos de ofícios em um rol exemplificativo.

Por exemplo, a companhia de água informa que existe um cadastro em nome do servidor investigado, relativamente a um imóvel que não foi declarado pelo servidor. A partir dessa informação, a comissão de sindicância irá solicitar ao respectivo RGI as informações sobre a propriedade do bem. Essa descoberta pode revelar, inclusive, um crime de lavagem de dinheiro, em face da ocultação do imóvel.

A falta de um cadastro nacional de imóveis disponível digitalmente dificulta a investigação de sinais exteriores de riqueza, enriquecimento ilícito e acréscimo patrimonial a descoberto. Por isso, dizemos que o prazo de 30 (trinta) dias para a conclusão da sindicância patrimonial é demasiadamente exíguo.

Não obstante, se os membros da comissão de sindicância patrimonial possuírem o conhecimento necessário acerca da investigação patrimonial, e contarem com os meios adequados para implementar as medidas cabíveis, parte dessa deficiência será eliminada.

2.4.2 Intercâmbio de informações sigilosas

Havendo fundados indícios de variação patrimonial, a Comissão deverá solicitar diretamente informações fiscais à Receita Federal, relativamente ao servidor investigado. Essas informações são fornecidas por meio do chamado Dossiê Integrado.

Dossiê Integrado é um consolidado de informações de Pessoas Físicas ou Jurídicas extraídas do banco de dados da Receita Federal, o qual é alimentado por dados dispersos em diversos sistemas, como exemplo:

- Ações Fiscais eventualmente instauradas em face do contribuinte;

- Dados Cadastrais do CPF/CNPJ;

- Declarações de Ajuste Anual e/ou de Informações Econômico-Fiscais;

- Dados de ICMS, IPTU, IPVA e ITBI;

- Dados constantes nas Declarações de Operações Imobiliárias (DOI);

- Operações de remessa de recursos ao exterior (CC5);

- Declaração de Informações sobre Atividades Imobiliárias (DIMOB);

- Declaração de Operações com Cartão de Crédito (DECRED);

- Declaração de Informações sobre Movimentação Financeira (DIMOF), além de diversos outros.

As solicitações dessas informações junto à Secretaria da Receita Federal deverão ser feitas por intermédio da autoridade que determinou a instauração da sindicância patrimonial, com a remessa de cópia da portaria de instauração da sindicância patrimonial, nos termos do artigo 198, § 1º, II, e § 2º, ambos do Código Tributário Nacional. A comissão deverá ainda observar o dever de preservar o sigilo fiscal das informações.

Além das informações fornecidas pela Receita Federal, a comissão de sindicância patrimonial deverá se valer de instrumentos oriundos de diversas outras bases de dados, notadamente para identificar bens que pertençam ao investigado e que não tenham sido declarados:

- Capitania dos Portos – Órgão responsável pela inscrição de veículos aquáticos[23]
- ANAC – Agência Nacional de Aviação Civil
- Sistemas corporativos da Administração Pública como SIAFI, INFOSEG, RENAVAM (bancos de dados com acesso restrito a pessoas autorizadas)
- Cartórios (Distribuidores de Registro Geral de Imóveis e Registro Civil)
- Juntas Comerciais
- Pesquisas em fontes abertas por meio da Internet
- CNPJ – Cadastro Nacional de Pessoas Jurídicas
- CAGED – O Cadastro Geral de Empregados e Desempregados (serve para subsidiar a análise qualitativa, notadamente quando o servidor atribuir dividendos oriundos de pessoa jurídica)

Obs.: encontram-se, no anexo deste livro, modelos de ofício para os órgãos acima listados.

Uma questão muito debatida, que inclusive já foi levada aos Tribunais, envolve a alegação de quebra do sigilo fiscal. Entretanto, é pacífico o entendimento de que as informações fiscais fornecidas para a instrução da sindicância patrimonial **não violam o sigilo fiscal do investigado**, conforme autorizado pelo artigo 198, § 1º, II, do Código Tribunal Nacional, que assim dispõe:

> Art. 198: Sem prejuízo do disposto na legislação criminal, é vedada a divulgação, por parte da Fazenda Pública ou de seus servidores, de informação obtida

---

23 Os atos relativos às promessas, cessões, compra, venda e outra qualquer modalidade de transferência de propriedade de embarcação, sujeita ao registro no Tribunal Marítimo, serão obrigatoriamente feitas por escritura pública, lavrada por qualquer tabelião de notas.

em razão do ofício sobre a situação econômica ou financeira do sujeito passivo ou de terceiros e sobre a natureza e o estado de seus negócios ou atividades.

§ 1º Excetuam-se do disposto neste artigo, além dos casos previstos no art. 199, os seguintes:

(...)

II – solicitações de autoridade administrativa no interesse da Administração Pública, desde que seja comprovada a instauração regular de processo administrativo, no órgão ou na entidade respectiva, com o objetivo de investigar o sujeito passivo a que se refere a informação, por prática de infração administrativa.

Portanto, a própria legislação tributária excepciona da cláusula de sigilo fiscal quando há uma solicitação de uma autoridade administrativa, no interesse da Administração Pública, para investigar o sujeito passivo a que se refere a informação, exigindo-se para tanto a comprovação da instauração por meio da portaria inicial.

Nesse sentido, a jurisprudência do Supremo Tribunal Federal assim se coloca:

"(...) Os preceitos impugnados autorizam o compartilhamento de tais informações [fiscais] com autoridades administrativas, no interesse da Administração Pública, desde que comprovada a instauração de processo administrativo, no órgão ou entidade a que pertence a autoridade solicitante, destinado a investigar, pela prática de infração administrativa, o sujeito passivo a que se refere a informação. (...) Nota-se, diante de tais cautelas da lei, que não há propriamente quebra de sigilo, mas sim transferência de informações sigilosas no âmbito da Administração Pública. (...) Diante disso, reputo constitucional o art. 1º da Lei Complementar nº 104/2001 no ponto em que insere o § 1º, inciso II, e o § 2º no art. 198 do CTN". (STF, ADI nº 2.390/DF. Relator: Min. Dias Toffoli. 18/02/2016)

Da inteligência dos mencionados julgados, extrai-se que a expressão "processo" ínsita no § 1º, inciso II, do artigo 198 do Código Tributário Nacional, alcança tanto o processo administrativo disciplinar propriamente dito, como a sindicância, desde que comprovada a sua instauração por meio da portaria inaugural.

Nesse diapasão, é importante trazer à colação o Parecer PGFN/CDI nº 1.433/2006 (grifo nosso):

> "Muito embora sustentamos a necessidade de interpretar restritivamente as exceções ao sigilo fiscal, contidas no art. 198, do CTN, **acreditamos que a expressão 'processo' empregada em seu § 1º, II, abrange tanto o processo em sentido estrito quanto o procedimento formalmente instaurado.** (...).
>
> Percebe-se, dessa forma, que o art. 198, § 1º, inciso II, do Código Tributário Nacional, exige, para que seja possível a liberação do dever de sigilo fiscal, apenas que o processo ou procedimento administrativo esteja regularmente instaurado por autoridade administrativa competente, tenha objeto lícito e finalidade pública.
>
> Portanto, em sede de sindicância patrimonial regularmente instaurada estarão satisfeitos todos os requisitos exigidos pela legislação em comento para que possa ser quebrado o sigilo fiscal do investigado. Ou, em grafia consoante à jurisprudência do STF, para que possa haver uma transferência de dados de informações sigilosas no âmbito da Administração Pública, sendo tais informações sigilosas, requisitadas pela comissão de sindicância patrimonial, essenciais à apuração dos fatos sob investigação (...)".

Na mesma linha, a Controladoria-Geral da União aduz, em sua Portaria CGU nº 335, de 30/05/06, a possibilidade de quebra do sigilo fiscal em sindicância patrimonial.

Portaria CGU nº 335, de 30/05/06:

Art. 16. A sindicância patrimonial constitui procedimento investigativo, de caráter sigiloso e não-punitivo, destinado a apurar indícios de enriquecimento ilícito por parte de agente público federal, a partir da verificação de incompatibilidade patrimonial com seus recursos e disponibilidades, e será iniciada mediante determinação do Ministro de Estado do Controle e da Transparência, do Secretário Executivo da Controladoria-Geral da União, do Corregedor-Geral ou dos Corregedores-Gerais Adjuntos;

Art. 18. Para a instrução do procedimento, a comissão efetuará as diligências necessárias à elucidação do fato, ouvirá o sindicado e as eventuais testemunhas, carreará para os autos a prova documental existente e solicitará, se necessário, o afastamento de sigilos e a realização de perícias.

§ 1º As consultas, requisições de informações e documentos necessários à instrução da sindicância, quando dirigidas à Secretaria da Receita Federal do Ministério da Fazenda, deverão ser feitas por intermédio dos Corregedores-Gerais Adjuntos, observado o dever da comissão de, após a transferência, assegurar a preservação do sigilo fiscal).

Acrescente-se que as informações fornecidas no dossiê integrado acerca de movimentação bancária não violam o sigilo bancário, porque se tratam de informações cadastrais e dados genéricos dos montantes globais movimentados no bojo das declarações, sem infringir as disposições da Lei Complementar nº 105/2001, doravante explicitadas.

Art. 5º, § 2º, da Lei Complementar nº 105/2001, as informações fiscais transferidas restringir-se-ão a informes relacionados com a identificação dos titulares das operações e os montantes globais mensalmente movimentados, vedada a inserção de qualquer elemento que permita identificar a sua origem ou a natureza dos gastos a partir deles efetuados.

Mais uma vez, cabe destacar a jurisprudência do Supremo Tribunal Federal:

(...) Perceba-se, pois, que, com base nesse dispositivo, a Administração tem acesso apenas a dados genéricos e cadastrais dos correntistas. Essas informações obtidas na forma do art. 5º da LC são cruzadas com os dados fornecidos anualmente pelas próprias pessoas físicas e jurídicas via declaração anual de imposto de renda, de modo que tais informações já não são, a rigor, sigilosas." (STF, ADI 2.390/DF, Rel. Min. Dias Toffoli).

Sobre essa temática, vale trazer à colação as lições do autor Joni Amora[24]:

(...) deve ser destacado que, com a edição da Lei Complementar nº 104/2001, dando nova redação ao artigo 198, § 1º, inciso II, do CTN, o regime jurídico do sigilo fiscal foi alterado, permitindo-se à própria autoridade administrativa, no interesse da administração pública, solicitar diretamente as informações ao Fisco para instruir processos administrativos regularmente instaurados com o objetivo de investigar o servidor por prática de infração administrativa.

(...) o regime jurídico acerca da obtenção de dados fiscais é diverso daquele concernente às informações bancárias.

Para a obtenção de dados provenientes de Instituições Financeiras e congêneres, após a instauração do devido procedimento administrativo disciplinar, deverá a comissão processante requerer o afastamento do sigilo bancário do acusado perante o Poder Judiciário.

Entretanto, as solicitações de dados fiscais feitas à Receita Federal por autoridade administrativa, no interesse da Administração Pública, podem ser realizadas diretamente e não necessitam de autorização judicial, tampouco implicam em quebra de sigilo (art. 198, § 1º, inciso II do Código Tributário Nacional, com redação dada pela Lei Complementar nº 104/2001)[25].

---

24 Joni Barbosa Amora, Delegado de Polícia Civil do Estado do Rio de Janeiro, trabalhou durante muitos anos na Corregedoria Geral Unificada/SESEG, atuando na elaboração das normas estaduais sobre sindicância patrimonial.

25 AMORA, Joni Barbosa. Corregedoria Geral Unificada e Sistema Disciplinar da Segurança Pública do Estado do Rio de Janeiro. Rio de Janeiro: Lumen Juris, 2018, p. 105 e 106.

Reitere-se que nos aludidos casos não há que se falar em quebra de sigilo bancário ou fiscal, entretanto, caso pretenda-se obter informações bancárias, a autoridade administrativa deverá solicitar ao Ministério Público ou ao órgão de Advocacia Pública para pleitear judicialmente o acesso a tais informações bancárias, sendo certo que a adoção dessa medida deve se dar após a deflagração do Processo Administrativo Disciplinar, como se depreende das normas trazidas à colação a seguir:

Lei Complementar nº 105/2001[26]

§ 1º Dependem de prévia autorização do Poder Judiciário a prestação de informações e o fornecimento de documentos sigilosos solicitados por comissão de inquérito administrativo destinada a apurar responsabilidade de servidor público por infração praticada no exercício de suas atribuições, ou que tenha relação com as atribuições do cargo em que se encontre investido.

Portaria CGU nº 335/2006

(...)

§ 2º A solicitação de afastamento de sigilo bancário deve ser encaminhada à Advocacia-Geral da União, com as informações e documentos necessários para o exame de seu cabimento.

§ 3º A comissão deverá solicitar do sindicado, sempre que possível, a renúncia expressa aos sigilos fiscal e bancário, com a apresentação das informações e *documentos necessários para a instrução do procedimento.*

Superadas todas as controvérsias acerca da coleta de dados, conclui-se que, de posse de todas essas informações, a comissão de sindicância patrimonial poderá realizar a oitiva de testemunhas e, caso entenda necessário, poderá, também, solicitar esclarecimentos de fatos ao investigado, o que não significa o exercício pleno da ampla defesa. A sindicância patrimonial só perde o caráter inquisitorial quando enseja a instauração do competente processo administrativo disciplinar.

---

26 Dispõe sobre o sigilo das operações de instituições financeiras e dá outras providências.

Finalmente, não bastará coletar todas as informações e todos os documentos possíveis. Para demonstrar o eventual enriquecimento ilícito do agente público será preciso estudar os métodos de análise patrimonial, que serão abordados mais à frente.

2.5 PRAZOS PARA CONCLUSÃO

O prazo para conclusão do procedimento de sindicância patrimonial será de **trinta dias**, contados da data da publicação do ato que constituiu a comissão, **podendo ser prorrogado pela autoridade competente**, como dispõe o artigo 14, § 2º do Decreto nº 10.571, de 2020. Ressalte-se que a prorrogação pode se estender por mais períodos, desde que motivada e autorizada pela autoridade competente.

Por óbvio, o prazo de trinta dias é demasiadamente exíguo em razão da natureza da apuração, que depende da coleta de inúmeras informações oriundas de outros órgãos, demandando um tempo razoável para análise. Entretanto, esse prazo pode ser dilatado, devendo a autoridade competente ter o cuidado de documentar essas prorrogações, em respeito aos princípios da legalidade e do devido processo legal.

Como já mencionado anteriormente, essas normas não se encontram reunidas em um código ou em lei federal hierarquicamente superior. Por conta disso, é possível a previsão de prazos diversos para a conclusão da sindicância patrimonial, como, por exemplo, prevê a Lei Orgânica da Polícia Civil do Estado do Rio de Janeiro (artigo 2º), segundo a qual "*o prazo para conclusão do procedimento de sindicância patrimonial será de 90 (noventa) dias, contado da data da publicação da Portaria, podendo ser prorrogado, por iguais períodos, pela autoridade competente pela instauração, desde que justificada a necessidade, não podendo, porém, as prorrogações ultrapassar 1 (um) ano)*".

É de se frisar, contudo, que as prorrogações devem ser motivadas e justificadas, não podendo ser concedidas indefinidamente, sob pena de infração, genericamente, ao princípio da eficiência (Art. 37, da CF/88), e – especificamente em relação ao processo – ao princípio da celeridade processual (duração razoável do processo – artigo 5º, inciso LXXVIII, da CF/88).

- Art. 37. A administração pública direta e indireta de qualquer dos Poderes da União, dos Estados, do Distrito Federal e dos Municípios obedecerá aos princípios de legalidade, impessoalidade, moralidade, publicidade e **eficiência**. (grifamos)

- Art.5º, inciso LXXVIII: "a todos, no âmbito judicial e administrativo, são assegurados a razoável duração do processo e os meios que garantam a celeridade de sua tramitação."

Sem embargo, se não houver prejuízo à defesa, não há que se falar em nulidade de processo administrativo disciplinar, em decorrência de excesso de prazo para sua conclusão. É o que se consagra no princípio da *"pas de nullité sans grief"* ("princípio segundo o qual não se declara a nulidade de um ato sem que seja provado o prejuízo causado por ele"[27]).

Nesse sentido, informam as seguintes disposições legais e jurisprudenciais:

Lei nº 9.527, de 10.12.97

(...)

Art. 169. Verificada a ocorrência de vício insanável, a autoridade que determinou a instauração do processo ou outra de hierarquia superior declarará a sua nulidade, total ou parcial, e ordenará, no mesmo ato, a constituição de outra comissão para instauração de novo processo.

STJ: "Não há falar em prescrição da pretensão punitiva estatal se observado o prazo prescricional de cinco anos entre a ciência dos fatos pela autoridade com-

---

27 http://www.stf.jus.br/portal/jurisprudencia/listarTesauro.asp?txtPesquisaLivre=PRINC%-C3%8DPIO%20PAS%20DE%20NULLIT%C3%89%20SANS%20GRIEF

petente e a instauração do processo disciplinar, bem como entre os 140 (cento e quarenta) dias da aludida instauração e a aplicação da penalidade disciplinar" (MS 13.958/DF, Rel. Min. MARIA THEREZA DE ASSIS MOURA, TERCEIRA SEÇÃO, julgado em 22/6/2011, DJe de 1º/8/2011).

Súmula 592 (STJ) – O excesso de prazo para a conclusão do processo administrativo disciplinar só causa nulidade se houver demonstração de prejuízo à defesa. (SÚMULA 592, PRIMEIRA SEÇÃO, julgado em 13/09/2017, DJe 18/09/2017).

Ementa: ADMINISTRATIVO. PROCESSUAL CIVIL. PROCESSO ADMINISTRATIVO DISCIPLINAR. CERCEAMENTO DE DEFESA. NÃO OCORRÊNCIA. PRESCRIÇÃO NÃO OCORRÊNCIA. EXCESSO DE PRAZO NA APRESENTAÇÃO DE PARECER PELA COMISSÃO DISCIPLINAR. MERA IRREGULARIDADE QUE NÃO GERA NULIDADE DO PROCESSO ADMINISTRATIVO DISCIPLINAR. EXISTÊNCIA DE SENTENÇA CONDENATÓRIA TRANSITADA EM JULGADO. (...) 2. O entendimento desta Corte é no sentido de que eventuais irregularidades relativas ao excesso de prazo para prática de atos, quando incapazes de trazer prejuízo ao militar disciplinando, não ensejam nulidade do processo administrativo disciplinar. Precedentes. (...) 5. Recurso ordinário desprovido. (grifos no original) (BRASIL, Superior Tribunal de Justiça. RMS nº 22.032/GO. Relatora: Ministra Laurita Vaz, julgado em 16/12/2010, publicado em 7/2/2011).

2.6 RELATÓRIO DA SINDICÂNCIA PATRIMONIAL

Concluídos os trabalhos da sindicância patrimonial, a comissão responsável por sua condução fará **relatório** sobre os fatos apurados, opinando por sua conversão em processo administrativo disciplinar, ou até mesmo pelo seu arquivamento quando não houver sido constatado nenhum sinal que configure o enriquecimento ilícito. É o que ensina o Manual de Processo Administrativo Disciplinar da Controladoria Geral da União[28]:

> Apurado pela comissão quais os bens e direitos que integram o patrimônio do servidor e o valor de cada um deles, os sindicantes deverão cotejar o resultado obtido com a renda auferida pelo servidor investigado e a evolução do seu patrimônio declarado, com vistas a verificar se eventual acréscimo decorreu da evolução normal desse patrimônio, é dizer: se possui o devido lastro correspondente. Com o resultado obtido pela **realização do fluxo de caixa e da análise patrimonial do servidor**, a comissão estará apta a emitir o seu juízo de valor sobre o apurado, mediante a elaboração da peça denominada relatório.

> O relatório, à luz do disposto no § 3º do art. 9º do Decreto nº 5.483/05, e consoante o previsto no art. 28 da IN CGU nº 14/2018, **deverá ser conclusivo e apontar se o conteúdo denunciativo encontra, ou não, guarida na evolução patrimonial apurada do servidor, sugerindo, em consequência, a instauração de processo administrativo disciplinar ou o arquivamento da SINPA.** Vale registrar o entendimento administrativo consolidado no sentido da desnecessidade de comprovação da origem ilícita do patrimônio do sindicado. Ou seja, se tal não é requisito para possível apenação, não poderá, por exemplo, servir de fundamento para uma sugestão de arquivamento da sindicância patrimonial. Tal entendimento encontra-se esposado no Enunciado CGU nº 8, de 9 de dezembro de 2014, *in verbis*:

> Art. 132, IV, Lei nº 8.112/90 c/c art. 9º, VII, da Lei nº 8.429/92. ÔNUS DA ADMINISTRAÇÃO. DEMONSTRAÇÃO DA DESPROPORCIONALIDADE.

---

28 Manual de Processo Administrativo Disciplinar – Controladoria Geral da União – Corregedoria Geral da União (https://repositorio.cgu.gov.br/bitstream/1/42052/13/Manual_PAD.pdf)

> Nos casos de ato de improbidade que importem em enriquecimento ilícito pelo agente público, cujo valor seja desproporcional à evolução do seu patrimônio ou à sua renda, compete à Administração Pública apenas demonstrá-lo, não sendo necessário provar que os bens foram adquiridos com numerário obtido através de atividade ilícita. Enunciado CGU nº 8, publicado no DOU de 10/12/14, seção 1, página 2.

Impende reforçar que o relatório elaborado pelos membros da comissão de sindicância patrimonial deverá apontar, objetivamente e com clareza, se o lastro patrimonial analisado é compatível ou não com os ganhos do servidor. É importante que no relatório estejam delineados os períodos analisados, os valores denunciativos e as conclusões do analista (perito ou contador).

Estamos diante de uma apuração importantíssima que requer um cuidado especial por parte dos sindicantes, já que o relatório da comissão irá subsidiar a autoridade competente para instaurar o PAD ou arquivar a sindicância patrimonial. Uma vez instaurado o processo administrativo disciplinar, estaremos diante de um procedimento que poderá culminar na demissão do servidor.

Constata-se que, em muitos casos, os membros das comissões permanentes de inquéritos administrativos, acostumados a lidar com as transgressões objetivamente descritas nos respectivos estatutos, não detêm o conhecimento necessário acerca desta matéria, razão pela qual dependerá de uma escorreita instrução da sindicância patrimonial para que possa alcançar a verdade real almejada pelo PAD.

Destarte, ao elaborar o relatório conclusivo da sindicância patrimonial, a comissão deverá estar apta a emitir o seu juízo de valor sobre o que fora apurado, para que possa sugerir à autoridade competente a correta medida a ser tomada.

A fim de enaltecer e retratar o fim a que se destina a SINPA, qual seja, motivar ou não a instauração de um processo administrativo disciplinar, apresenta-se o esquema abaixo:

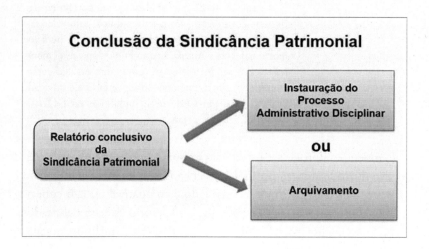

3 ANÁLISE TÉCNICA DA SINDICÂNCIA PATRIMONIAL

Como já mencionado em outro ponto, a comissão de sindicância patrimonial deve ser composta por servidores que detenham o conhecimento necessário para promover a investigação patrimonial. Nesse sentido, reitera-se que o objetivo desta obra é, principalmente, dar suporte àqueles que atuam na instrução da SINPA, inclusive os técnicos que fazem a análise contábil das informações coletadas.

No capítulo anterior, discorremos sobre as providências que devem ser adotadas para a instrução da sindicância patrimonial. Neste capítulo, ressaltaremos a importância da análise técnica e financeira dos dados relativos ao patrimônio do investigado, que deve ficar a cargo de profissional com conhecimento em contabilidade, para que possa promover o balanço patrimonial e confeccionar o relatório do que fora técnica e financeiramente analisado.

A referida análise técnica é realizada com base na documentação carreada aos autos da sindicância patrimonial ou do próprio PAD. Após terem sido juntadas nos autos todas as informações necessárias, inclusive o dossiê integrado, a comissão de sindicância patrimonial deve estar ciente dos questionamentos que serão submetidos ao analista, consignando os mesmos em ata, assim delineando o objetivo da apuração. Além disso, ao submeter os autos à análise técnica, deve ser informado o período a ser analisado e a identificação do investigado, como demonstrado no estudo de caso apresentado no apêndice do livro.

Pontue-se que alguns órgãos, que promovem a investigação patrimonial, não contam com analistas com expertise para fazer a análise técnica patrimonial solicitada pela comissão de sindicância patrimonial. Nesses casos, sendo órgão policial, poderá se valer de perito oficial ou técnicos lotados em laboratório de lavagem de dinheiro.

Desde logo, apresentamos, a título de exemplo, alguns quesitos que podem ser elaborados pela comissão de sindicância patrimonial e submetidos ao analista (aqui com o período hipotético que tem o ano de 2021 – ano supostamente atual – como ano-base, e recuando-se em cinco anos, perfazendo assim um período que vai de 2017 a 2021):

- Quais foram os rendimentos totais, ano a ano, auferidos pelo servidor investigado (nomear o servidor), declarados nas DIRPFs, no período de 2017 a 2021;

- Dos valores apurados, no período de 2017 a 2021, quanto corresponde em valores recebidos por trabalho assalariado (**informar o órgão pagador**) em contrapartida àqueles recebidos com lucros/dividendos de empresas privadas, investimentos, alienação de bens e outros;

- Quais os valores que correspondem à variação patrimonial em cada ano (2017 a 2021), levando em consideração os bens e valores declarados nas DIRPFs;

- Quais os valores que correspondem à variação patrimonial em cada ano (2017 a 2021), levando em consideração também os bens e valores não declarados na DIRPFs;

- Caso seja constatada evolução patrimonial do servidor investigado (nomear o servidor), relativamente aos anos de 2017 a 2021, informar se a mesma é compatível (ano a ano) com os ganhos auferidos e declarados nas DIRPFs;

- Quais foram as despesas declaradas nas DIRPFs, ano a ano, no período de 2017 a 2021;

- Quais foram as despesas de cartão de crédito que porventura tenham sido lançadas no Dossiê Integrado, ano a ano, no período de 2017 a 2021;

- Se a soma de valores auferidos e declarados nas DIRPF, no período de 2017 a 2021 (ano a ano), é suficiente para cobrir o total de despesas apuradas, inclusive as despesas de cartão de crédito constantes do dossiê integrado;

- Se a resposta para a quesitação acima for positiva, informar o saldo residual e se ele é suficiente para cobrir a variação patrimonial detectada (2017 a 2021);

- Pela análise da movimentação financeira (DIMOF) informar se os valores mensais são compatíveis com o fluxo de caixa esperado. Caso negativo, informar quais os meses que apresentaram discrepância, bem como o valor anual esperado e o verificado (2017 a 2021).

- **Outras conclusões a critério do analista/perito.**

Para responder aos quesitos da comissão de sindicância patrimonial ou à comissão permanente de inquéritos administrativos, o analista deverá elaborar um Relatório Técnico de Análise Financeira, indicando a metodologia utilizada, o período e os documentos analisados, bem como a sua conclusão. Para clareza e concisão, é recomendável que o analista insira no seu relatório os gráficos e planilhas referentes ao balanço patrimonial, para melhor subsidiar a apuração dos fatos.

Na maioria das investigações patrimoniais, o supramencionado relatório constitui a justa causa para a instauração do processo administrativo disciplinar, razão pela qual deve ser confeccionado com muita atenção e rigor. Quando não requisitado a instituto oficial de perícia, não pode ser considerado como laudo, portanto, não está sujeito às regras constantes do Código de Processo Penal no tocante à prova.

Em primeiro lugar, o analista deve dominar o uso de planilhas eletrônicas e conhecer as regras para preenchimento das declarações de imposto de renda de pessoa física. A checagem correta dessas declarações poderá indicar se há variação patrimonial a descoberto, levando-se em conta as origens *versus* as aplicações de recursos.

Em segundo lugar, o analista deve saber que poderá lançar mão de várias fontes de informações legais e idôneas que estiverem disponíveis para alimentar a sua coleta. No entanto, em razão da sua praticidade e disponibilidade, é dada preferência em iniciar a análise a partir das declarações de bens e direitos ou, quando disponíveis, das DIRPF – Declaração de Imposto de Renda da Pessoa Física do agente público objeto da investigação.

Acontece que as ferramentas utilizadas pela Receita Federal do Brasil têm caráter fiscal. Ou seja, foram construídas objetivando aumentar a eficiência na fiscalização e arrecadação tributária, além de facilitar a declaração por parte dos contribuintes.

Portanto, o que o analista da sindicância patrimonial faz é adequar as informações constantes nos documentos emitidos pela RFB – Receita Federal do Brasil – às suas metodologias de análise patrimonial. Para isso, ele lança mão de planilhas eletrônicas preparadas e adaptadas às fontes que ele irá utilizar.

Outro ponto que o analista deve ter atenção é que o aspecto tributário não é relevante do ponto de vista de variação patrimonial. O técnico deve se concentrar apenas nos valores que ingressaram ou que saíram do universo patrimonial do agente, não importando a promessa futura de pagamento ou de recebimento de um valor, mas sim a sua **efetiva entrega ou recebimento**. A esse método dá-se o nome de **análise por fluxo de caixa**.

Isto posto, surge a primeira dúvida: já que a análise é feita debruçando-se sobre um documento preenchido pelo próprio investigado – no caso da DIRPF ou Declaração de Bens –, como poderemos assegurar que as informações contidas estão corretas? Nesse caso, iremos coletar informações de outras fontes (**rastreio patrimonial**) e confrontá-las com o que consta na declaração do agente público.

Havendo erros materiais ou inconsistências na declaração, essa deverá ser ajustada, sempre que possível, para corresponder à realidade das transações executadas pelo agente investigado.

Os ajustes podem ser feitos obtendo-se informações de outras fontes ou até mesmo a partir da pessoa investigada.

O analista deve lembrar que todos os ajustes feitos deverão ser discriminados no relatório da análise técnica.

É de extrema relevância ressaltar que na sua conclusão o analista deve descrever de forma objetiva e clara as incompatibilidades eventualmente detectadas, os valores a descoberto e outras considerações relevantes para a constatação de enriquecimento ilícito por parte do servidor analisado, podendo ainda sugerir ao colegiado a coleta de outras informações para uma análise posterior/complementar.

Destarte, dada a importância da análise técnica e financeira no tocante à constatação de enriquecimento ilícito por parte de agente público, após a confecção do relatório técnico, a comissão deve dar ciência ao investigado, possibilitando-lhe o ajuste e/ou esclarecimentos das discrepâncias apontadas. Entretanto, eventuais alegações genéricas, sem comprovação por meio de documentação idônea por parte do servidor, não servirão para contraditar as conclusões lançadas no mencionado relatório técnico.

3.1 FLUXO DE CAIXA E RASTREIO PATRIMONIAL

Impende ressaltar a importância do fluxo de caixa e do rastreio patrimonial no âmbito da investigação patrimonial como um todo. O fluxo de caixa é o método de análise patrimonial/financeira capaz demonstrar, por meio da visualização da entrada e saída de dinheiro ou recursos, o enriquecimento com base na evolução global do patrimônio em determinado período, enquanto o rastreio patrimonial mais se relaciona com método de investigação, com a coleta geral de dados promovida em todo o curso da investigação patrimonial, como demonstrado a seguir.

Rastreio patrimonial pode detectar as seguintes incompatibilidades (rol exemplificativo):

- Aquisição de um bem ou de alguns poucos bens não respaldados em uma origem conhecida;

- Realização de despesas desproporcionais aos ganhos auferidos, não respaldadas em origem bancárias identificadas (muitas vezes, o servidor realiza os pagamentos em dinheiro);

- Movimentações bancárias atípicas;
- Imóvel pertencente ao investigado, mas não declarado à Receita Federal;
- Sinais exteriores de riqueza;
- Gastos desproporcionais com viagens;
- Gastos desproporcionais com cartão de crédito;
- Veículos e/ou embarcações não declaradas na DIRPF etc.

O método do **rastreio patrimonial**, portanto, é essencial na fase que antecede à deflagração da sindicância patrimonial, funcionando como um *gatilho* que desperta o olhar da Administração Pública. Esse método é utilizado tanto pelos membros da comissão de sindicância patrimonial, durante a instrução da investigação, como também pelo analista contábil, na sua análise técnica financeira.

3.1.1 Método Fluxo de Caixa

Neste ponto, em que ressaltamos o fluxo de caixa como método de análise, precisamos destacar alguns conceitos importantes para a devida compreensão dessa metodologia: **a variação Patrimonial**; **Variação Patrimonial Líquida (VPL)**; **VPL negativa**; **VPL positiva**; **VPL nula**; **Receitas** ou **Rendimentos**; **Despesas**; **Dívidas**; **Variação Patrimonial Líquida de Dívidas** e, por fim, V**ariação Patrimonial Descoberta (VPD)**.

A **análise do fluxo** de caixa tem como objetivo avaliar, ano a ano, se a origem de recursos, subtraídas as aplicações de recursos, são suficientes para cobrir uma variação patrimonial líquida de dívidas (variação patrimonial – dívidas).

Adianta-se que a variação patrimonial consiste em qualquer aumento ou decréscimo no patrimônio de um contribuinte de um ano para o outro. A variação patrimonial líquida, por sua vez, representa a variação patrimonial descontada as dívidas. Na análise da variação patrimonial leva-se em conta a diferença do valor de bens e direitos entre o ano analisado e o ano imediatamente anterior.

Resumidamente, a fórmula da análise se apresenta da seguinte forma.

> ***Receitas – Despesas = Saldo***
> ***onde***
> ***Saldo deve ser maior ou igual a***
> ***Variação Patrimonial Líquida***

Devemos prestar muita atenção na **VPL – Variação Patrimonial Líquida**, pois ela funcionará como o fiel da balança. Se ela for positiva, indicando aquisição de bens ou direitos, ela pesará no lado das despesas (saída ou aplicação de recursos) exigindo, portanto, mais receitas. Se ela for negativa, indicando desincorporação ou venda de bens e direitos, ela pesará no lado das receitas (origem ou entrada de recursos).

RECEITAS OU RENDIMENTOS

Receitas ou Rendimentos representam todos os rendimentos líquidos auferidos de qualquer natureza, tributáveis ou isentos, mesmo que não declarados, decorrentes do trabalho ou da alienação de bens ou direitos, desde que justificada a relação jurídica geradora de tal renda referente a agente público, cônjuge ou companheiro e dependentes (exercício de atividade privada lícita fora dos horários de expediente, participação nos lucros de empresas, recebimento de empréstimos, heranças ou doações, pagamentos de dívidas de terceiros, resgate de investimentos financeiros, aplicação em mercados como o de ações etc.).

DESPESAS

Representam todos os gastos declarados ou apurados pelos membros da sindicância a título de despesas com tributos, guarda, manutenção, conservação e demais gastos indispensáveis à utilização desses bens; dispêndios necessários com educação, saúde, moradia e lazer, pagamentos efetuados a terceiros, quitação de dívidas, gastos com cartões de créditos, doações e empréstimos concedidos.

Nem sempre é possível identificar todos os gastos não informados nas Declarações de Ajuste do Imposto de Renda: contas de telefone, luz, água, gás e outros; gastos com alimentação; gastos com lazer e vestuário; gastos com combustíveis e manutenção de automóveis; pagamento de condomínio, aluguel etc.; pagamento de empregados e serviços prestados; pagamento de impostos e contribuições etc.

VARIAÇÃO PATRIMONIAL

Refere-se à variação, com base anual, do valor do patrimônio (bens e direitos) da pessoa analisada.

Como já mencionado anteriormente, a variação é a diferença do valor de bens e direitos entre o ano analisado e o ano imediatamente anterior.

É sempre importante frisar que o correto levantamento do patrimônio (rastreio patrimonial) e a avaliação e possível auditoria sobre esses valores são fundamentais para uma análise mais precisa.

A variação patrimonial poderá se apresentar das seguintes formas:

A) Positiva – quando houver um aumento de patrimônio, que ocorrerá pela aquisição de bens e direitos – seja de forma onerosa, por meio de compras e aquisições, ou gratuita, por meio de doação ou herança.

B) Negativa – quando houver uma diminuição desse patrimônio, que pode se dar pela venda (desincorporação) de bens ou direitos.

C) Nula – quando não houver alterações patrimoniais.

DÍVIDAS

Apenas deve ser considerado os valores obtidos junto a terceiros, que impactaram no caixa do investigado – ou seja, que tiveram "efeito caixa". Por exemplo, um empréstimo junto ao banco para compra de veículo à vista produz impacto no caixa, uma vez que o valor é transferido do banco para a conta corrente do investigado.

Um exemplo de dívida sem "efeito caixa" é aquela que ocorre quando se compra um bem financiado sem que haja a transferência de valores para o agente. Por exemplo: aquisição de um veículo financiado, que ficará alienado ao banco até a quitação total da dívida. Neste caso, nenhum valor foi transferido para o caixa do agente.

Logo, percebe-se que a quantidade e a qualidade dos dados coletados serão fundamentais à precisão e abrangência da análise.

VARIAÇÃO PATRIMONIAL LÍQUIDA DE DÍVIDAS

Representa a variação patrimonial descontada as dívidas. Por exemplo, se um agente apresentou 100 mil reais em bens no ano de 2019 e 150 mil reais em 2020, ele teve uma variação positiva de 50 mil reais. No entanto, se em 2020 ele obteve empréstimo de 10 mil reais, a variação patrimonial líquida é de 40 mil reais (50 mil do aumento patrimonial descontada a dívida de 10 mil reais). É esta variação de 40 mil reais que deve ser levada em conta ao comparar com o saldo disponível entre receitas e despesas.

Ressalte-se que por meio da utilização dos métodos acima mencionados pode-se detectar uma **Variação Patrimonial Descoberta (VPD)**, que ocorrerá quando o saldo disponível, composto pelo total das receitas/rendimentos menos o total das despesas, não for suficiente para cobrir a variação patrimonial líquida de dívidas.

3.2 COLETA DE DADOS

Ao requerer a análise técnica patrimonial ao analista contábil, a comissão deverá disponibilizar o conteúdo integral dos autos, original/cópia da sindicância patrimonial ou do processo administrativo disciplinar, para que o *expert* possa coletar todos os dados relevantes em planilhas com fórmulas prontas para facilitar os cálculos.

A planilha principal, chamada "**Planilha Fluxo de Caixa**", é alimentada pelos dados coletados em planilhas auxiliares utilizadas pelo analista.

Ressalte-se que a coleta dos dados é o ponto mais sensível do processo de análise patrimonial. Dados errados, inconsistentes ou imprecisos poderão, dependendo do peso que eles tenham no patrimônio investigado, comprometer o resultado da análise e torná-la inútil.

Por essa razão, os autores entendem que se faz necessário executar, preambularmente, os ajustes pontuais nos valores coletados, para que estes reflitam, de maneira mais fidedigna, a realidade das transações executadas. É certo que, uma vez feitos os ajustes, estes deverão ser detalhados no relatório final. Não faz sentido o analista partir para a avaliação baseando-se em premissas claramente equivocadas e assim comprometer o resultado de todo o trabalho.

Finalmente, de posse de todos os dados carreados aos autos da sindicância patrimonial, deve o técnico coletá-los e transportá-los, ano a ano, para as planilhas, conforme exemplos adiante demonstrados.

Aqui utilizamos modelo de planilha considerando, hipoteticamente, os anos de 2018, 2019 e 2020, mas o analista deve atentar para o período investigado, que será indicado pelos membros da comissão, inclusive na portaria inicial.

Para Rendimentos ou Receitas

		2018	2019	2020
F1	Fonte de pagamento 1			
F2	Fonte de pagamento 2			
F3	Fonte de pagamento 3			
1.1	**Recebidos de Pessoas Jurídicas**	**0,00**	**0,00**	**0,00**
1.2	Recebidos de P. Físicas / Exterior			
1.3	Rend. Isentos e não tributáveis	0,00	0,00	0,00
1.4	Rend. tributação excl./ definitiva	0,00	0,00	0,00
1.5	Resultado Tribut. da Atividade Rural			
1.6	Restituição I.R. (exercício anterior)			
1	**Renda Total**	**0,00**	**0,00**	**0,00**
2	Retenções na Fonte			
2.1	Imposto de Renda na Fonte e/ou Pago			
2.2	Previdência Oficial			
2	**Total de Retenções na Fonte**	**0,00**	**0,00**	**0,00**

Tabela (fluxo de caixa) 1 – Origem dos Recursos

Note que os itens 1.3 e 1.4 irão refletir os dados provenientes de outras duas tabelas conforme demonstrado abaixo.

DISCRIMINAÇÃO	2018	2019	2020
Bolsa de estudo e pesquisa			
Bolsa de estudo médico-residente			
Capital apólices de seguro ou pecúlio			
Ganhos líquidos com ações em alienações até R$ 20.000,00			
Ganhos líquidos com ouro em alienações até R$ 20.000,00			
Incorporação de reservas de capital/bonificações em ações			
IR anos anteriores compensados judicialmente			
Isento dependentes			
Isento outros/diárias e ajuda de custo			

Lucro na alienação de bens/direitos de pequeno valor ou do único imóvel; lucro na alienação de imóvel residencial para aquisição de outro imóvel residencial; redução ganho de capital
Lucros e dividendos
Parcela isenta 65 anos
Parcela isenta atividade rural
Pensão por moléstia grave ou invalidez
Prestação de serviços de transporte de carga
Prestação de serviços de transporte de passageiros
Recuperação prejuízos em Bolsa
Rendimentos poupança
Rendimentos sócio microempresa
Rendimentos salário assalariado moeda estrangeira
Restituição IR anos anteriores
Transferências patrimoniais doações e heranças
Transferências patrimoniais meação e dissolução de sociedade conjugal
Voluntários FIFA
TOTAL

Tabela (auxiliar) 2 – Rendimentos Isentos e Não Tributáveis – item 1.3

DISCRIMINAÇÃO	2018	2019	2020
13º Salário			
Ganhos de capital na alienação de bens e direitos			
Ganhos de capital na alienação de bens, direitos e aplicações financeiras adquiridos em moeda estrangeira			
Ganhos de capital na alienação de moeda estrangeira em espécie			
Ganhos líquidos em renda variável			
Rendimentos de aplicações financeiras			
Outros			
13º Salário recebido pelos dependentes			
Rendimentos sujeitos à tributação exclusiva e definitiva recebidos pelos dependentes, exceto 13º salário.			
TOTAL			

Tabela (auxiliar) 3 – Rendimentos com Tributação Exclusiva Def. – item 1.4

Observa-se que a estrutura das tabelas guarda semelhança com os lançamentos das declarações de imposto de renda da pessoa física apenas com o intuito de facilitar a extração e transposição dos dados. Portanto, nada impede que ela tenha outra composição, a critério do analista, desde que seja obtido o resultado desejado pela comissão.

É certo também que esses lançamentos devem ser atualizados ou adaptados aos lançamentos pertinentes à pessoa investigada, não sendo necessário discriminar lançamentos que não serão preenchidos.

<u>Para Despesas</u>

4	Despesas	2018	2019	2020
	Declaradas na DIRPF			
	Apuradas			
	Doações			
	Prejuízo com vendas			
4.1	Total Pagamentos PF/PJ	0,00	0,00	0,00
4.2	Previdência Privada			
4.3	I.R. a pagar			
4	Total de Despesas Declaradas	0,00	0,00	0,00

Tabela (fluxo de caixa) 4 – Despesas

Entre as despesas que deverão ser contabilizadas temos as "despesas conhecidas", como sendo aquelas declaradas na DIRPF do investigado, como também as "despesas apuradas", que são aquelas que foram apuradas pela comissão com base em outras fontes de informações.

Para o Patrimônio

5	Patrimônio	2018	2019	2020
5.1	Bens e Direitos – ANO ANTERIOR	0,00	0,00	0,00
5.2	Bens e Direitos – ANO ATUAL	0,00	0,00	0,00
5.3	Variação – Bens e Direitos	0,00	0,00	0,00
5.4	Dívidas e ônus – ANO ANTERIOR	0,00	0,00	0,00

5.5	Dívidas e ônus – ANO ATUAL	0,00	0,00	0,00
5.6	Variação – Dívidas e Ônus	0,00	0,00	0,00
5.7	Variação Patrimonial	0,00	0,00	0,00
5	Patrimônio Líquido	0,00	0,00	0,00
6	Valor Anual Disponível para Outros Gastos (*)	0,00	0,00	0,00
7	Média Mensal para Outros Gastos	0,00	0,00	0,00
	(*) Renda Líquida – Despesas Declaradas – Variação Patrimonial Total			

Tabela (fluxo de caixa) 5 – Patrimônio e sua variação

Nos itens 5.1 e 5.2 são informadas as posições patrimoniais para cada ano e no item 5.3 a sua variação – nula, positiva ou negativa.

Da mesma forma trataremos os itens referentes às dívidas. No entanto, elas só serão lançadas em duas situações:

Quando a aquisição do bem foi feita à vista, porém com os recursos provenientes da dívida ou;

Quando o declarante, mesmo sem ter recebido qualquer valor em seu caixa, optou por lançar o valor total do bem e amortizar a dívida ao longo dos anos.

Dívidas não deverão ser lançadas quando a aquisição do bem é feita por financiamento – sem efeito caixa, e o declarante optou por lançar ano a ano o valor pago pelo bem até aquele presente momento. Esse valor é composto pela entrada mais a soma das parcelas pagas.

Dessa forma teremos, no item 5.7, a variação patrimonial líquida de dívidas.

Para auxiliar na apuração da variação patrimonial e no preenchimento dos itens 5.1 e 5.2, aconselha-se elaborar uma **planilha de coleta auxiliar** para acumulação do patrimônio conforme o exemplo a seguir (exemplo hipotético para os anos de 2018 e 2019 apenas):

			2018		2019	
Item	**Cód**	**Discriminação**	**DEZ.**	**DEZ.**	**DEZ.**	**DEZ.**
			2017	**2018**	**2018**	**2019**
1						
2						
3						
4						
5						
6						
7						
8						
9						
	Total – Bens		–	–	–	–
	Erros de transposição		–		–	
	Variação Patrimonial		–		–	

Início 2018 — **BENS E DIREITOS**

Tabela (auxiliar) 6 – Bens e Direitos

A tabela acima é usada para avaliar a variação patrimonial ao longo dos anos. Seu formato não é rígido, podendo o analista elaborá-la da maneira que achar mais conveniente, buscando um equilíbrio entre a velocidade de preenchimento dos dados e a clareza na demonstração.

Devemos chamar atenção para o fato de que os dados resultantes dessa planilha serão transportados para uma análise geral – itens 5.1 e 5.2 –, onde serão confrontados com as dívidas contraídas, para obter o patrimônio apresentado. Portanto, esta é ainda uma variação patrimonial bruta.

Três linhas da planilha merecem atenção especial:

1. Total de bens
2. Erros de Transposição
3. Variação Patrimonial

O "Total de bens" representa a soma dos bens declarados.

Os "Erros de Transposição", por meio de uma fórmula, compara e alerta sobre erros na transposição dos valores lançados no exercício anterior com os do campo "ano anterior" do exercício atual. Não é raro encontrarmos tentativas de "correções" ou simplesmente erros de digitação do declarante no momento de lançar essa transposição.

Por exemplo: no exercício 2019 a ficha de Bens e Direitos apresentará dois campos: ano atual (2019) e ano anterior (2018). O "ano anterior" do exercício 2019 deve apresentar o mesmo valor lançado no exercício 2018. Ou seja, representa apenas uma transposição dos valores lançados no ano anterior para o exercício vigente. Não deverá haver "correções" nesses valores.

Portanto, esses erros devem ser corrigidos e anotados pelo analista, de forma a representar mais fidedignamente a variação patrimonial da pessoa investigada.

3.3 AVALIAÇÃO DOS DADOS COLETADOS

Como já mencionado anteriormente, após a coleta e inserção dos dados nas planilhas com as fórmulas já preparadas, o analista irá apurar uma possível **Variação Patrimonial Descoberta (VPD)**, que ocorrerá quando o saldo disponível, composto pelo total das receitas/rendimentos menos o total das despesas, não for suficiente para cobrir a variação patrimonial líquida de dívidas.

Para melhor entendimento, vamos chamar a variação patrimonial deduzida as dívidas de "variação patrimonial líquida" ou "variação patrimonial líquida de dívidas".

Os cenários abaixo ilustram as situações que poderão ser encontradas no final da coleta devidamente ajustada.

Cenário 1 – As receitas são insuficientes para cobrir as despesas e a variação patrimonial líquida. Neste caso, haverá "variação patrimonial descoberta", cujo valor, denominado "saldo não justificado", pode indicar uma possível ocultação de rendimentos.

> *Receitas < (Despesas + Variação Patrimonial Líquida)*

Cenário 2 – As receitas são suficientes para cobrir as despesas e a variação patrimonial líquida. Nesse caso, pode-se indicar que o investigado possui variação patrimonial coberta e não apresentou saldo a justificar. No entanto, deve ser verificado se o valor do saldo disponível é suficiente para cobrir as despesas ordinárias que não foram trazidas para a análise da comissão.

> *Receitas > (Despesas + Variação Patrimonial Líquida)*
> *Ou*
> *Receitas = (Despesas + Variação Patrimonial Líquida)*

O "saldo disponível para gastos ou despesas ordinárias" deve ser capaz de suprir as despesas mensais ordinárias esperadas e compatíveis com o estilo de vida do agente investigado.

3.4 AVALIAÇÃO DA DIMOF E E-FINANCEIRA

Insta consignar *ab initio* que a DIMOF (DECLARAÇÃO DE INFORMAÇÕES SOBRE MOVIMENTAÇÃO FINANCEIRA), instituída pela Instrução Normativa RFB nº 811, de 28 de janeiro de 2008, é obrigatória para os bancos de qualquer espécie, cooperativas de crédito e associações de poupança e empréstimo.

As instituições financeiras prestarão, por intermédio da DIMOF, informações sobre as operações financeiras efetuadas pelos usuários de seus serviços em conta de depósitos ou conta de poupança, inerentes a depósitos à vista e a prazo; pagamentos efetuados em moeda corrente ou em cheques; emissão de ordens de crédito ou documentos assemelhados e resgates à vista ou a prazo.

A e-Financeira, por sua vez, foi criada por meio da Instrução Normativa nº 1.571/2015, publicada no Diário Oficial da União, no dia 3 de Julho de 2015, e é uma obrigação acessória onde exige a apresentação de saldos de contas correntes, movimentações de resgate, rendimentos, poupanças, entre outras informações financeiras previstas na IN nº 1.571/2015.

Assim, podemos definir que a e-Financeira é um conjunto de arquivos digitais referentes a cadastro, abertura, fechamento e demais operações financeiras.

No âmbito da investigação patrimonial, a avaliação da DIMOF e da e-Financeira[26] não deve se confundir com a análise patrimonial descrita anteriormente, pois enquanto aquela reúne e analisa, sobretudo, os dados constantes das DIRPFs, esta irá verificar apenas os valores que tenham transitado por contas vinculadas ao CPF da pessoa analisada.

O investigado pode nem sequer ter patrimônio, ou mesmo saldo em conta corrente no final do ano calendário, mas pode apresentar trânsito de vultosas somas em contas vinculadas ao seu CPF.

A DIMOF e a e-Financeira irão apresentar o total mensal de créditos e débitos em cada instituição financeira sem, no entanto, revelar a origem ou destinação desses recursos.

Para avaliação dessa movimentação o analista deverá montar uma planilha conforme o exemplo a seguir, onde será lançado o total dos créditos anuais em cada instituição financeira para que eles possam ser consolidados e confrontados com os valores da Renda Líquida (item 11) apurada na análise anterior.

8	Movimentação Financeira	2018	2019	2020	2021
	Banco 1				
	Banco 2				
8	Total	0,00	0,00	0,00	0,00
9	Movimentação Financeira / Renda Líquida				
10	Total Movimentação Financeira				
11	Total Renda Líquida				
12	Movimentação esperada – movimentação apurada				

Tabela 7 – Movimentação Financeira

Pela análise dos itens 10 e 11 da planilha acima, nota-se que é possível fazer uma comparação entre as somas dos créditos anuais que circularam em contas correntes com a Renda Líquida anual do investigado. Essa comparação é feita no item 9, que apresentará a proporção entre a movimentação financeira verificada e a estimada.

Ao confrontar os valores totais anuais verificados na DIMOF ou e-Financeira (item 10) com aqueles esperados, com base na Renda Líquida apurada, deveremos encontrar valores próximos.

No relatório, a movimentação financeira deve receber um tratamento à parte, uma vez que, como explicado anteriormente, ela não se confunde com o patrimônio do investigado.

Quando a movimentação verificada na DIMOF ou e-Financeira for maior que o valor esperado, teremos um possível indício de movimentação atípica.

É certo que deve o analista avaliar a proporção entre a movimentação verificada e a esperada (item 9 da tabela acima). Movimentações verificadas que ultrapassem duas vezes aquelas esperadas merecem uma atenção especial por parte da comissão sindicante.

É imperioso reiterar que todas essas conclusões por parte do analista devem ser lançadas em um relatório específico, demonstrando-se a metodologia utilizada, os períodos analisados, os valores apurados e a conclusão alcançada. Com base nesse relatório, os membros da comissão de sindicância patrimonial poderão deliberar acerca das providências a serem adotadas.

Para efeitos didáticos, estudaremos no apêndice desta obra um caso hipotético, para demonstrar o roteiro da investigação patrimonial, do momento em que se verificou, preliminarmente, sinais exteriores de riqueza de um determinado agente público, passando pela análise técnica financeira, até o relatório da comissão de sindicância patrimonial, com a sugestão de instauração de processo administrativo disciplinar.

Paralelamente, na segunda parte do apêndice, estão inseridos alguns modelos de peças que são utilizadas na investigação patrimonial.

4 DECLARAÇÃO DE BENS E VALORES NO CONTEXTO DA INVESTIGAÇÃO PATRIMONIAL

A exigência da apresentação da declaração de bens e valores dos agentes públicos expressa nas Leis Federais 8.730, de 1992 e 8.429, de 1992, bem como nas normas infralegais, traduz a chamada transparência ativa, configurando um importante instrumento para se assegurar a probidade da Administração Pública, primando pela salvaguarda dos princípios constitucionais da Administração Pública insculpidos no art. 37, da CRFB/88.

Em se tratando de suposto ato de improbidade na modalidade enriquecimento ilícito, que deve ser analisado mediante confronto de documentos, a Administração deve adotar formalmente medidas para apurar a possível veracidade das suspeitas, devendo-se valer dos meios ao seu dispor para investigar internamente o fato, com a prudência, discrição e sigilo que o caso requer.

Diante dessa premissa, não será dificultoso concluir pela importância da entrega da declaração de bens e valores, pelo servidor público, no contexto da investigação patrimonial, tanto em seu sentido mais amplo como em sua versão estrita, qual seja, a sindicância patrimonial.

É assente na jurisprudência que a Administração pode lançar mão das informações armazenadas alusivas às declarações de bens e valores para instruir os procedimentos investigativos disciplinares.

Nesse espeque, os órgãos responsáveis por gerir essas informações (declarações de bens e valores) podem promover o compartilhamento das mesmas com os órgãos competentes, guardadas as devidas cautelas de sigilo, atentando para os seguintes requisitos: (i) que a solicitação seja proveniente de autoridade administrativa no interesse da Administração Pública e dotada de competência administrativa para instaurar procedimento apuratório, e (ii) que seja comprovada a instauração de procedimento administrativo, no respectivo órgão, com o objetivo de apurar o cometimento de infração administrativa por parte do sujeito passivo ao qual se referem as informações.

O Decreto nº 46.364/2018, que regulamenta o SISPATRI no Estado do Rio de Janeiro, demonstrando preocupação em relação ao sigilo dessas informações, estabeleceu no artigo 7º que: *"o sigilo das informações prestadas pelo agente público deverá ser preservado por todos os que tenham acesso às declarações de bens e valores, sob pena de responsabilização na esfera penal, civil e administrativa, nos termos da legislação vigente"*.

Em regra, o órgão responsável por realizar a investigação patrimonial, após instaurar o procedimento, solicita ao órgão responsável por armazenar os dados as declarações de bens e valores do servidor, relativas a determinado período, para que possa ser realizada a análise. Não raro, no curso da sindicância patrimonial ou do processo administrativo disciplinar a comissão processante solicita essas declarações diretamente à Receita Federal, juntamente com outras informações que compõem o dossiê integrado, sendo este um consolidado de dados extraídos eletronicamente de diversos sistemas da Receita Federal.

4.1 OBRIGATORIEDADE DA ENTREGA E DA ATUALIZAÇÃO DAS DECLARAÇÕES DE BENS E VALORES

Em matéria de investigação patrimonial, a Administração Pública obteve importante avanço quando foi publicada a Lei Federal nº 8.730, de 1993, a qual estabeleceu a obrigatoriedade da apresentação de bens e rendas, como condição *sine qua non* para o exercício de cargos, empregos e funções nos Poderes Executivo, Legislativo e Judiciário. Trata-se de uma norma de grande abrangência, pois incide nos servidores dos três Poderes da República, inclusive o Presidente da República, como se depreende do seu artigo 1º:

> Art. 1º É obrigatória a apresentação de declaração de bens, com indicação das fontes de renda, no momento da posse ou, inexistindo esta, na entrada em exercício de cargo, emprego ou função, bem como no final de cada exercício financeiro, no término da gestão ou mandato e nas hipóteses de exoneração, renúncia ou afastamento definitivo, por parte das autoridades e servidores públicos adiante indicados:
>
> I. Presidente da República;
>
> II. Vice-Presidente da República;
>
> III. Ministros de Estado;
>
> IV. Membros do Congresso Nacional;
>
> V. Membros da Magistratura Federal;
>
> VI. Membros do Ministério Público da União;
>
> VII. Todos quantos exerçam cargos eletivos e cargos, empregos ou funções de confiança, na administração direta, indireta e fundacional, de qualquer dos Poderes da União.

Portanto, desde 1993 os agentes públicos são obrigados a apresentar a Declaração de Bens e Rendas ao setor de pessoal do órgão a que esteja vinculado. Não obstante, durante muitos anos, essa norma foi pouco utilizada, pois, em regra, era empregada apenas para aqueles que detinham cargo em comissão, de chefia ou assessoramento. Além disso, até o advento do Decreto nº 5.483 de 2005, não havia sido estabelecido o conceito de sindicância patrimonial, tampouco os procedimentos adequados à análise dessas declarações.

Todas essas medidas decorreram da aplicação do princípio constitucional da probidade administrativa, que impõe aos agentes públicos, na gestão das atividades, negócios e bens públicos, o dever jurídico de agir com honestidade, lisura e honradez.

O dever legal de probidade obriga os agentes públicos, de acordo com o estabelecido no artigo 1º da Lei 8.730, de 10 de novembro de 1993, a apresentação de suas declarações de bens, com as seguintes informações:

- Fontes de renda no momento da posse ou na entrada em exercício de cargo, emprego ou função;
- No final de cada exercício financeiro (atualização);
- No término da gestão ou mandato;
- Nas hipóteses de exoneração, renúncia ou afastamento definitivo das autoridades e servidores públicos.

Pela inteligência do artigo 2º da Lei nº 8.730, de 1993, extrai-se que essa obrigação se estende também aos cônjuges e filhos que convivam às expensas do servidor, *in verbis*:

> Art. 2º A declaração a que se refere o artigo anterior, excluídos os objetos e utensílios de uso doméstico de módico valor, constará de relação pormenorizada dos bens imóveis, móveis, semoventes, títulos ou valores mobiliários, direitos sobre veículos automóveis, embarcações ou aeronaves e dinheiros ou aplicações financeiras que, no País ou no exterior, constituam, separadamente, o patrimônio do declarante e de seus dependentes, na data respectiva.

Nessa senda, o artigo 13 da Lei de Improbidade Administrativa (8.429/92) dispõe que a posse e o exercício de agente público ficam condicionados à apresentação de declaração dos bens e valores que compõem o seu patrimônio privado, a fim de ser arquivada no serviço de pessoal competente, *in verbis*:

> Art. 13. A posse e o exercício de agente público ficam condicionados à apresentação de declaração de imposto de renda e proventos de qualquer natureza, que tenha sido apresentada à Secretaria Especial da

Receita Federal do Brasil, a fim de ser arquivada no serviço de pessoal competente.

(...)

§ 2º A declaração de bens a que se refere o **caput** deste artigo será atualizada anualmente e na data em que o agente público deixar o exercício do mandato, do cargo, do emprego ou da função.

O Decreto Federal nº 10.571/2020 disciplina a forma como essas informações serão prestadas pelos agentes públicos vinculados ao Poder Executivo da União, nestes termos:

Decreto nº 10.571/2020 (...) Forma de apresentação das declarações

Art. 3º As declarações de que trata este Decreto serão apresentadas, exclusivamente, por meio de sistema eletrônico administrado pela Controladoria-Geral da União.

§ 1º As declarações sobre bens e atividades econômicas ou profissionais de que trata este Decreto **poderão ser substituídas por autorização**, em meio eletrônico, de acesso às declarações anuais de Imposto sobre a Renda e Proventos de Qualquer Natureza das pessoas físicas apresentadas pelo agente público à Secretaria Especial da Receita Federal do Brasil do Ministério da Economia.

§ 2º A autorização de que trata o § 1º:

I.   Terá validade por tempo indeterminado;

II. Poderá ser tornada sem efeito, por meio eletrônico, a qualquer momento, pelo agente público;

III. Será assinada em meio eletrônico pelo agente público, com utilização dos tipos de assinatura eletrônica reconhecidos como válidos para o caso, nos termos do disposto no Decreto nº 10.543, de 13 de novembro de 2020;

IV. Não exime o agente público de informar, na forma prevista no *caput*, seus bens e atividades econômicas ou profissionais que não constem da declaração do Imposto sobre a Renda e Proventos de Qualquer Natureza das pessoas físicas;

V. Implica autorização para acesso e armazenamento de todos os dados da declaração do Imposto sobre a Renda e Proventos de Qualquer Natureza das pessoas físicas pela Controladoria-Geral da União e, quando aplicável, para acesso pela Comissão de Ética Pública, de que trata a <u>Lei nº 12.813, de 2013</u>; e

VI. Poderá ser apresentada por meio do Sistema de Gestão de Pessoas – Sigepe, na hipótese de o agente público estar cadastrado no referido sistema.

Não obstante, o teor do Decreto nº 10.571/2020, os entes federados possuem autonomia para estabelecer suas diretrizes e normas visando dar cumprimento a essa exigência legal. Nesse sentido, destacamos os procedimentos adotados no âmbito do Poder Executivo do Estado do Rio de Janeiro, consoante o Decreto Estadual – RJ, nº 46.364, de 17 de julho de 2018 (Alterado pelos Decretos nº 46.663, de 17 de maio de 2019; e nº 47.967, de 23 de fevereiro de 2022), que instituiu o Sistema de Controle de Bens Patrimoniais dos Agentes Públicos – SISPATRI, como sistema oficial para a entrega de declaração eletrônica de bens e valores, a cargo da Controladoria Geral do Estado do Rio de Janeiro – CGE[29].

Merece ser trazido à colação o teor do artigo 2º, do Decreto nº 46.364/2018:

> Art. 2º – A posse e o exercício do agente público do Poder Executivo Estadual ficam condicionados à apresentação da declaração dos bens e valores que com-

---

29 A Controladoria Geral do Estado do Rio de Janeiro – CGE, órgão responsável pela gestão do SISPATRI, foi criada por meio da Lei nº 7.989, de 14 de junho de 2018.

póem o seu patrimônio privado, na forma do artigo 3º deste Decreto, conforme dispõe artigo 10, § 1º, do Decreto nº 220, de 18 de julho de 1975; artigo 13 da Lei Federal nº 8.429, de 2 de junho de 1992, e artigos 1º e 7º da Lei 8.730, de 10 de novembro de 1993.

§ 1º – Considera-se agente público do Poder Executivo Estadual obrigado à entrega de declaração de bens e valores todos aqueles que exercem, ainda que transitoriamente ou sem remuneração, por eleição, nomeação, designação, contratação, ou qualquer outra forma de investidura ou vínculo, mandato, cargo, emprego ou função nos órgãos e entidades da Administração Pública direta, autárquica, fundacional, empresas públicas, incluindo as entidades de personalidade jurídica de direito privado controladas pelo Poder Público.

§ 2º – Não estão obrigados à entrega da declaração de bens e valores os agentes públicos aposentados sem vínculo ativo com o Poder Executivo estadual, estagiários, residentes e cedidos a outros poderes ou entes da federação, que não estaduais, durante o período de cessão.

§ 3º – A declaração de bens e valores que integram o patrimônio privado do agente público compreenderá todas as fontes de renda, imóveis, móveis, semoventes, dinheiro, títulos, ações, investimentos financeiros, participações societárias e qualquer outra espécie de bens e valores patrimoniais, localizados no País ou no exterior, assim como doações recebidas e dívidas contraídas.

§ 4º – O agente público casado em regime de comunhão total ou parcial de bens, ou em união estável sem contrato que estabeleça regime diverso dos mencionados, deverá fazer constar em sua declaração os bens e valores que integram o patrimônio de seu cônjuge ou companheiro.

§ 5º – Caso o agente público possua cônjuge, companheiro, filhos e/ou outras pessoas que vivam sob sua dependência econômica, deverá fazer constar em sua declaração também os bens e valores destes.

As declarações de que tratam as normas supramencionadas compreendem imóveis, móveis, semoventes, dinheiro, títulos, ações e qualquer outra espécie de bens e valores patrimoniais localizados no País ou no exterior. Porém, nem todos os entes da federação estabeleceram rotinas claras acerca da análise dessas informações. Alguns estados nem sequer adotaram a sindicância patrimonial como ferramenta de apuração de enriquecimento ilícito por parte dos seus servidores.

É imperioso pontuar que tais informações são dotadas de alto grau de privacidade, portanto, se impõe tutelar a declaração de bens e valores de servidor conforme os institutos protetivos considerados pela Lei 12.527, de 18/11/11, a Lei de Acesso à Informação (LAI). Vale trazer à colação o artigo 31, § 1º, inciso I, da mencionada lei, que conferiu acesso restrito às informações pessoais, *verbis:*

> Art. 31. O tratamento das informações pessoais deve ser feito de forma transparente e com respeito à intimidade, vida privada, honra e imagem das pessoas, bem como às liberdades e garantias individuais.
>
> § 1º – As informações pessoais, a que se refere este artigo, relativas à intimidade, vida privada, honra e imagem:
>
> I. Terão seu acesso restrito, independentemente de classificação de sigilo e pelo prazo máximo de 100 (cem) anos a contar da sua data de produção, a agentes públicos legalmente autorizados e à pessoa a que elas se referirem; e
>
> II. Poderão ter autorizada sua divulgação ou acesso por terceiros diante de previsão legal ou consentimento expresso da pessoa a que elas se referirem.
>
> § 2º – Aquele que obtiver acesso às informações de que trata este artigo será responsabilizado por seu uso indevido.

Por outro lado, o mesmo art. 31, nos seus § 3º, inciso V e § 4º prescreve exceções, possibilitando à Administração Pública utilizar-se dessas informações em situações excepcionais, a fim de resguardar o interesse público na preservação da moralidade administrativa, nestes termos:

> Art. 31. O tratamento das informações pessoais deve ser feito de forma transparente e com respeito à intimidade, vida privada, honra e imagem das pessoas, bem como às liberdades e garantias individuais.
>
> (...)
>
> § 3º O consentimento referido no inciso II do § 1º não será exigido quando as informações forem necessárias:
>
> I.   À prevenção e diagnóstico médico, quando a pessoa estiver física ou legalmente incapaz, e para utilização única e exclusivamente para o tratamento médico:
>
> II. À realização de estatísticas e pesquisas científicas de evidente interesse público ou geral, previstos em lei, sendo vedada a identificação da pessoa a que as informações se referirem;
>
> III. Ao cumprimento de ordem judicial;
>
> IV. À defesa de direitos humanos; ou
>
> V.   À proteção do interesse público e geral preponderante.
>
> § 4º A restrição de acesso à informação relativa à vida privada, honra e imagem de pessoa não poderá ser invocada com o intuito de prejudicar processo de apuração de irregularidades em que o titular das informações estiver envolvido, bem como em ações voltadas para a recuperação de fatos históricos de maior relevância.
>
> § 5º Regulamento disporá sobre os procedimentos para tratamento de informação pessoal.

Repise-se que a **Administração poderá analisar, sempre que julgar necessário, as declarações apresentadas pelos agentes públicos**, a fim de verificar a existência de variação patrimonial incompatível em relação aos rendimentos auferidos pelos servidores, na forma prevista na Lei nº 8.429, de 1992, observadas as disposições especiais da Lei nº 8.730, de 1993.

Nessa toada, o Decreto Estadual/RJ nº 46.364/2018 (Alterado pelos Decretos nº 46.663, de 17 de maio de 2019; e nº 47.967, de 23 de fevereiro de 2022) assim dispõe sobre a possibilidade de levantamento prévio com base nas declarações de bens e valores armazenadas no órgão:

Art. 10 (...)

> § 1º – A Controladoria Geral do Estado e as autoridades competentes de cada órgão ou entidade do Poder Executivo Estadual poderão analisar, sempre que julgarem necessário, as declarações de bens e valores, independente da abertura de sindicância patrimonial, para fins de verificação e acompanhamento da evolução patrimonial dos agentes públicos e sua compatibilidade com os recursos e disponibilidades que compõem o seu patrimônio.

A esse levantamento prévio, damos o nome de **verificação preliminar**, que tem por fim verificar a necessidade de se instaurar uma sindicância patrimonial. Importante frisar que, nesse estágio, não há ainda uma justa causa para se instaurar a sindicância patrimonial, tratando-se, tão somente, de uma fase preliminar revestida de caráter sigiloso e investigativo.

A referida análise poderá ser realizada por amostragem, segundo critérios definidos pela Administração, observando-se o princípio da impessoalidade. A esse respeito vale trazer à colação um importante exemplo, insculpido na Resolução Conjunta SESEG/SEDEC nº 137, de 2014, relativamente aos órgãos de segurança do Estado do Rio de Janeiro:

> § 3º – A análise das declarações poderá ser realizada por **amostragem,** segundo critérios definidos pela Comissão e obedecido o **princípio da impessoalida-**

> **de**, devendo abranger todas as unidades das Corporações/Instituições e, proporcionalmente, relacionar praças e oficiais da Polícia Militar e do Corpo de Bombeiros Militar, bem como servidores de todos os cargos do quadro da Polícia Civil.
>
> § 4º – Obrigatoriamente deverão ser analisadas as declarações dos dirigentes de unidades administrativo-judiciárias da Polícia Civil e dos comandantes das organizações policiais militares e dos bombeiros militares, bem como dos respectivos diretores até os cargos de Chefia das Instituições.

Muitas vezes, por ocasião de inspeções realizadas pelos órgãos de controle interno, são detectados determinados sinais que motivam a **análise prévia** das declarações do agente público. Esse é um importante gatilho e ocorre com frequência.

No momento dessa análise prévia, poderão ser detectados diversos tipos de sinais de incompatibilidade, também denominados **sinais exteriores de riqueza**. Iremos aqui exemplificar alguns deles:

- A propriedade ou a posse de bens cujo valor econômico seja desproporcional à soma algébrica da remuneração percebida pelo servidor, ao tempo da integralização do bem ao seu patrimônio ou de seus dependentes, como, por exemplo, imóveis e bens móveis de expressivo valor econômico.

- A propriedade ou a posse de bens que, por sua natureza, revelem sinais exteriores de riqueza, quando não comprovada nas informações constantes na declaração, ou mediante documentação hábil e idônea, a forma de sua aquisição, uso ou usufruto, assim como os gastos realizados a título de despesas com tributos, guarda, manutenção, conservação e demais gastos indispensáveis à utilização desses bens. Exemplo clássico desse tipo de sinal é a utilização de lanchas e aeronaves, que demandam custo alto no uso e na manutenção.

- A realização de gastos incompatíveis com os rendimentos auferidos pelo servidor ou seus dependentes. Aqui, podemos citar como exemplo o servidor que ostenta gastos extravagantes, facilmente perceptíveis, antes mesmo da análise patrimonial.

- A incorporação patrimonial de ganhos e rendimentos de capital, qualquer que seja a denominação dada, independentemente da natureza, da espécie, ou da existência de título ou contrato escrito, quando não justificada a relação jurídica geradora de tal título. Aqui estamos diante de uma espécie de simulação. Ocorre geralmente quando o agente tenta comprovar uma fonte de renda e acaba apresentando dados de fonte não idônea.

- Os acréscimos patrimoniais realizados com recursos advindos de empréstimos contraídos em clara desproporção aos padrões dos rendimentos declarados pelo servidor. Esse é um sinal bem interessante. Muitas vezes o servidor tenta justificar o valor acrescido com a aquisição de empréstimo. Ocorre que, muitas vezes, os seus rendimentos mensais não suportam, sequer, a prestação do mútuo.

- Circunstância em que o servidor ou seus dependentes venham a ser donatários de bens cuja origem não seja devidamente comprovada. Essa é mais uma hipótese em que o servidor investigado tenta justificar a variação incompatível alegando ter recebido doações.

- Outros indicativos de ordem patrimonial que denotem variação positiva acima da capacidade econômico-financeira do servidor.

4.2 SINAIS EXTERIORES DE RIQUEZA

O que significa o termo sinais exteriores de riqueza?

O vocábulo riqueza no âmbito da investigação patrimonial deve ser compreendido com a ideia de desproporção e de incompatibilidade, não se confundindo com o significado literal da palavra: "*característica ou condição do que é rico; grande quantidade de dinheiro, posses, bens materiais, propriedades e fortuna".*

Acerca de sinais exteriores de riqueza, o Procurador do Estado do Rio de Janeiro, Paulo Enrique Mainier[30], Mestre pela Universidade de Lisboa, ao discorrer sobre a matéria, ressalta:

> Deve-se ter atenção, ainda, para os sinais exteriores de riqueza! É preciso buscar a identificação de bens (declarados ou não) que podem significar gastos elevados em sua manutenção (estes não declarados) que excedam aqueles suportados pelos rendimentos declarados, tais como aviões, barcos, lanchas, cavalos, haras, casas de praia ou de campo, bem como despesas que possuam grande expressão financeira, tais como escola dos filhos, viagens, festas extravagantes, uso de objetos e acessórios caros, frequência em restaurantes caros, declarações em redes sociais e outros tipos de sinais. Tais ostentações permitem evidenciar possíveis rastros de uso de dinheiro em espécie ou pagamentos efetuados por terceiros.

Em outro ponto, o Mestre ensina:

> É preciso ficar claro que não é ilegal o agente público acumular riqueza, desde que proveniente de negócios e fontes lícitos. O que todo agente público tem que saber é que sempre terá o ônus de, ao longo de sua vida funcional, demonstrar a licitude da eventual evolução de seu patrimônio. Se os acréscimos forem efetivamente lícitos, nenhuma dificuldade enfrentará o funcionário em fazê-lo.[31]

---

30 Controle de legalidade da administração pública: diálogos institucionais / Anderson Schreiber... (*et al.*); coordenado por Anderson Schreiber, Paulo Enrique Mainier. – Indaiatuba: Editora Foco, 2022. Página 122.

31 Controle de legalidade da administração pública: diálogos institucionais / Anderson Schreiber... (*et al.*); coordenado por Anderson Schreiber, Paulo Enrique Mainier. – Indaiatuba: Editora Foco, 2022. Página 134.

Nesse diapasão, convém trazer à colação trecho do voto do Desembargador Marcus Abraham do TRF-2, no Agravo de Instrumento nº 2012.02.01.017872-5/RJ[32]:

> "O objetivo de a legislação exigir a apresentação de declarações não é meramente estabelecer um depósito de dados sobre o servidor que não pudesse ser consultado pelo próprio órgão perante o qual labora sobre indícios de evolução patrimonial indevida. Tal verificação somente poderá se dar caso as autoridades competentes possam efetivamente ter acesso e analisar tais documentos. Essa é a finalidade para a qual a norma foi criada. Imaginar que o servidor estivesse obrigado a entregar tais declarações, mas que o sistema de controle interno do órgão em que trabalha não pudesse analisá-los violaria as mais basilares regras de hermenêutica jurídica, pois esvaziaria de sentido a própria norma".

Assim, por meio desse controle interno a Administração pode detectar alguns sinais exteriores de riqueza, que justificam a deflagração da investigação patrimonial propriamente dita. Trata-se de poder-dever dos órgãos públicos, consistente em monitorar a evolução patrimonial dos agentes desde o momento da posse.

Os sinais exteriores de riqueza podem, desde logo, motivar a instauração da sindicância patrimonial objetivando a apuração da conduta no artigo 9º, inciso VII, da Lei nº 8.429/92, consistente no enriquecimento ilícito presumido. Por outro lado, algumas vezes o servidor consegue justificar a discrepância apontada, antes mesmo da instauração da SINPA.

---

32 Neste sentido: TRF2 – AI 2012.02.01.017872-5/RJ, Desembargador Marcus Abraham, DJe de 12.04.2013.

Sinais exteriores de riqueza (exemplos)

4.3 CONSEQUÊNCIAS DA NÃO APRESENTAÇÃO DAS DECLARAÇÕES DE BENS E VALORES

Com já mencionado anteriormente, o não cumprimento da obrigação de apresentação ou da atualização anual das declarações de bens e valores, por parte do agente público, poderá culminar na aplicação da pena de **demissão a bem do serviço público**, sem prejuízo de outras sanções cabíveis, como dispõe o artigo 13, § 3º da Lei nº 8.429/92. De igual modo, será punido o agente que prestar declarações falsas.

> Art. 13 (...).
>
> § 3º Será apenado com a pena de demissão, sem prejuízo de outras sanções cabíveis, o agente público que se recusar a prestar a declaração dos bens a que se refere o *caput* deste artigo dentro do prazo determinado ou que prestar declaração falsa. (Redação dada pela Lei nº 14.230, de 2021)

Importante frisar que, ao dispor sobre a **recusa,** o dispositivo supramencionado pressupõe o fato de o servidor não atender a essa obrigação. Assim, é preciso que seja instaurado um processo administrativo disciplinar para que sejam devidamente investigadas as circunstâncias de tal recusa ou da falsidade das declarações. Esse entendimento se coaduna com o disposto no artigo 6º do Decreto Federal nº 10.571, de 2020:

> Art. 6º **Poderá** ser instaurado processo administrativo disciplinar e, quando cabível, processo ético contra o agente público que se recusar a apresentar ou apresentar falsamente a declaração de que trata este Decreto, observado o disposto nos § 1º e § 2º do art. 3º.

> No âmbito do Poder Executivo Federal, a fiscalização ficou a cargo da Controladoria Geral da União (Decreto nº 10.571/2020):

> Art. 5º Compete à Controladoria-Geral da União e à Comissão de Ética Pública, no âmbito de suas competências, fiscalizar o cumprimento da exigência de apresentação das declarações de que trata este Decreto ou de autorização de acesso nos termos do disposto nos § 1º e § 2º do art. 3º pelos agentes públicos.

As mencionadas Leis Federais nº 8.429/92 e nº 8.730/93 são normas cogentes que alcançam todos os agentes públicos. Não obstante, como já mencionado, cada ente da federação poderá ter a sua regulamentação, a exemplo do ocorreu no Estado do Rio de Janeiro, por meios dos seguintes dispositivos:

> Decreto nº 42.553/2010: Art. 5º – Será instaurado processo administrativo disciplinar contra o agente público que se recusar a apresentar declaração dos bens e valores na data própria, ou que a prestar falsa, ficando sujeito à penalidade prevista no § 3º do art. 13 da Lei nº 8.429, de 1992.

> Decreto nº 46.364/2018 (SISPATRI):

> Art. 6º – Os órgãos setoriais de Recursos Humanos da Administração Pública do Poder Executivo estadual

DECLARAÇÃO DE BENS E VALORES

> deverão exigir a apresentação da referida declaração durante as datas estipuladas pelo artigo 4º deste Decreto, informando ao agente público as penalidades previstas neste Decreto e na legislação em vigor, principalmente em relação ao disposto no artigo 5º do Decreto nº 42.553/ 2010 e no artigo 13, § 3º, da Lei nº 8.429/ 1992, que prevê a penalidade de demissão.
>
> (...) § 3º – A aplicação de qualquer sanção será precedida da instauração e conclusão do procedimento administrativo disciplinar cabível, consoante à legislação específica.
>
> (...) § 5º – A falta da apresentação da declaração de bens e valores nas datas previstas ou apresentação de informações falsas configura descumprimento de dever funcional e sujeita o agente público às sanções cabíveis, na esfera penal, civil e administrativa.

Destarte, a aplicação de sanção disciplinar em razão da recusa na apresentação das declarações de bens e valores, ou em função de a declarar falsa, não poderá ser automática, sendo imprescindível a instauração do competente processo administrativo disciplinar.

Não se pode demitir um servidor estável sem que lhe seja dada a oportunidade de exercer o contraditório e a ampla defesa, no âmbito do devido processo legal. Esse é o mandamento constitucional que prevalece, como se extrai do teor da Súmula 20 do STF: "É necessário processo administrativo com ampla defesa, para demissão de funcionário admitido por concurso".

Tal disposição sumular decorreu do decidido nos autos do RE 590.964 AGR, *in verbis*:

> Depreende-se do excerto acima transcrito que o Tribunal de Justiça concluiu, com fundamento nos fatos e nas provas dos autos, que o agravado era estável ao tempo da exoneração e que o seu desligamento do serviço público se deu sem a instauração de prévio procedimento em que fossem asseguradas as garantias do contraditório e da ampla defesa, motivos pelos quais

determinou sua reintegração ao cargo. Desse modo, conforme expresso na decisão agravada, é certo que o Tribunal de origem decidiu em conformidade com o entendimento desta Corte, que, em inúmeros julgados, afirmou a necessidade da observância do devido processo legal para a anulação de ato administrativo que tenha repercussão no campo de interesses individuais de servidor público, no caso dos autos, a própria investidura do servidor no cargo público. Mais recentemente, o Plenário desta Corte, ao apreciar o mérito do RE 594.296/MG, de minha relatoria, cuja repercussão geral havia sido reconhecida, concluiu que qualquer ato da Administração Pública que repercuta no campo dos interesses individuais do cidadão deve ser precedido de prévio procedimento administrativo no qual se assegure ao interessado o efetivo exercício do direito ao contraditório e à ampla defesa, garantias previstas no art. 5º, inciso LV, da Constituição Federal. [**RE 590.964 AGR**, rel. min **Dias Toffoli**, 1ª T, j. 16-10-2012, DJE 222 de 12-11-2012.]

Acrescentamos, por oportuno, que essa apuração sobre a recusa na entrega das declarações de bens e valores, levada a efeito no âmbito do processo administrativo disciplinar, não se confunde com os procedimentos afetos à sindicância patrimonial, sobre os quais passaremos a discorrer.

A título de exemplo, no âmbito da Polícia Civil do Estado do Rio de Janeiro tem-se adotado a seguinte capitulação para os casos, exclusivamente, de **não entrega da declaração anual de bens e valores**: *Artigo 14, incisos XXXIV (eximir-se do cumprimento de suas obrigações) e XXXV (violar o Código de Ética Policial), este c/c artigo 10 (Código de Ética Policial) incisos VII (exercer a função policial com probidade, discrição e moderação, fazendo observar as leis com lhaneza), XIV (obedecer às ordens superiores, exceto quando manifestamente ilegais) e XVI (respeitar e fazer respeitar a hierarquia do serviço policial), do Decreto-Lei nº 218/75 (Estatuto dos Policiais Civis do Estado do Rio de Janeiro).*

Como o Regulamento Interno da Polícia Civil do Rio de Janeiro não prevê causas de demissão, as condutas são subsumidas também à norma geral, Decreto-Lei nº 220/75 (Estatuto dos Funcionários Públicos Civis do Poder Executivo do Estado do Rio de Janeiro), consoante os seguintes dispositivos: *Artigo 52 (A pena de demissão será aplicada nos casos de:), inciso IX (desídia no cumprimento dos deveres, c/c artigo 39 (Deveres dos funcionários), incisos VI (lealdade e respeito às instituições constitucionais e administrativas a que servir) e VII (observância das normas legais e regulamentares).*

Nesse diapasão, pergunta-se: *seria cabível a aplicação de sanção disciplinar diversa da demissão para agente público que deixa de entregar anualmente suas declarações de bens e valores ao órgão a que estiver vinculado?*

A resposta é sim. Se no curso do processo administrativo disciplinar, instaurado exclusivamente em razão da não entrega das declarações de bens e valores, não se comprove que houve **a recusa** por parte do agente e que, no curso da instrução do PAD, as informações foram entregues, ainda que intempestivamente, é possível que a autoridade julgadora aplique, de forma residual, sanção menos grave que a pena de demissão.

Não raro, se aplica ao servidor inadimplente a sanção disciplinar de suspensão, em razão do atraso que configura desídia funcional, de acordo com o respectivo regime disciplinar a que está subordinado, em consonância com os princípios da proporcionalidade e razoabilidade exigidos na Lei Federal 9.784/99[33], bem como na Lei Estadual/RJ 5.427/09[34].

Mas vale lembrar aqui a autonomia dos Estados em relação à esfera federal para disciplinar o regime jurídico próprio de seus servidores. So-

---

33 Lei Federal nº 9.784/99 – Artigo 2º: A Administração Pública obedecerá, dentre outros, aos princípios da legalidade, finalidade, motivação, **razoabilidade**, **proporcionalidade**, moralidade, ampla defesa, contraditório, segurança jurídica, interesse público e eficiência.

34 Lei Estadual nº 5.427/09 – Artigo 2º O processo administrativo obedecerá, dentre outros, aos princípios da transparência, legalidade, finalidade, motivação, **razoabilidade**, **proporcionalidade**, moralidade, ampla defesa, contraditório, segurança jurídica, impessoalidade, eficiência, celeridade, oficialidade, publicidade, participação, proteção da confiança legítima e interesse público.

bre esse entendimento merece ser trazido à colação o seguinte trecho da sentença prolatada pelo Juiz da 10ª Vara de Fazenda Pública, em ação que visava ao trancamento de processo administrativo disciplinar, instaurado para apuração de evolução patrimonial incompatível ou movimentações financeiras atípicas (processo nº 0252662-22.2018.0001).

> (...) Os servidores públicos estaduais estão submetidos ao regime jurídico próprio de seus estados, em virtude da repartição de competências constitucionais, que em respeito ao princípio federativo, instituídos pelo artigo 18 da Constituição Federal, confere autonomia política e administrativa a todos os entes federados, que serão administrados e regidos pela legislação que adotarem, desde que observados os preceitos constitucionais. Diante disso, infere-se que cada ente federado pode organizar seu serviço público, instituindo regime jurídico que irá reger suas relações com seus servidores (...).

Desse modo, discorremos sobre a obrigatoriedade da entrega ou atualização anual das declarações de bens e valores dos agentes públicos, sem a pretensão de ter esgotado a matéria.

5 ENRIQUECIMENTO ILÍCITO PRESUMIDO

Como já mencionado em outro momento, a previsão legal do enriquecimento ilícito presumido tem como base o artigo 9º, inciso VII, da Lei de improbidade administrativa – Lei nº 8.429, de 1992, o qual iremos abordar já com as alterações promovidas pela Lei nº 14.230, de 2021.

O *caput* do artigo 9º dispõe que constitui ato de improbidade administrativa importando em enriquecimento ilícito auferir, mediante a prática de **ato doloso**, qualquer tipo de vantagem patrimonial indevida em razão do exercício de cargo, de mandato, de função, de emprego ou de atividade nas entidades referidas no artigo 1º da mesma Lei, notadamente:

> VII – adquirir, para si ou para outrem, no exercício de mandato, de cargo, de emprego ou de função pública, e em razão deles, bens de qualquer natureza, decorrentes dos atos descritos no ***caput*** deste artigo, cujo valor seja desproporcional à evolução do patrimônio ou à renda do agente público, assegurada a demonstração pelo agente da licitude da origem dessa evolução; (Redação dada pela Lei nº 14.230, de 2021)

A aludida conduta se configura na hipótese do agente público que exterioriza sinais sugestivos de improbidade administrativa, decorrente do acréscimo patrimonial flagrantemente incompatível com a sua remuneração formalmente declarada.

Pela inteligência do texto legal mencionado, depreende-se que existem duas espécies de enriquecimento ilícito presumido:

1. **A aquisição de bens cujo valor seja desproporcional à evolução do patrimônio (variação patrimonial);**

2. **A aquisição de bens cujo valor seja desproporcional à sua renda.**

Percebe-se que as palavras-chaves são **proporção e desproporção**. Isso porque não existe um padrão previamente estabelecido acerca do que representa enriquecimento. O que devemos analisar é se os bens que integram o patrimônio do servidor e seus gastos realizados se coadunam com a renda auferida e declarada.

O Mestre Paulo Enrique Mainier[35] leciona com muita propriedade acerca do enriquecimento ilícito presumido, nos seguintes termos:

> "Trata-se de um enriquecimento ilícito presumido porque (1) não é preciso provar que os bens foram adquiridos com recursos obtidos através de atividade ilícita quando não existir causa legítima aparente para tanto; (2) não é preciso provar o chamado "fato antecedente" (ou seja, não é preciso provar a prática, ou a abstenção, de qualquer ato de ofício que teria dado origem à desproporção); e (3) não é preciso provar eventual dano ao erário. Por tais razões, se a Administração Pública **provar a desproporção** dos bens adquiridos pelo agente público, haverá uma presunção relativa (*juris tantum*)[36] de que o enriquecimento é ilícito."

Certamente, essa presunção de enriquecimento ilícito deve ser relativa, tendo em vista que se a Administração Pública provar a desproporção dos bens adquiridos pelo servidor, a este deverá ser dada a oportunidade de evidenciar a licitude dos ganhos, apontando a origem

---

35 Mainier atuou como Corregedor da Secretaria de Estado de Fazenda do Rio de Janeiro, de janeiro de 2007 a dezembro de 2020.

36 PRESUNÇÃO RELATIVA *("juris tantum")* – São aquelas que podem ser desfeitas pela prova em contrário, ou seja, admitem contraprova. Assim, o interessado no reconhecimento do fato tem o ônus de provar o indício, ou seja, possui o encargo de provar o fato contrário ao presumido.

dos recursos, objetivando provar que o crescimento do seu patrimonial foi fruto de uma evolução natural, compatível com as rendas obtidas, ou que os acréscimos patrimoniais não possuem qualquer relação direta ou indireta com a atividade pública desempenhada.

O Ministro Mauro Campbell Marques, por ocasião do julgamento do MS 21.084/DF, impetrado por ex-servidor público federal, a quem fora aplicada a pena de cassação de aposentadoria, destacou o objetivo da investigação de enriquecimento ilícito promovida pela Administração Pública:

> (...) 4. Em matéria de enriquecimento ilícito, cabe à Administração comprovar o incremento patrimonial significativo e incompatível com as fontes de renda do servidor, compelindo, a este, por outro lado, o ônus da prova no sentido de demonstrar a licitude da evolução patrimonial constatada pela Administração, sob pena de configuração de improbidade administrativa por enriquecimento ilícito.[37]

Tal entendimento é assente na Jurisprudência do Superior Tribunal de Justiça, como se depreende de outros julgados mencionados na edição nº 147, item 14 – Jurisprudência em Teses, consoante os seguintes Acórdãos[38]:

> MS 21.708/DF, Rel. Ministro NAPOLEÃO NUNES MAIA FILHO, Rel. p/ Acórdão Ministro HERMAN BENJAMIN, PRIMEIRA SEÇÃO, julgado em 8/05/2019, DJe 11/09/2019 MS 20.765/DF, Rel. Ministro BENEDITO GONÇALVES, PRIMEIRA SEÇÃO, julgado em 8/02/2017, DJe 14/02/2017 MS 12.660/DF, Rel. Ministra MARILZA MAY-

---

37 MS 21.084/DF Mandado de Segurança – 2014/0151592-7 – Ministro Mauro Campbell Marques (26/10/2016). (...) Processo Administrativo Disciplinar. Pena de Cassação de Aposentadoria. Art. 132, VI, da Lei 8.112/1990 c/c artigo 9º, VII e 11, *caput*, da Lei 8.429/1992. Improbidade Administrativa. Variação Patrimonial a descoberto.

38 https://scon.stj.jus.br/docs_internet/jurisprudencia/jurisprudenciaemteses/Jurisprudencia%20em%20Teses%20147%20-%20Processo%20Administrativo%20Disciplinar%20-%20VI.pdf

NARD (DESEMBARGADORA CONVOCA-DA DO TJ/SE), TERCEIRA SEÇÃO, julgado em 13/08/2014, DJe 22/08/2014.

Nessa toada, é importante analisarmos qual o reflexo das alterações promovidas pela Lei nº 14.230/2021 no *caput* do artigo nono da Lei de Improbidade Administrativa, bem como no seu inciso VII, que trouxe a exigência expressa do elemento subjetivo dolo para a configuração do ato de improbidade administrativa, em relação à apuração de enriquecimento ilícito por meio de sindicância patrimonial e/ou processo administrativo oriundo de investigação patrimonial.

Mesmo antes da Lei nº 14.230/2021, o Superior Tribunal de Justiça já enfrentava a questão da exigência do dolo para a configuração de alguns atos de improbidade administrativa, se conformando, no entanto, com o dolo genérico, dispensando a prova do dolo específico em caso de enriquecimento ilícito. Sobre esse elemento subjetivo tem-se a seguinte configuração, de acordo com a redação original da LIA: **artigo 9º: dolo; artigo 10: dolo e/culpa; artigo 11: dolo.** Em julgado recente, o Superior Tribunal de Justiça esposou o referido entendimento:

> PROCESSUAL CIVIL. AGRAVO INTERNO NO RECURSO ESPECIAL. AÇÃO CIVIL PÚBLICA. IMPROBIDADE ADMINISTRATIVA. CERCEAMENTO DE DEFESA. INDEFERIMENTO DE PROVA. REEXAME. ÓBICE DA SÚMULA 7 DO STJ. PRESENÇA DO ELEMENTO SUBJETIVO. REVISÃO. INCIDÊNCIA DA SÚMULA 7 DO STJ, (...) Relativamente às condutas descritas na Lei nº 8.429/1992, esta Corte Superior possui entendimento de que a tipificação da improbidade administrativa, para as hipóteses dos arts. 9º e 11, reclama a comprovação do dolo e, para as hipóteses do art. 10, ao menos culpa do agente (STJ; AgInt-REsp 1.362.044; Proc. 2013/0004898-3; SE; Segunda Turma; Rel. Min. Og Fernandes; Jul. 09/11/2021; DJF 16/12/2021).

Anteriormente, no julgamento do Mandado de Segurança 21.084/DF – 2014, de 26/10/2106, impetrado por ex-servidor federal que sofreu cassação de aposentadoria em processo administrativo, o Ministro Mauro Campbell Marques asseverou:

> (...) 5. A prática do Ato de Improbidade previsto nos arts. 9º, VII e 11, da Lei 8.429/1992, dispensa a prova do dolo específico, bastando o dolo genérico, que, nos casos de variação patrimonial a descoberto resta evidenciado pela manifesta vontade do agente em realizar conduta contrária ao dever de legalidade, consubstanciada na falta de transparência da evolução patrimonial e da movimentação financeira, bem como que a conduta do servidor tida por ímproba não precisa estar, necessária e diretamente, vinculada com o exercício do cargo público. Precedentes: MS 12.660/DF, Rel. Ministra Marilza Maynard (Desembargadora convocada do TJ/SE), Terceira Seção do STJ, julgado em 13/08/2014, DJe 22/08/2014; AgRG no AREsp 768.394/MG, Rel. Ministro Mauro Campbell Marques, Segunda Turma do STJ, julgado em 05/11/2015, DJe 13/11/2015; AgRg no REsp 1.400.571/PR, Rel. Ministro Olindo Menezes (Desembargador convocado do TRF 1ª Região). Primeira Turma do STJ, julgado em 06/10/2015, DJe 13/05/2015.
>
> 6. *In casu*, tendo a Comissão Processante concluído pela existência de variação patrimonial a descoberto, considerando as elevadas movimentações financeiras na conta corrente do impetrante entre os anos de 2006 a 2010, decorrentes de diversos depósitos bancários não identificados, totalizando R$ 17.713,00 (dezessete mil, setecentos treze reais) no ano de 2006, R$ 20.709,05 (vinte mil, setecentos e nove reais e cinco centavos) no ano de 2007, R$ 23.901,36 (vinte e três mil, novecentos e um reais e trinta e seis centavos) no ano de 2008, R$ 34.903,00 (trinta e quatro mil, novecentos e três reais) no ano de 2009 e R$ 21.115,00 (vinte e um mil, cento e quinze reais) no ano de 2010, perfazendo um montante global de R$ 118.000,00

(cento e dezoito mil reais), o que corresponderá a 42% das entradas em sua conta corrente, revelando movimentações financeiras muito superiores aos rendimentos mensais por ele auferidos no exercício de suas atividades funcionais, em torno de R$ 3.400,00 (três mil e quatrocentos reais) bruto, sem que fosse possível identificar a fonte de recursos, e que o impetrante não teria logrado demonstrar a origem lícita dos recursos questionados decorreriam de atividades como corretor de imóveis ou da venda parcelada de um veículo automotor, a revisão de tais conclusões, a fim de reconhecer a possível licitude dos recursos e a inexistência de variação patrimonial a descoberto, exigem provas pré-constituídas em tal sentido, o que não restou observado nos autos, deixando o impetrante a trazer a baila provas documentais nesse sentido, limitando-se, em verdade, a reiterar as alegações de que os depósitos não identificados decorreriam de suas atividades como corretor de imóvel, sem, contudo, sequer identificar os respectivos depositantes ou comprovar o efetivo exercício da referida profissão, de modo que patente é a necessidade de dilação probatória, o que não é possível na via estreita do mandado de segurança. (...) ORDEM DENEGADA.

Recorrendo ao Direito Penal, tem-se que o dolo genérico reside na consciência e vontade de realizar a ação descrita no tipo. É a *"mera vontade de praticar o núcleo da ação típica, sem qualquer finalidade específica"*.

Já no dolo específico, é preciso demonstrar um especial fim de agir, ou seja, realizar o tipo com uma finalidade especial em mente.

Pontue-se que na apuração da referida modalidade de enriquecimento ilícito, já se trabalhava com o dolo presumido, até porque nunca se cogitou que o indivíduo enriquecesse culposamente. Por outro lado, o que parece claro é que o legislador quis com a mudança afastar, expressamente, a possibilidade do ato de improbidade administrativa na modalidade culposa.

Ademais, mesmo com as alterações promovidas pela Lei 14.230/2021 na LIA, nota-se que não é cabível exigir o dolo específico de modo indiscriminado para todos os atos de improbidade previstos na Lei 8.429/92. Compreensão mais adequada é contemplar tanto figuras de dolo genérico, como figuras de dolo específico, harmonizando a interpretação do texto legal com a jurisprudência do STJ, notadamente na hipótese de enriquecimento ilícito previsto no artigo 9º, inciso VII, uma vez que, em regra, a vontade do agente é a de ver o seu patrimônio evoluir, recaindo sobre seus ombros a responsabilidade de justificar a origem lícita e devidamente comprovada.

Em recente julgado (junho de 2022), o Juiz da 4ª Vara de Fazenda Pública do Estado do Rio de Janeiro condenou agente público *à perda do cargo público, através do qual obteve vantagem não justificada, além do pagamento de multa civil equivalente ao valor do acréscimo patrimonial,* no âmbito da ação improbidade deflagrada com o escopo de apurar a conduta prevista no artigo 9º, inciso VII, da Lei nº 8.429/1992[39].

No referido julgado, o Magistrado enfrentou as seguintes questões: **a)** retroatividade da lei mais benéfica; **b)** configuração do ato de improbidade na modalidade enriquecimento ilícito; e **c)** exigência do elemento subjetivo doloso.

É relevante trazer à colação os seguintes trechos da aludida sentença:

> **a) Retroatividade da lei mais benéfica:** "(...) Trata o presente feito, de ação de improbidade na qual se atribui aos réus a prática de ato ímprobo de incremento patrimonial no exercício de cargo público desproporcional à renda, fato tipificado no art. 9º, *caput* e inciso VII da Lei 8.249/92. Cediço que a ação de improbidade administrativa tem caráter sancionatório, e como tal deve ser regida pela máxima da menor gravidade ao réu. Nesse sentido, e não obstante o silêncio do MP, não resta dúvida de que os preceitos

---

39   Processo nº: 0117095-58.2014.8.19.0001= 4ª Vara de Fazenda Pública do Estado do Rio de Janeiro. Ação de Improbidade, enriquecimento ilícito. Condenação do servidor à perda de cargo público.

mais favoráveis devem ser aplicados retroativamente, à semelhança do entendimento criminal que busca o reconhecimento de *novatio legis in mellius*."

"Relativamente ao ato ímprobo objeto da presente demanda, isto é, aquele tipificado pelo art. 9º, VII, há que se reconhecer a "*novatio legis in mellius*", pois a redação original era menos descritiva, ao passo que a atual redação possibilitou a demonstração pelo agente da licitude da origem dessa evolução. *In verbis*: "Art. 9º Constitui ato de improbidade administrativa importando enriquecimento ilícito auferir qualquer tipo de vantagem patrimonial indevida em razão do exercício de cargo, mandato, função, emprego ou atividade nas entidades mencionadas no art. 1º desta lei, e notadamente: (...) VII – adquirir, para si ou para outrem, no exercício de mandato, cargo, emprego ou função pública, bens de qualquer natureza cujo valor seja desproporcional à evolução do patrimônio ou à renda do agente público"; (Redação original da Lei 8.429/92)."

"Art. 9º Constitui ato de improbidade administrativa importando em enriquecimento ilícito auferir, mediante a prática de ato doloso, qualquer tipo de vantagem patrimonial indevida em razão do exercício de cargo, de mandato, de função, de emprego ou de atividade nas entidades referidas no art. 1º desta Lei, e notadamente: (Redação dada pela Lei nº 14.230, de 2021) VII – adquirir, para si ou para outrem, no exercício de mandato, de cargo, de emprego ou de função pública, e em razão deles, bens de qualquer natureza, decorrentes dos atos descritos no *caput* deste artigo, cujo valor seja desproporcional à evolução do patrimônio ou à renda do agente público, assegurada a demonstração pelo agente da licitude da origem dessa evolução;" (Redação dada pela Lei nº 14.230, de 2021).

No entanto, mesmo raciocínio não pode ser aplicado no que tange às sanções, considerando o agravamento das sanções impostas pela Lei 14.230/21. Peço vênia, mais uma vez, para a transcrição e confronto dos dispositivos legais: "Art. 12. Independentemente das sanções penais, civis e administrativas, previstas na legislação específica, está o responsável pelo ato de improbidade sujeito às seguintes cominações: I – na hipótese do art. 9º, perda dos bens ou valores acrescidos ilicitamente ao patrimônio, ressarcimento integral do dano, quando houver, perda da função pública, suspensão dos direitos políticos de oito a dez anos, pagamento de multa civil de até três vezes o valor do acréscimo patrimonial e proibição de contratar com o Poder Público ou receber benefícios ou incentivos fiscais ou creditícios, direta ou indiretamente, ainda que por intermédio de pessoa jurídica da qual seja sócio majoritário, pelo prazo de dez anos;"(redação original Lei 8.429/92).

"Art. 12. Independentemente do ressarcimento integral do dano patrimonial, se efetivo, e das sanções penais comuns e de responsabilidade, civis e administrativas previstas na legislação específica, está o responsável pelo ato de improbidade sujeito às seguintes cominações, que podem ser aplicadas isolada ou cumulativamente, de acordo com a gravidade do fato: (Redação dada pela Lei nº 14.230, de 2021)."

I – na hipótese do art. 9º desta Lei, perda dos bens ou valores acrescidos ilicitamente ao patrimônio, perda da função pública, suspensão dos direitos políticos até 14 (catorze) anos, pagamento de multa civil equivalente ao valor do acréscimo patrimonial e proibição de contratar com o poder público ou de receber benefícios ou incentivos fiscais ou creditícios, direta ou indiretamente, ainda que por intermédio de pessoa jurídica da qual seja sócio majoritário, pelo prazo não superior a 14 (catorze) anos; (Redação dada pela Lei nº 14.230, de 2021).

"Finalmente, deve-se reconhecer a "*novatio legis in mellius*" no que tange ao alcance das disposições da LIA. Assim, o art. 3º apresenta a atual redação: "Art. 3º As disposições desta Lei são aplicáveis, no que couber, àquele que, mesmo não sendo agente público, induza ou concorra dolosamente para a prática do ato de improbidade". (Redação dada pela Lei nº 14.230, de 2021).

b) Configuração do ato de improbidade na modalidade enriquecimento ilícito: "(...) Estabelecidas essas premissas, passo ao exame da verificação ou não da prática do ato ímprobo."

"Da improbidade formal – a composição da improbidade formal consiste na adequação do fato imputado à previsão legal que define a improbidade administrativa. Na hipótese concreta atribui-se aos réus a prática de ato de improbidade de enriquecimento ilícito e variação patrimonial não justificada, tipificada pelo art. 9º, VII da LIA. "Art. 9º Constitui ato de improbidade administrativa importando em enriquecimento ilícito auferir, mediante a prática de ato doloso, qualquer tipo de vantagem patrimonial indevida em razão do exercício de cargo, de mandato, de função, de emprego ou de atividade nas entidades referidas no art. 1º desta Lei, e notadamente: (Redação dada pela Lei nº 14.230, de 2021).""

"VII – adquirir, para si ou para outrem, no exercício de mandato, de cargo, de emprego ou de função pública, e em razão deles, bens de qualquer natureza, decorrentes dos atos descritos no *caput* deste artigo, cujo valor seja desproporcional à evolução do patrimônio ou à renda do agente público, assegurada a demonstração pelo agente da licitude da origem dessa evolução;" (Redação dada pela Lei nº 14.230, de 2021).

"Os atos acoimados de ímprobos na presente ação são a evolução patrimonial incompatível dos réus. Conforme lição de Rafael Carvalho Rezende Oliveira, '*A premissa central para configuração do enriquecimento ilícito é o recebimento da vantagem patrimonial indevida, quando do exercício da função pública, independentemente da ocorrência de dano ao erário*'. (Manual de Improbidade Administrativa, 2ª ed., GEN e Editora Método, pg. 77)."

(...)

c) Exigência do elemento subjetivo doloso: "(...) Da improbidade material – exige o art. 9º da Lei 8.429/92 a presença do elemento **subjetivo, doloso**. Acerca do alcance do elemento subjetivo, a jurisprudência pátria já assentou que consiste na consciência e voluntariedade de praticar ato em desacordo com os princípios da Administração Pública, com o fim de vulnerar as regras da boa administração, bastando o dolo genérico. Assim, a jurisprudência do STJ: *'(...) Ademais, o acórdão de 2º Grau ressaltou que 'o elemento subjetivo, para fins de caracterização de ato de improbidade administrativa, reside na vontade consciente e dirigida ao fim de vulnerar as regras da boa gestão e aos predicados éticos de responsabilidade que orientam a Administração Pública. E isto, não há dúvidas, está devidamente comprovado nos autos. V – Nesse contexto, tendo as instâncias ordinárias reconhecido, à luz das provas dos autos, a tipicidade da conduta e o desrespeito aos princípios da Administração Pública, rediscutir a presença do dolo e a configuração do ato ímprobo, em sede de recurso excepcional, com a consequente inversão do julgado, exigiria, inequivocamente, incursão na seara fático-probatória dos autos, inviável, na via eleita, nos termos da Súmula 7/STJ'*. (AgInt no AREsp 595.208/PR AGRAVO INTERNO NO AGRAVO EM RECURSO ESPECIAL 2014/0258200-7. Relator(a) Ministra ASSUSETE MAGALHÃES (1151). Órgão Julgador T2 – SEGUNDA TURMA. Data do Julgamento 21/09/2017). *'(...) 3. O Tribunal a quo negou provimento à Apelação da autora. PRESENÇA DO ELEMENTO SUBJETIVO 4. O entendimento do STJ é de que, para que seja reconhecida a tipificação da conduta do réu como incurso nas previsões da Lei de Improbidade Administrativa, é necessária a demonstração do elemento subjetivo, consubstanciado pelo dolo para os tipos previstos nos artigos 9º e 11 e, ao menos, pela culpa, nas hipóteses do artigo 10. 5. É pacífico no STJ que o ato de improbidade administrativa previsto no art. 11 da Lei 8.429/1992 exige a demonstração de dolo, o qual, contudo, não precisa ser específico, sendo suficiente o dolo genérico.'*"

Ainda sobre a exigência do elemento subjetivo, o Magistrado acrescentou:

> "(...) Neste capítulo, a par da alteração da redação originária do art. 9º da Lei 8.429/92, não há necessidade de cogitar da aplicação retroativa da nova lei 14.230/21, porque na hipótese concreta NÃO HÁ A MENOR DÚVIDA quanto à consciência da ilicitude pelos réus, como se infere dos depoimentos prestados em que tentam os réus apresentar todas as justificativas possíveis para o incremento, até atividades remuneradas e empresariais JAMAIS DECLARADAS. Além disso, é inegável o dolo de receber bens e receitas de origem não justificada e omitir tais informações à Receita Federal."

No processo supramencionado, figurou no polo passivo também a esposa do agente público, sendo sido ambos condenados nos seguintes termos:

> "(...) Nesse contexto, condeno o primeiro réu à perda do cargo público, através do qual obteve a vantagem patrimonial não justificada, além do pagamento de multa civil equivalente ao valor do acréscimo patrimonial. Em relação à 2ª ré, não sendo esta servidora pública, mas tendo se beneficiado ao longo dos anos do aumento patrimonial injustificado, condeno-a ao pagamento de multa civil em solidariedade com o 1º réu, equivalente ao valor do acréscimo patrimonial. Condeno-a ainda, à proibição de contratar com o poder público ou de receber benefícios ou incentivos fiscais ou creditícios, direta ou indiretamente, ainda que por intermédio de pessoa jurídica da qual seja sócio majoritário, pelo prazo de 3 (três) anos, período em que fruiu os benefícios de vantagens ilícitas. Por todo o exposto, JULGO PROCEDENTE EM PARTE OS PEDIDOS, para: 1. Condenar (...) à perda do cargo público, através do qual obteve a vantagem patrimonial não justificada, além do pagamento de multa

> civil equivalente ao valor do acréscimo patrimonial; 2. Condenar (...) ao pagamento de multa civil em solidariedade com o 1º réu, equivalente ao valor do acréscimo patrimonial e à proibição de contratar com o poder público ou de receber benefícios ou incentivos fiscais ou creditícios, direta ou indiretamente, ainda que por intermédio de pessoa jurídica da qual seja sócio majoritário, pelo prazo de 3 (três) anos."

Superada a análise relativa à exigência do dolo, destacamos mais uma alteração promovida pela Lei 14.230/2021, que introduziu a expressão *"em razão dele"* ao conteúdo do inciso VII do artigo 9º, da Lei nº 8.429/92, mudança essa que vem provocando questionamento quanto a necessidade de a Administração comprovar o vínculo entre as atribuições funcionais exercidas pelo agente e o incremento patrimonial injustificado.

Nesse espeque merece ser trazido à colação o recente entendimento da Controladoria Geral da União esposado na Nota Técnica nº 486/2022/CGU/CRG/março/2022. O questionamento foi formulado pela Corregedoria-Geral do Banco Central do Brasil, em razão da nova redação conferida ao artigo 9º da Lei de Improbidade Administrativa pela Lei nº 14.230, de 26 de outubro de 2021, tendo a CGU se manifestado no seguinte sentido:

> Nota Técnica nº 486/2022/CGU/CRG/março/2022[40]
>
> (...)
>
> 4.12 Prestados os devidos esclarecimentos substanciais acerca da matéria abordada, retoma-se ao exame mais específico dos efeitos da alteração normativa realizada, especialmente em relação a uma possível mudança no contexto de sua aplicação legal.
>
> 4.13 Nesse sentido, vale observar que a inserção da expressão *"e em razão deles"* no conteúdo do inciso VII, do art. 9º, apenas reiterou e reforçou, uma pre-

---

40 https://repositorio.cgu.gov.br/bitstream/1/67847/5/Nota_tecnica_486_SEI_00190_101098_2022_45.pdf

visão já constante na redação original do *caput* do mesmo dispositivo, a qual foi mantida pela Lei nº 14.230/2021. Senão vejamos:

(...)

4.14 No mesmo rumo de ausência de alteração de entendimento, cuida observar que o inciso VII, na forma como consta em lei, embora tenha por função descrever uma conduta ilícita de forma mais específica como um tipo subsidiário, não possui autonomia em relação ao *caput* do artigo 9º, uma vez que faz parte de um rol exemplificativo de condutas, com vinculação direta a todos comandos gerais expressos na cabeça do dispositivo. Entende-se, portanto, que não se operou uma mudança de fato em decorrência da nova alteração, posto que os efeitos propagados pelo *caput* do dispositivo, nos mesmos moldes atuais, já se estendiam ao inciso VII, de forma que a desconstituição do vínculo da conduta tida como ímproba e as atribuições funcionais, como condição ínsita de descaracterização do ato de improbidade, era, e continua sendo, uma obrigação do agente público envolvido. Nessa linha, o entendimento que define a quem compete a comprovação de que a conduta foi exercida em razão do exercício do mandato, cargo, emprego ou função se mantêm.

(...)

CONCLUSÃO

Diante do exposto, à vista da alteração promovida na redação do inciso VII artigo 9º da LIA pela Lei nº 14.230/2021, concluiu-se, sem a intenção de interpretação jurídica do dispositivo, pela manutenção do entendimento de que, nos casos de atos de improbidade que importem em enriquecimento ilícito pelo agente público, cabe tão somente à Administração o ônus de demonstrar a incompatibilidade da evolução do patrimônio ou renda do agente público sem a necessidade de evidenciar o nexo causal entre a conduta responsável pelo acréscimo desproporcional e o exercício do cargo público para a configuração do ato de improbidade.

Destarte, o entendimento da Controladoria Geral da União é no sentido de que com a aludida inserção no inciso VII (*"em razão dele"*) não se operou uma mudança de fato em decorrência da nova alteração, posto que os efeitos propagados pelo *caput* do dispositivo, nos mesmos moldes atuais, já se estendiam ao inciso VII, antes do advento da Lei nº 14.230/2021.

5.1 ENRIQUECIMENTO ILÍCITO NO CONTEXTO DA IMPROBIDADE ADMINISTRATIVA

A palavra improbidade vem do latim *improbitas atis*, significando, em sentido próprio, má qualidade (de uma coisa). Também em sentido próprio, *improbus*, que deu origem ao vernáculo ímprobo, significa mau, de má qualidade. Da mesma forma, *probus*, em português, probo, quer dizer bom, de boa qualidade.

Acrescente-se que a improbidade está intrinsecamente ligada ao comportamento que viola preceitos morais relevantes, demonstrando uma qualidade negativa do ser humano, que se exterioriza por meio de uma ação qualificada como ato ímprobo.

A improbidade administrativa, por seu turno, é um ato ilegal realizado por um agente público, que se contrapõe aos princípios constitucionais da Administração Pública. Será considerada improbidade quando o agente público cometer o ato no exercício da função pública ou em atividade que dela decorra, notadamente a hipótese de enriquecimento ilícito.

Na lição do Jurista Marino Pazzaglini Filho, o enriquecimento ilícito *"Trata-se da modalidade mais grave e ignóbil de improbidade administrativa, pois contempla o comportamento torpe do agente público que desempenha funções públicas de sua atribuição de forma desonesta e imoral, ocupando o mais alto grau da escala da reprovabilidade"*.[41]

---

41 Pazzaglini Filho, Marino. Lei de improbidade administrativa comentada: aspectos constitucionais, administrativos, civis, criminais, processuais e de responsabilidade fiscal; legislação e jurisprudência atualizada. São Paulo: Atlas, 2015. p. 49 e 50.

Segue Marino: "*Configura-se esse tipo de improbidade administrativa quando o agente público (político, autônomo, servidor público ou particular em colaboração com o Poder Público) aufere dolosamente vantagem patrimonial ilícita, destinada para si ou para outrem, em razão do exercício ímprobo de cargo, mandato, função, emprego ou atividade na administração pública (direta ou indireta, incluindo a fundacional) dos entes da Federação e dos poderes do Estado, inclusive em empresas incorporadas ao patrimônio público, em entidade para cuja criação ou custeio o Erário haja concorrido ou concorra com mais de 50% do patrimônio ou da receita anual. E também em entidades privadas de interesse público que recebem ou manejam verbas públicas*".

Dessa forma, em razão do seu potencial altamente lesivo aos princípios éticos e morais da Administração, e a sua deletéria consequência para a sociedade, o enriquecimento ilícito erige-se destacadamente no elenco das hipóteses de improbidade administrativa enumeradas nos incisos do art. 9º da LIA.

Não à toa, normatizou-se para tal e funesta conduta um especial procedimento investigativo: a sindicância patrimonial. Assim como, especial também é, em relação às demais modalidades de improbidade administrativa, o sistema probatório em sede processual disciplinar, que se assenta na inversão do ônus da prova, cabendo ao acusado demonstrar a licitude de sua evolução patrimonial e não à Administração, diferentemente do que ocorre nas demais modalidades de improbidade administrativa, quando não ocorre a tal inversão.

5.2 CONFIGURAÇÃO DA IMPROBIDADE ADMINISTRATIVA POR ENRIQUECIMENTO ILÍCITO: ASPECTOS DOUTRINÁRIOS

Ainda a respeito do ato de improbidade por enriquecimento ilícito, parte da doutrina discute se, para ficar estabelecida a improbidade, bastaria a comprovação da desproporcionalidade entre renda e patrimônio de maneira absoluta (presunção *jure et de jure*); se tal descompasso seria uma hipótese de presunção relativa (*juris tantum*); e se haveria, ainda, a necessidade de comprovação do ato ilícito praticado pelo agente público que deu origem à mencionada desproporção – o chamado "fato antecedente".

Deparamo-nos, então, com pelo menos três correntes, que divergem nos seguintes pontos:

Primeira corrente – defende o caráter absoluto da presunção legal, considerando que uma vez comprovada a desproporcionalidade entre o valor do bem adquirido e a renda do agente, já se consideraria uma presunção absoluta de enriquecimento ilícito.

Dentre os que defendem essa corrente, destaca-se José Armando da Costa:[42]

> "Em face da comprovada desproporcionalidade entre o valor do bem adquirido e a renda ou a evolução do patrimônio do agente público ou político, traduz-se como sendo de índole absoluta *(jure et de jure)* a presunção de enriquecimento do tipo político-disciplinar em comento. Devendo ser agregado que, por questão até mesmo de lógica, tal presunção, já se escudando em dados concretos certificadores da incompatibilidade aludida, não admite prova em contrário, uma vez que ela já deverá ter ocorrido".

Segunda corrente – defende que é imprescindível que a administração indique o fato antecedente ocasionador do enriquecimento ilícito. Essa corrente leciona que caberia à Administração o ônus de provar não só a desproporção entre os bens adquiridos e a renda auferida pelo agente, como também a prática da conduta ilícita no exercício da função e o nexo de causalidade existente entre esta e a referida aquisição. Nesse sentido, dentre eles Marino Pazzaglini Filho e Waldo Fazzio Júnior, defendem[43]:

---

42 COSTA, José Armando da. Contorno Jurídico da Improbidade Administrativa, Brasília: Brasília Jurídica, 2002, p. 114.

43 FAZZIO JR., Waldo. Improbidade administrativa e crimes de prefeitos. 2ª ed. São Paulo: Atlas. 2001, p. 80.

"o inciso VII é extensão e exemplificação do *caput*, denunciado pelo uso do advérbio notadamente. Este, ao conceituar o enriquecimento ilícito, refere-se a "qualquer tipo de vantagem patrimonial indevida em razão do exercício de cargo, mandato, emprego ou atividade nas entidades", o que leva à inexorável conclusão de que deve ser evidenciado o nexo etiológico entre o enriquecimento e o exercício público, ou seja, que a causa do enriquecimento é ilícita porque decorre do tráfico da função pública.

Portanto, para a caracterização dessa modalidade de enriquecimento ilícito, é imprescindível que a aquisição de valores incompatíveis com a receita do agente público tenha ocorrido em decorrência do subvertido exercício do cargo, mandato, função, emprego ou atividade na Administração Pública direta, indireta, fundacional ou nas entidades a que se refere o art. 1º da Lei Federal nº 8.429/92". (PAZZAGLINI FILHO, 2002:66).

"Se apenas com base na concomitância enriquecimento/exercício do mandato, o Ministério Público postular sua responsabilização por enriquecimento ilícito, estará formulando pedido absolutamente inepto, porque da premissa (enriquecimento) não segue a conclusão (de que enriqueceu por abuso do cargo). Afinal, se da narração dos fatos não decorrer logicamente a conclusão, incide a regra do art. 295, parágrafo único, inciso II (Código de Processo Civil). Fica faltando a conduta ilícita (ato de improbidade) que liga a premissa à conclusão, ou seja, a causa do enriquecimento, o abuso. Sem a declinação do ato antijurídico fica vazia a relação causal".

Registre-se que essas duas primeiras correntes mencionadas são minoritárias, prevalecendo a seguinte corrente, à qual nos associamos:

Terceira corrente – Defende que a presunção de enriquecimento ilícito é *juris tantum,* ou seja, relativa, uma vez que, em matéria de enriquecimento ilícito, cabe à Administração comprovar o incremento patrimonial significativo e incompatível com as fontes de renda do servidor, e este terá o ônus da prova no sentido de demonstrar a licitude da evolução patrimonial apontada. Nesse sentido, lecionam Emerson Garcia e Rogério Pacheco[44]:

> "Na hipótese do inciso VII, configura o enriquecimento ilícito "adquirir, para si ou para outrem, no exercício de mandato, cargo, emprego ou função pública, bens de qualquer natureza cujo valor seja desproporcional à evolução ou à renda do agente público"; o que permite identificar três elementos explícitos de um implícito: **a)** o enriquecimento do agente, o qual se exterioriza através de uma evolução patrimonial incompatível com os subsídios recebidos; **b)** que se trate de agente que ocupe cargo, mandato, função, emprego ou atividade nas entidades elencadas no art. 1º, ou mesmo o *extraneus* que concorra para a prática do ato ou dele se beneficie (art. 3º e 6º); **c)** ausência de justa causa, vale dizer, a não-comprovação da existência de outras fontes de renda que pudessem justificar o acréscimo patrimonial; **d)** a relação de causalidade entre o enriquecimento do agente e o exercício de sua atividade, sendo este o elemento implícito, pois a desproporção entre a evolução patrimonial e o subsídio percebido pelo agente erige-se como indício demonstrador da ilicitude daquela. Aqui, o legislador deteve-se sobre os resultados da ação, relegando a plano secundário e presuntivo a ação injusta.

É o que consta da jurisprudência do Superior Tribunal de Justiça:

> "(...) 6. Em matéria de enriquecimento ilícito, cabe à Administração comprovar o incremento patrimonial significativo e incompatível com as fontes de renda do servidor. Por outro lado, é do servidor acusado o ônus da prova no sentido de demonstrar a licitude da evolução patrimonial constatada pela administração, sob pena de configuração de improbidade adminis-

---

44   Garcia Emerson, Pacheco Rogério. Improbidade Administrativa. 6. ed. *Lumen Juris.* P. 289.

trativa por enriquecimento ilícito. 7. No caso, restou comprovado no processo administrativo disciplinar a existência de variação patrimonial a descoberto (e desproporcional à remuneração do cargo público); e que o indiciado não demonstrou que os recursos questionados – recebidos de pessoas físicas e do exterior – advieram de aluguéis e de prestação de serviços como *ghost writer*. (STJ – MS nº 18.460/DF, Relator Min. Mauro Campbell, 28.08.2013)

"(...) 4. Está configurado, no caso concreto, que não houve a devida comprovação da origem de recursos aptos a demonstrar recursos para justificar a variação patrimonial do empregado público, a aquisição do imóvel em caso; e, de outra sorte, não há como desconstituir as provas sem permitir o rito do contraditório, que é incompatível com a via mandamental; portanto, é impossível apreciar as alegações do impetrante para que, por si, amparem a reversão de dados coletados no processo disciplinar. (...) 6. Há infração comprovada ao art. 9º, VII, da Lei nº 8.492/92, ao passo em que a Primeira Seção já firmou precedente no sentido de que, em casos como o dos autos, o ônus da prova de comprovar a ausência de licitude na variação patrimonial é do agente público. (STJ – MS 13.142/DF, Min. Humberto Martins, em 29.08.2009).

A Controladoria Geral da União segue essa corrente majoritária que prevê uma presunção *juris tantum*, que pode ser desconstituída pelo servidor por todos os meios de prova admitidos em direito, inclusive antes de concluir a sindicância patrimonial, conforme se depreende do Enunciado nº 8, da CGU/GOVERNO FEDERAL, de 9 de dezembro de 2014:

"Art. 132, IV, Lei nº 8.112/90 c/c art. 9º, VII, da lei nº 8.429/92. ÔNUS DA ADMINISTRAÇÃO DEMONSTRAÇÃO DA DESPROPORCIONALIDADE. Nos casos de ato de improbidade que importem em enriquecimento ilícito pelo agente público, cujo valor seja desproporcional à evolução do seu patrimô-nio ou à sua renda, compete à Administração Pública apenas demonstrá-lo, não sendo necessário provar que os bens foram adquiridos com numerário obtido através de atividade ilícita" (Enunciado CGU nº 8, publicado no DOU de 10/12/14, seção 1, página 2).

Ainda no campo doutrinário mostra-se imperioso trazer à colação as lições do autor Marçal Justen Filho, mestre e doutor em Direito Público, notadamente em razão das alterações promovidas na Lei de Improbidade Administrativa, pela lei 14.230/2021, *litteris:*[45]

(...) 6.4 **A presunção relativa**

Trata-se de uma presunção relativa, o que significa a inversão do ônus da prova da regularidade dos benefícios obtidos pelo agente público. Cabe ao agente público, nas hipóteses de aquisição de bens de valor incompatível com a sua renda ou patrimônio, o poder jurídico de comprovar a existência de origem regular da operação.

(...) 7.4 A **desproporção do valor**

A presunção de ilegitimidade da aquisição se verifica quando o valor do bem for desproporcional à evolução do patrimônio ou à renda do agente público.

O dispositivo alude ao valor do bem, não ao seu preço de aquisição. Logo, a presunção de irregularidade não é afastada pela mera invocação de um preço de aquisição inferior ao valor efetivo do bem. Incide a presunção de improbidade mesmo quando existir documento indicando valor reduzido para a aquisição de um bem cujo valor é muito superior.

(...) 7.6 **A avaliação da proporcionalidade**

A presunção de conduta ímproba se aplica quando

---

45   JUSTEN FILHO, Marçal. Reforma da lei de improbidade administrativa comentada e comparada: Lei 14.230, de 25 de outubro de 2021. Marçal Justen Filho. 1 ed. Rio de Janeiro: Forense. 2022, pp. 84 e 85.

> o valor do bem adquirido foi incompatível com os recursos econômico-financeiros de titularidade do agente público. Essa comparação deve tomar em vista inclusive as demais despesas efetivadas pelo sujeito relativamente à sua manutenção, às despesas de diversa ordem e aos investimentos realizados. Trata-se de uma questão aritmética.

Repise-se, por oportuno, que no entendimento dos autores desta obra não é necessário que a Administração comprove que os bens foram adquiridos com recursos obtidos por meio de atividade ilícita; que não é preciso provar a existência de fato antecedente; e também não se mostra necessário comprovar eventual dano ao erário.

5.3 RELEVÂNCIA DA SINDICÂNCIA PATRIMONIAL NA APURAÇÃO DE ENRIQUECIMENTO ILÍCITO NA ESFERA ADMINISTRATIVA

É primordial ressaltar que a importância da sindicância patrimonial, que possui características singulares, se mostra, principalmente, no fato de instrumentalizar o esforço da Administração Pública na identificação de corruptos, sem a necessidade de demonstrar fato antecedente que deu origem ao incremento patrimonial ilícito. Cabe lembrar que a sindicância patrimonial identifica os elementos de informação indiciários de enriquecimento ilícito, já que inquisitiva.

Por seu turno, o servidor em tese ímprobo terá de ser submetido ao crivo do contraditório e da ampla defesa, em sede de processo administrativo disciplinar. Ao final da instrução processual, e se comprovando a ilicitude da evolução patrimonial objeto do processo, o servidor ímprobo poderá, enfim, ser punido com base no resultado da investigação patrimonial.

O Ministério Público também poderá propor a deflagração de ação de improbidade, na forma da Lei nº 8.429/92, para apurar o fato na esfera da improbidade administrativa.

Portanto, a mesma conduta que se subsome ao inciso VII do artigo 9º da LIA deverá ser analisada sob a ótica administrativa disciplinar, podendo culminar na pena capital de **demissão**, sem embargo da apuração levada a efeito no âmbito da ação de improbidade correlata, que poderá culminar na decretação da **perda de cargo**[46].

---

46 Súmula Vinculante 651 do STJ – Compete à autoridade administrativa aplicar a servidor a pena de demissão em razão da prática de improbidade administrativa, independentemente de prévia condenação, por autoridade judicial, à perda da função pública.

6 PROCESSO ADMINISTRATIVO DISCIPLINAR ORIUNDO DA SINDICÂNCIA PATRIMONIAL

Pontua-se, *ab initio,* que a prática de qualquer ato de improbidade administrativa, assim como ocorre quando há a prática de crime por parte de agente público, pode ensejar a instauração de processo administrativo disciplinar para apuração dos fatos na esfera administrativa disciplinar.

Nessa toada, o objetivo desta obra é estudar minuciosamente o ato de improbidade administrativa, na modalidade enriquecimento ilícito, previsto no artigo 9º, inciso VII, da Lei 8.429/1992, sob o aspecto disciplinar.

Como já mencionado anteriormente, confirmando-se, por meio da sindicância patrimonial, os indícios de variação patrimonial desproporcional ou incompatível com a renda declarada pelo servidor, a comissão de sindicância patrimonial encaminhará a SINPA para a autoridade competente, com a sugestão de instauração de processo administrativo disciplinar (PAD) para a apuração da transgressão disciplinar correlata.

Sobre a importância da instauração do processo administrativo disciplinar, para eventual aplicação da pena de demissão, mencionamos os seguintes julgados:

> DIREITO ADMINISTRATIVO. MANDADO DE SEGU-
> RANÇA. AUDITOR-FISCAL DA RECEITA FEDERAL
> DO BRASIL. SINDICÂNCIA INVESTIGATIVA. AU-
> SÊNCIA DE CARÁTER PUNITIVO. INTERRUPÇÃO
> DO PRAZO PRESCRICIONAL. IMPOSSIBILIDADE.
> SÚMULA Nº 635/STJ. PENA DE DEMISSÃO. NECES-
> SIDADE DE INSTAURAÇÃO DE PROCESSO ADMI-
> NISTRATIVO DISCIPLINAR. ART. 146 DA LEI Nº

8.112/1990. CONSTITUIÇÃO DE COMISSÃO PROCESSANTE APÓS CINCO ANOS DA CIÊNCIA DOS FATOS PELA ADMINISTRAÇÃO. PRESCRIÇÃO DA PRETENSÃO PUNITIVA. SEGURANÇA CONCEDIDA. (...). **Improbidade administrativa é ilícito punível com a pena de demissão, a qual somente pode ser aplicada após regular processo administrativo disciplinar, consoante dispõe o art. 146 da Lei nº 8.112/1990.** V. O Processo Administrativo Disciplinar foi instaurado em 2013, mais de 5 (cinco) anos após a ciência dos fatos pela autoridade competente, razão pela qual ocorreu a prescrição da pretensão punitiva da Administração Pública. VI. Segurança concedida. (STJ; MS 22.699; Proc. 2016/0179309-3; DF; Primeira Seção; Relª Min. Regina Helena Costa; Julg. 10/02/2021; DJE 18/02/2021).

PROCESSUAL CIVIL. ADMINISTRATIVO. MANDADO DE SEGURANÇA. DEMISSÃO. ANALISTA-TRIBUTÁRIO DA RECEITA FEDERAL. AUSÊNCIA DE DEMONSTRAÇÃO DE DIREITO LÍQUIDO E CERTO. REGULARIDADE DO PROCESSO ADMINISTRATIVO DISCIPLINAR. SEGURANÇA DENEGADA RESSALVADAS AS VIAS ORDINÁRIAS (...). **A autoridade administrativa é competente para aplicar a pena disciplinar de demissão tendo em vista a prática de improbidade administrativa.** Assim, não há exigência de manifestação prévia do Poder Judiciário sobre a sua caracterização. Precedentes da 1ª Seção. (STJ; MS 18.761/DF; Primeira Seção; Rel. Min. Mauro Campbell Marques; Julg. 12/06/2019; DJE 01/07/2019).

A partir da instauração do processo administrativo disciplinar, estaremos diante de um novo tipo de procedimento que deve, obrigatoriamente, ser conduzido sob o **crivo do contraditório e da ampla defesa,** como dispõe o artigo 5º da CRFB/1988, inciso LV – *aos litigantes, em processo judicial ou administrativo, e aos acusados em geral são assegurados o contraditório e ampla defesa, com os meios e recursos a ela inerentes.*

Nesse sentido, a Lei Federal nº 9.784, de 27 de janeiro de 1999[47], dispõe no artigo 2º, *caput*: *A Administração Pública obedecerá, dentre outros, aos princípios da legalidade, finalidade, motivação, razoabilidade, proporcionalidade, moralidade, ampla defesa, contraditório, segurança jurídica, interesse público e eficiência.*

Na condução do processo administrativo disciplinar (PAD) deve-se atentar para todos os princípios constitucionais insculpidos no artigo 37 da Carta Magna, além de outros previstos em leis infraconstitucionais, como, por exemplo, aqueles previstos na Lei nº 9.784/09:

> Art. 37. A administração pública direta e indireta de qualquer dos Poderes da União, dos Estados, do Distrito Federal e dos Municípios obedecerá aos princípios de legalidade, impessoalidade, moralidade, publicidade e eficiência e, também, ao seguinte: (Redação dada pela Emenda Constitucional nº 19, de 1998).

O processo administrativo disciplinar é um processo mais solene em relação à sindicância patrimonial, com características bem diferentes.

Por meio do PAD, o servidor processado estará sujeito às sanções disciplinares, notadamente, a pena capital de demissão. Por isso, a comissão processante tem o dever de obediência às regras gerais do direito administrativo sancionador, e ao mesmo tempo deverá atentar para as especificidades quando se tratar de apuração de enriquecimento ilícito. Nesse caso, o enquadramento da conduta transgressiva deverá ser feito à luz do regulamento disciplinar combinado com o artigo 9º, inciso VII, da Lei de Improbidade Administrativa. Por exemplo: artigo 132, inciso IV da Lei nº 8.112/1990 c/c artigo 9º, inciso VII da Lei nº 8.429/1992 (para os servidores do Poder Executivo Federal).

Portanto, se a sugestão de instauração de processo administrativo disciplinar for acolhida, o PAD deverá ser instaurado mediante nova

---

47   Lei nº 9.784/1999 – Regula o processo administrativo no âmbito da Administração Pública Federal.

portaria e distribuído para uma comissão de inquérito administrativo. A partir daí toda a instrução deverá observar os princípios do contraditório e da ampla defesa.

Sobre a instauração do Processo Administrativo Disciplinar, vale trazer à colação a lição de Reinaldo Couto:

> "O processo administrativo disciplinar somente pode ser instaurado pela autoridade normativamente competente, pois a sua instauração por autoridade que não tenha competência para tal é ato administrativo nulo. Entretanto, se a norma for completamente omissa, o Processo Administrativo Disciplinar, para prevenir nulidades, deve ser instaurado pela autoridade de menor grau hierárquico para decidir, conforme aplicação analógica do artigo 17 da Lei nº 9.784/99. (...)
>
> A instauração do Processo Administrativo Disciplinar é feita através de portaria que relata resumidamente os fatos, designa os membros da Comissão e fixa o prazo de apuração."[48]

Cumpre ressaltar que, caso haja, desde o início, materialidade suficiente para caracterizar o ato de enriquecimento ilícito, a autoridade competente para a instauração de procedimentos disciplinares poderá dispensar a fase da sindicância patrimonial e de imediato instaurar o PAD, por não ser aquele rito investigativo pré-requisito para este rito contraditório.

---

48   COUTO, Reinaldo. Curso prático de processo administrativo disciplinar e sindicância – 2 ed. São Paulo: Atlas, 2014, p. 142.

6.1 FASES DO PROCESSO ADMINISTRATIVO DISCIPLINAR

Segundo dispõe o art. 151 da Lei nº 8.112/90, as fases do processo administrativo submetido ao rito ordinário se dividem em três: instauração, inquérito administrativo e julgamento[49]:

Instauração – se concretiza com a publicação do ato instaurado pela autoridade competente, distribuindo para uma Comissão Permanente de Inquéritos Administrativos – CPIA –, previamente composta – ou designando os membros para comporem uma nova comissão, dispondo sobre o prazo de conclusão e o objeto da apuração. Assinala-se que a comissão processante – permanente ou provisória –, que irá atuar no processo administrativo disciplinar, não poderá ser a mesma que instruiu a sindicância patrimonial, sob pena de se macular as premissas do sistema acusatório inerentes ao direito administrativo sancionador como um todo e ao processo administrativo disciplinar, em particular.

Inquérito administrativo – esta fase é dividida nas subfases de instrução, defesa e relatório. Na instrução, a comissão promove a busca de provas necessárias ao esclarecimento da verdade material, dentre aquelas permitidas pelo ordenamento jurídico pátrio, como a documental e a testemunhal, assim como promove a indiciação ou forma sua convicção pela absolvição do acusado. No caso de a comissão entender pela indiciação do servidor, deverá citá-lo, momento a partir do qual se abre prazo legal para apresentação de defesa escrita (segunda subfase do inquérito). A última subfase do inquérito é a produção, pela comissão, de relatório final conclusivo quanto à inocência ou não do indiciado, apresentando, para tanto, as razões e justificativas para o enquadramento, ou não, no ilícito administrativo.

Julgamento – esta fase, em alguns casos, pode ser realizada pela autoridade instauradora do processo, a depender da penalidade sugerida pela comissão processante, conforme consta no art. 141 da Lei nº

---

49   Manual de Processo Administrativo Disciplinar da Corregedoria Geral da União, edição 2021, página 66.

8.112/90. Não tendo a autoridade instauradora competência para proferir o julgamento, deverá remeter o processo àquela que detém referida atribuição. Assim, a competência da autoridade julgadora é fixada pela proposta de penalidade recomendada pelo colegiado.

Instaurado o processo administrativo disciplinar, com base na sindicância patrimonial, dar-se-á imediato conhecimento do fato ao Ministério Público Estadual e ao Tribunal de Contas do Estado. Tal exigência encontra-se prevista no Art. 15 da Lei de Improbidade Administrativa:

> Art. 15. A comissão processante dará conhecimento ao Ministério Público e ao Tribunal ou Conselho de Contas da existência de procedimento administrativo para apurar a prática de ato de improbidade.
>
> Parágrafo único. O Ministério Público ou Tribunal ou Conselho de Contas poderá, a requerimento, designar representante para acompanhar o procedimento administrativo.

Na ata inicial do processo administrativo disciplinar, os membros da CPIA indicarão as providências basilares que serão adotadas durante a instrução, tais quais as constantes do rol exemplificativo a seguir:

- Juntada dos assentamentos funcionais do servidor;
- Oitiva do analista que subscreveu o relatório de análise patrimonial ou contábil, que deu azo à instauração do PAD;
- Oitiva de testemunhas;
- Requisição de documentos a órgãos públicos;
- Solicitação de cópia de ação de improbidade correlata ou de procedimento a cargo do Ministério Público;
- Solicitação do Dossiê Integrado junto à Receita Federal, caso ainda não tenha sido solicitado na fase de sindicância patrimonial;
- Solicitação de perícia contábil, caso o órgão não disponha de servidor com conhecimento técnico para analisar o balanço patrimonial do servidor processado;

- Interrogatório do servidor processado (este deve ser o último ato de instrução);
- Ultimação do feito;
- Abertura do prazo para a defesa técnica; e
- Elaboração do relatório conclusivo.

Como já mencionado, o processo administrativo disciplinar, para apurar a hipótese de improbidade administrativa na modalidade enriquecimento ilícito, pode ser instaurado sem a existência de sindicância patrimonial. Nesse sentido, entendeu o Ministro Mauro Campbell Marques, por ocasião do MS 19.348/DF impetrado por servidor federal para obstar processo administrativo disciplinar, cujo trecho merece ser trazido à colação:

(...) 4. A Sindicância Patrimonial, regulamentada pelo Decreto 5.483, de 30 de junho de 2005, constitui procedimento de cunho meramente investigativo de caráter sigiloso e não punitivo, destinado a apurar suspeitas e indícios de enriquecimento ilícito por parte de agente público, a partir da verificação de incompatibilidade patrimonial com seus recursos e disponibilidades.

> 4.1 A despeito da importância de que se reveste para a elucidação das eventuais irregularidades, a Administração Pública não está obrigada a adotá-la antes de instaurar o processo administrativo disciplinar propriamente dito, de modo que a sua instauração trata-se de faculdade da autoridade administrativa, ocorrendo apenas naquelas hipóteses em que inexistem elementos suficientes à conclusão da ocorrência de enriquecimento ilícito por parte do agente público, ocasião em que deverá proceder à análise da evolução patrimonial do agente, com vista a confirmar ou não o teor denunciativo e fundamentar a decisão pelo arquivamento ou pela instauração do contraditório, sendo certo que, havendo fortes indícios de materialidade e autoria, dispensa-se a instauração da sindicância patrimonial, podendo a autoridade administrativa

determinar a imediata instauração do procedimento administrativo disciplinar.

4.2. "[...] previamente à deflagração do processo administrativo disciplinar, poderá a autoridade competente valer-se da sindicância patrimonial, na qual se procederá à análise da evolução patrimonial do servidor, com vistas a confirmar ou não ou teor denunciativo e fundamentar a decisão pelo arquivamento ou pela instauração do processo contraditório" (Manual de PAD da Controladoria-Geral da União, nov/2015).[50]

Ao término da fase de instrução do processo administrativo disciplinar, a comissão processante – CPIA – deverá ultimar o feito com uma dessas hipóteses:

A) **Com indiciamento**, se persistir a comprovação da variação patrimonial incompatível, consistente em enriquecimento ilícito presumido, situação em que será elaborado relatório conclusivo, com sugestão da aplicação da sanção de demissão, após terem sido apresentadas as alegações finais da defesa técnica;

B) **Sem indiciamento**, caso o servidor consiga esclarecer as discrepâncias apresentadas, não restando comprovada a prática do ato de improbidade administrativa. Nesse caso, o colegiado deverá sugerir o **arquivamento do feito**.

A ultimação encerra a fase do inquérito administrativo. Caso o servidor seja indiciado, serão indicados os dispositivos legais alusivos às transgressões disciplinares, abrindo-se prazo para a apresentação da defesa técnica. Após a análise dos argumentos defensivos, os membros da comissão processante deverão elaborar o relatório conclusivo, que será submetido à autoridade competente para decidir.

---

50   MS 19.348/DF Mandado de Segurança – 2012/0229146-4 – Ministro Mauro Campbell Marques (25/02/2016). (...) Processo Administrativo Disciplinar. Variação patrimonial a descoberto.

Nesse espeque, desde o momento da instauração do PAD até a sua conclusão, a comissão processante deve atentar para o objeto da apuração, principalmente para as conclusões do relatório técnico produzido no âmbito da sindicância patrimonial e o relatório final da investigação. Assim, ficará delimitado o raio de atuação do processo e o seu objeto. Isso porque o colegiado deve estar convicto do que está sendo apurado, notadamente, dos valores apontados como incompatíveis, da data em que Administração tomou conhecimento do fato, dos valores apontados como incompatíveis e sua relação com o servidor processado.

Das mencionadas fases do inquérito administrativo, ressaltamos as diligências peculiares à apuração de enriquecimento ilícito (improbidade administrativa), uma vez que a nova comissão processante poderá adotar providências que, eventualmente, deixaram de ser realizadas na fase de sindicância patrimonial, inclusive a solicitação de dossiê integrado junto à Receita Federal, bem como a solicitação de perícia contábil.

6.1.1 Levantamento do sigilo bancário

Ao ser notificado da instauração do PAD, o servidor será indagado se pretende renunciar ao seu sigilo bancário e fiscal para instruir a apuração (no apêndice 2 desta obra, encontra-se o modelo XV referente ao Termo de Renúncia ao Sigilo Fiscal e Bancário). Caso o servidor se recuse a fornecer tais dados e a comissão julgue imprescindível a quebra do sigilo bancário, a medida será pleiteada pela via adequada, junto ao Poder Judiciário, sem prejuízo das informações fiscais fornecidas pela Secretaria da Receita Federal (dossiê integrado).

Neste ponto, vale trazer à colação o disposto no Manual de Processo Administrativo Disciplinar da Controladoria Geral da União, nos seguintes termos:

> "Impende esclarecer que o acesso aos dados fiscais não está restrito às declarações de imposto de renda, podendo ser avaliadas a declaração de operações imobiliárias, de imposto sobre operações financeiras, dentre outras, conforme o caso.

Havendo, porém, a necessidade de obtenção dos dados protegidos por sigilo bancário, a prévia autorização do Poder Judiciário é indispensável, nos termos do art. 3º, § 2º da Lei Complementar nº 105, de 10 de janeiro de 2001[51], conforme se lê: Art. 3º Serão prestadas pelo Banco Central do Brasil, pela Comissão de Valores Mobiliários e pelas instituições financeiras as informações ordenadas pelo Poder Judiciário, preservado o seu caráter sigiloso mediante acesso restrito às partes, que delas não poderão servir-se para fins estranhos à lide.

Nessa esteira, caberá à comissão solicitar ao órgão integrante da Advocacia-Geral da União competente o ajuizamento de processo de afastamento de sigilo bancário perante o órgão judiciário, devendo, para esse fim, demonstrar a necessidade e a relevância da obtenção dessas informações para a completa elucidação dos fatos sob apuração no bojo da sindicância patrimonial. Vale lembrar que, ao acessar os dados protegidos por sigilo fiscal e/ou bancário, os servidores integrantes da comissão assumem o dever de manutenção do sigilo, impondo-se, portanto, redobrada cautela."

6.1.2 Acesso da comissão às informações protegidas pelo sigilo fiscal

Sobre o intercâmbio de informação da Receita Federal com os órgãos administrativos, destacamos o entendimento da 1ª Turma do Superior Tribunal de Justiça, no AREsp 1.068.263. Com base no entendimento do Supremo Tribunal Federal que considerou válida a transferência de informações sigilosas no âmbito da administração pública, a 1ª Turma do Superior Tribunal de Justiça entendeu que a obtenção de dados fiscais de servidor por comissão de processo administrativo disciplinar não configura quebra de sigilo.

---

51   § 1º Dependem de prévia autorização do Poder Judiciário a prestação de informações e o fornecimento de documentos sigilosos solicitados por comissão de inquérito administrativo destinada a apurar responsabilidade de servidor público por infração praticada no exercício de suas atribuições, ou que tenha relação com as atribuições do cargo em que se encontre investido.

No caso, a comissão responsável requisitou ao servidor seus extratos bancários. Como os documentos não foram apresentados, a comissão obteve informações fiscais declaradas à própria Receita Federal, órgão ao qual o servidor era vinculado.

Inconformado, o servidor pediu a abstenção do uso dos dados, o que foi negado pelo Tribunal Regional Federal da 2ª Região. Segundo o tribunal, o sigilo é resguardado se somente os servidores da área de pessoal e dos órgãos de controle têm acesso às informações, com proibição de divulgação a terceiros.

Assim, para o TRF-2, a comissão do PAD agiu com amparo legal, já que a Administração tem o dever de colher informações para verificar a ocorrência, ou não, de enriquecimento ilícito pelo servidor público.

No recurso dirigido ao STJ, o servidor sustentou a necessidade de decisão judicial para que a comissão acessasse os dados protegidos por sigilo fiscal. Ele pediu a anulação do PAD e a declaração de ilegalidade da utilização dos dados fiscais. Prevaleceu o entendimento de que "*Não existe quebra de sigilo quando são aferidas – por comissão interna, corregedora – informações que o servidor, no caso Auditor Fiscal, está legalmente obrigado a prestar, sob pena de demissão, nos termos de dispositivo categórico da Lei nº 8.429/92*", como se depreende do seguinte julgado:

ADMINISTRATIVO. AGRAVO EM RECURSO ESPECIAL. PROCESSO ADMINISTRATIVO DISCIPLINAR. ALEGAÇÃO DE QUEBRA DE SIGILO FISCAL. INOCORRÊNCIA. AGRAVO CONHECIDO PARA NEGAR PROVIMENTO AO RECURSO ESPECIAL, DIVERGINDO DO RELATOR, SENHOR MINISTRO NAPOLEÃO NUNES MAIA FILHO.

1. Agrava-se de decisão que negou seguimento a Recurso Especial fundado nas alíneas a e c do art. 105, III da Carta Magna, interposto por (...) contra acórdão do egrégio TRF2, assim ementado: CONSTITUCIONAL. SERVIDOR. AUDITOR FISCAL DA RECEITA FEDERAL. PROCESSO ADMINISTRATIVO DISCIPLINAR. SIGILO FISCAL. ALEGADA QUEBRA.

Não existe quebra de sigilo quando são aferidas – por comissão interna, corregedora – informações que o servidor, no caso Auditor Fiscal, está legalmente obrigado a prestar, sob pena de demissão, nos termos de dispositivo categórico da Lei 8.429/1992. Inviável, assim, anular processo administrativo disciplinar, sob o argumento de que houve a quebra ilegítima de sigilo fiscal. Procedimento administrativo instaurado com base na evolução patrimonial do autor, e albergado em disciplina regular da autoridade investigante. Absurdo cogitar de necessidade de autorização judicial quando todos os magistrados, procuradores da república e demais agentes públicos devem apresentar periodicamente tais dados, e (óbvio), não para que sejam ignorados por responsáveis que, isto sim, os devem aferir. Apelo desprovido (fls. 1.515). 2. Em seu Apelo Especial inadmitido, o recorrente, ora agravante, defende, em suma, a impossibilidade de quebra de seu sigilo fiscal pela Corregedoria da Receita Federal e pela Comissão de inquérito designada para análise do PAD sem que houvesse prévia decisão judicial, ou decisão administrativa formal e motivada. Pugna, assim, seja declarada a ilegalidade da utilização de tais dados e, consequentemente, anulado o PAD. 3. É o relatório (STJ – ARESsp: 1.068.263/RJ 2017/0055577-9, Relator: Ministro NAPOLEÃO NUNES MAIA FILHO. Data de Julgamento: 20/02/2020. T1 – PRIMEIRA TURMA, Data de Publicação: DJe 05/03/2020).

6.2 ENQUADRAMENTO DISCIPLINAR DE CONDUTAS ADMINISTRATIVAMENTE ÍMPROBAS

Na portaria inicial do PAD, a autoridade competente para a instauração deverá subsumir o fato às transgressões disciplinares cabíveis, previstas no regulamento disciplinar próprio, antes de encaminhar os autos para uma comissão permanente ou provisória de inquérito administrativo disciplinar.

A Lei Federal nº 8.112/1990 prevê no seu artigo 132, inciso IV que a demissão poderá ser aplicada em caso de improbidade administrativa, nestes termos: *"Art. 132. A demissão será aplicada nos seguintes casos: (...) IV – improbidade administrativa".*

No âmbito do Poder Executivo da União, tem sido adotada a seguinte subsunção, para justificar a pena de demissão disciplinar por prática do ato de improbidade administrativa na modalidade enriquecimento ilícito: **Art. 132, inciso IV, c/c artigo 9º, inciso VII, da Lei nº 8.429/1992**, como se extrai do julgamento do RMS 32.817 AGR / DF, pelo Supremo Tribunal Federal:

> (...) 3. A penalidade de demissão decorreu da configuração de improbidade administrativa do auditor fiscal da Receita Federal, que, explicitamente, teve aumento desproporcional do seu patrimônio e da sua renda, no exercício do cargo público, sem comprovação da origem lícita (**art. 9º, VII, da Lei nº 8.429/1992, c/c o art. 132, IV, da Lei nº 8.112/1990**), comprovado nos autos do processo administrativo, diante de todo o lastro probatório formalizado pela comissão processante. 4. Diante da comprovação da conduta prevista no art. 132, IV, da Lei nº 8.112/1990, **outra não poderia ser a penalidade aplicada, sob pena de ofensa ao princípio da legalidade**, motivo pelo qual não há falar em pena administrativa desproporcional. 5. **A demissão não foi aplicada em sede de ação judicial de improbidade administrativa, mas, sim, como demonstrado nos autos, em virtude do cometimento de ilícito administrativo por servidor público, cuja penalidade prevista na lei, a ser aplicada após apuração mediante processo administrativo disciplinar, é a demissão,** prescindindo de confirmação do Poder Judiciário para produzir efeitos, por se tratar de exercício do poder disciplinar da Administração Pública. 6. É assente no Superior Tribunal de Jus-

tiça o entendimento de que a infração disciplinar que configura ato de improbidade acarreta demissão independentemente de ação judicial prévia, consequência direta da independência das esferas administrativa, civil e penal. 7. O julgamento da autoridade julgadora, subsidiado pelo lastro probatório constante dos autos do processo administrativo, mostra-se em consonância com os princípios legais e constitucionais, inexistindo qualquer nulidade. 8. Segurança denegada.

Nessa esteira, alguns estados federados já inseriram em seus estatutos a improbidade administrativa como causa de demissão, outros entes carecem dessa previsão expressa.

Repisa-se que, mesmo a improbidade administrativa não estando expressamente prevista como transgressão disciplinar no estatuto a que se subordina o servidor, não há óbice em adequá-la a alguma conduta lá estatuída, dada a sua gravidade. Em regra, diante da comprovação do ato que configura enriquecimento ilícito, o fato será adequado às hipóteses de **demissão.**

Como exemplo, traz-se à baila situação atinente ao Corpo de Bombeiros Militar do Estado do Rio de Janeiro (CBMERJ), em que a conduta de *improbidade administrativa* não se encontra literalmente descrita no Decreto nº 3.767/80, que dispõe sobre o regulamento disciplinar da corporação.

No anexo I do predito regulamento, encontram-se listadas 129 condutas tidas como transgressivas à disciplina. Nenhuma delas, contudo, consigna expressamente o termo *improbidade administrativa*. Porém, em seu art. 14, item 2, o referido regulamento reconhece como não exaustiva a relação de transgressões disciplinares apresentada no Anexo I, ao estabelecer o seguinte:

> Art. 14 – São transgressões disciplinares:
>
> 1. Todas as ações ou omissões contrárias à disciplina de bombeiro-militar especificadas no Anexo I ao presente Regulamento;
>
> 2. Todas as ações, omissões ou atos, não especificados na relação de transgressões do Anexo citado,

que afetem a honra pessoal, o pundonor do bombeiro-militar, o decoro da classe ou o sentimento do dever e outras prescrições contidas no Estatuto dos Bombeiros-Militares, leis e regulamentos, bem como aquelas praticadas contra regras e ordens de serviço estabelecidas por autoridade competente. Ou seja, o Regulamento Disciplinar do CB-MERJ, embora literalmente lacunoso em relação à conduta de *improbidade administrativa,* pode ser subsidiado em suas disposições por normas outras, afetas ou não à corporação, mas certamente concernentes à moralidade no serviço público.

Ainda na mesma linha de pensamento, enfatiza-se que se o militar pratica quaisquer condutas elencadas no art. 9°, da LIA, estaria, com tal fundamento, passível de submissão a um processo administrativo disciplinar e às suas consequentes sanções, aí incluindo, até mesmo, a pena demissional.

Ademais, o Superior Tribunal de Justiça já pacificou o entendimento de que a Lei Federal n° 8.112/1990 poderá ser utilizada, de modo supletivo, pelos demais entes federados, como esposado em tese, na edição 140 – Processo Administrativo Disciplinar III, item:

Tese 1) A Lei n° 8.112/1990 pode ser aplicada de modo supletivo aos procedimentos administrativos disciplinares estaduais, nas hipóteses em que existam lacunas nas leis locais que regem os servidores públicos.[52]

Por certo, a comprovação do enriquecimento ilícito acarretará falta disciplinar de natureza grave, passível das penas de demissão ou cassação de aposentadoria, após o devido processo legal, sob o crivo do contraditório.

---

52   Acórdãos RMS 60.493/PR, Rel. Ministro HERMAN BENJAMIN, SEGUNDA TURMA, julgado em 19/09/2019, DJe 11/10/2019 AgInt no RMS 54.617/SP, Rel. Ministro MAURO CAMPBELL MARQUES, SEGUNDA TURMA, julgado em 06/03/2018, DJe 12/03/2018 AgRg no RMS 26.095/BA, Rel. Ministro ANTONIO SALDANHA PALHEIRO, SEXTA TURMA, julgado em 06/09/2016, DJe 19/09/2016.

6.3 CARACTERÍSTICAS QUE DIFERENCIAM O PROCESSO ADMINISTRATIVO DISCIPLINAR E A AÇÃO DE IMPROBIDADE

Sobre as diferenças existentes entre processo administrativo disciplinar e a ação de improbidade, apresentamos neste capítulo algumas peculiaridades do processo administrativo disciplinar, relativamente à apuração do ato de improbidade previsto no artigo 9º, inciso VII, da Lei nº 8.429/1992, utilizando como parâmetro a Lei Federal nº 8.112/1990 (Regime Jurídico dos Servidores Públicos Civis da União, das Autarquias e das Fundações Públicas Federais), como sintetizado no quadro abaixo:

	Ação de Improbidade	Processo Administrativo Disciplinar
Objeto	Apuração do ato de improbidade administrativa (enriquecimento ilícito) na esfera judicial.	Apuração dos reflexos do ato de improbidade administrativa (enriquecimento ilícito) na esfera administrativa disciplinar.
Subsunção	Art. 9º, inciso VII, da Lei 8.429/1992 (Lei de Improbidade Administrativa).	Art. 132, inciso IV, da Lei nº 8.112/90, n/f do artigo 9º, inciso VII, da Lei nº 8.429/1992 (pode ser capitulado também de acordo com o regulamento estatutário a que se submete o servidor em outros entes federados).
Penas/ sanções	Previstas no artigo 12 da Lei nº 8.429/1992.	Demissão ou cassação de aposentadoria.

Reitera-se que a apuração levada a efeito no processo administrativo disciplinar não se confunde com a ação de improbidade que apura o ato na esfera judicial. O PAD poderá ensejar a demissão do servidor na esfera administrativa, independentemente da decretação de perda do cargo público por meio do processo judicial, consagrando-se a independência entre essas instâncias adiante estudadas.

Nesse sentido, trazemos à colação, *ab initio*, o entendimento do STJ, acerca da aplicação da pena de demissão em PAD, pela prática de improbidade administrativa:

> "É possível a demissão de servidor por improbidade administrativa em processo administrativo disciplinar. **Infração disciplinar grave que constitui ato de improbidade é causa de demissão do servidor, em processo administrativo, independente de processo judicial prévio.** STJ. 3ª Seção. MS 14.140-DF, Rel. Min. Laurita Vaz, julgado em 26/9/2012".

A título de exemplo, imaginemos a seguinte situação: suponha que determinado servidor praticou ato, cujos indícios de improbidade administrativa foram apurados por meio de sindicância patrimonial e também por investigação realizada pelo Ministério Público. Como consequência, foi ajuizada a devida **ação de improbidade** contra esse servidor e, ao mesmo tempo, aberto o devido **processo administrativo disciplinar.**

Prosseguindo, verificou-se que antes que a ação de improbidade fosse julgada, o processo administrativo chegou ao fim e o servidor, como sanção administrativa, **foi demitido,** com fundamento no artigo 132. inciso IV da Lei 8.112/1990, c/c artigo 9º, inciso VII, da Lei 8.429.1992. Diante disso, o servidor impetrou mandado de segurança contra esse ato alegando que, em caso de ato de improbidade administrativa, a pena de demissão somente poderia ser aplicada pelo Poder Judiciário, em ação de improbidade, não podendo haver a demissão por meio de processo administrativo. Essa tese do servidor não é acolhida pela jurisprudência. Para o STJ, é possível a demissão de servidor por improbidade administrativa em processo administrativo disciplinar. A pena de demissão não é exclusividade do Judiciário, sendo dever da Administração apurar e, eventualmente, punir os servidores que vierem a cometer ilícitos de natureza disciplinar.

Mais de uma vez, o STJ decidiu no mesmo sentido:

> "**Infração disciplinar grave que constitui ato de improbidade é causa de demissão independente de processo judicial prévio. Independência das instâncias administrativa e judicial civil e penal.** O que distingue o ato de improbidade administrativa da infração disciplinar por improbidade, e assim a necessidade ou não de prévia ação judicial, é a natureza da infração, pois a lei funcional tutela a conduta do servidor estabelecendo regime jurídico próprio enquanto a lei de improbidade dispõe sobre sanções aplicáveis a todos os agentes públicos, servidores ou não, no interesse da preservação e integridade do patrimônio público. (MS 15.054/DF, Rel. p/ Acórdão Min. Gilson Dipp, 3ª Seção, julgado em 25/05/2011)".

Acrescente-se que a ação de improbidade, prevista na Lei nº 8.429/92, tem como objetivo sanções como suspensão dos direitos políticos, aplicação de multas, impedimentos de contratar com ente público e outros, que, por sua vez, não se confunde com a ação civil pública prevista na Lei nº 7.347/85, tampouco com a pena de demissão prevista na Lei nº 8.112/92, anteriormente mencionada.

Nessa toada, merece relevo o teor do artigo 37, § 4º da Constituição Federal, o qual dispõe que: "*Art. 37 (...) § 4º Os atos de improbidade administrativa importarão a suspensão dos direitos políticos, a perda da função pública, a indisponibilidade dos bens e o ressarcimento ao erário, na forma e gradação previstas em lei, sem prejuízo da ação penal cabível*".

Ainda sobre as sanções impostas pela prática de ato de improbidade administrativa pela esfera judicial, é imperioso trazer à colação algumas alterações promovidas pela Lei nº 14.230/2021, no Capítulo III, das penas, na Lei de Improbidade Administrativa, no tocante ao artigo 9º (enriquecimento ilícito) *in verbis*:

> Art. 12. Independentemente do ressarcimento integral do dano patrimonial, se efetivo, e das sanções penais comuns e de responsabilidade, civis e administrativas previstas na legislação específica, está o responsável pelo ato de improbidade sujeito às seguin-

tes cominações, que podem ser aplicadas isolada ou cumulativamente, de acordo com a gravidade do fato: (Redação dada pela Lei nº 14.230, de 2021)

I – na hipótese do art. 9º desta Lei, perda dos bens ou valores acrescidos ilicitamente ao patrimônio, perda da função pública, suspensão dos direitos políticos até 14 (catorze) anos, pagamento de multa civil equivalente ao valor do acréscimo patrimonial e proibição de contratar com o poder público ou de receber benefícios ou incentivos fiscais ou creditícios, direta ou indiretamente, ainda que por intermédio de pessoa jurídica da qual seja sócio majoritário, pelo prazo não superior a 14 (quatorze) anos; (Redação dada pela Lei nº 14.230, de 2021)

(...)

§ 1º A sanção de perda da função pública, nas hipóteses dos incisos I e II do *caput* deste artigo, atinge apenas o vínculo de mesma qualidade e natureza que o agente público ou político detinha com o poder público na época do cometimento da infração, podendo o magistrado, na hipótese do inciso I do *caput* deste artigo, e em caráter excepcional, estendê-la aos demais vínculos, consideradas as circunstâncias do caso e a gravidade da infração. (Incluído pela Lei nº 14.230, de 2021)

§ 2º A multa pode ser aumentada até o dobro, se o juiz considerar que, em virtude da situação econômica do réu, o valor calculado na forma dos incisos I, II e III do *caput* deste artigo é ineficaz para reprovação e prevenção do ato de improbidade. (Incluído pela Lei nº 14.230, de 2021)

§ 3º Na responsabilização da pessoa jurídica, deverão ser considerados os efeitos econômicos e sociais das sanções, de modo a viabilizar a manutenção de suas atividades. (Incluído pela Lei nº 14.230, de 2021)

§ 4º Em caráter excepcional e por motivos relevantes devidamente justificados, a sanção de proibição de contratação com o poder público pode extrapolar o ente público lesado pelo ato de improbidade, observados os impactos econômicos e sociais das sanções, de forma a preservar a função social da pessoa jurídica, conforme disposto no § 3º deste artigo. (Incluído pela Lei nº 14.230, de 2021)

§ 5º No caso de atos de menor ofensa aos bens jurídicos tutelados por esta Lei, a sanção limitar-se-á à aplicação de multa, sem prejuízo do ressarcimento do dano e da perda dos valores obtidos, quando for o caso, nos termos do *caput* deste artigo. (Incluído pela Lei nº 14.230, de 2021)

§ 6º Se ocorrer lesão ao patrimônio público, a reparação do dano a que se refere esta Lei deverá deduzir o ressarcimento ocorrido nas instâncias criminal, civil e administrativa que tiver por objeto os mesmos fatos. (Incluído pela Lei nº 14.230, de 2021)

(...)

§ 9º As sanções previstas neste artigo somente poderão ser executadas após o trânsito em julgado da sentença condenatória. (Incluído pela Lei nº 14.230, de 2021)

§ 10. Para efeitos de contagem do prazo da sanção de suspensão dos direitos políticos, computar-se-á retroativamente o intervalo de tempo entre a decisão colegiada e o trânsito em julgado da sentença condenatória. (Incluído pela Lei nº 14.230, de 2021)

Nesse sentido, não podemos deixar de pontuar que o disposto no art. 20, da Lei 8.429/92, o qual estipula que a perda da função pública somente ocorrerá com o trânsito em julgado da sentença condenatória proferida na ação de improbidade, **incide somente no que concerne à esfera judicial da predita ação por improbidade**, o que não inibe a Administração Pública de exercitar seu poder disciplinar e punir o servidor, incurso em conduta amoldada aos ditames da Lei nº 8.429/92, com a penalidade administrativa de demissão: existem vários procedimentos para a perda do cargo; o judicial não é o único.

Tanto na ação de improbidade como no processo administrativo disciplinar, o agente (réu ou processado) poderá apresentar todos os argumentos de fato e de direito em sua defesa, inclusive contraditar os relatórios técnicos de análise financeira ou contábil.

6.4 INDEPENDÊNCIA ENTRE AS INSTÂNCIAS

Uma questão que gera constantes demandas na esfera judicial diz respeito às sanções/demissões aplicadas por meio de processo administrativo disciplinar, quando existe ação de improbidade em curso para apurar fato correlato, mormente na hipótese do enriquecimento ilícito previsto no artigo 9º, inciso VII, da Lei nº 8.429/1992 (Improbidade Administrativa). O entendimento consolidado dos Tribunais é o de que "vigora a independência entre as instâncias cível, administrativa e penal".

Sobre a aludida independência, impende trazer à colação também o teor dos artigos 12 e 21, da Lei de Improbidade Administrativa:

> Art. 12. Independentemente do ressarcimento integral do dano patrimonial, se efetivo, e das sanções penais comuns e de responsabilidade, civis e **administrativas** previstas na legislação específica, está o responsável pelo ato de improbidade sujeito às seguintes cominações, que podem ser aplicadas isolada ou cumulativamente, de acordo com a gravidade do fato (...).

> (...) Art. 21. A aplicação das sanções previstas nesta lei independe:

> (...) § 3º As sentenças civis e penais produzirão efeitos em relação à ação de improbidade quando concluírem pela inexistência da conduta ou pela negativa da autoria. (Incluído pela Lei nº 14.230, de 2021).

> § 4º A absolvição criminal em ação que discuta os mesmos fatos, confirmada por decisão colegiada, im-

pede o trâmite da ação da qual trata esta Lei, havendo comunicação com todos os fundamentos de absolvição previstos no art. 386 do Decreto-Lei nº 3.689, de 3 de outubro de 1941 (Código de Processo Penal). (Incluído pela Lei nº 14.230, de 2021).

É de se relevar que no precitado § 3º consagra-se o princípio da independência <u>relativa</u> das esferas, já que a Administração estaria atrelada e vinculada à decisão judicial que concluísse terminantemente pela negativa de autoria ou inexistência do fato. Em tal caso, impedida estaria a responsabilização do servidor, disciplinarmente processado, no que concernisse a reflexos disciplinares decorrentes de suposto ato de improbidade administrativa. Em tal situação, o processo administrativo disciplinar deverá ser arquivado, caso não haja causa residual outra de relevância disciplinar a ser apurada e valorada.

Em consonância com os dispositivos ora aludidos, a Lei Federal nº 8.112/1990 expressa a independência entre as instâncias, *in verbis*:

Art. 125. As sanções civis, penais e administrativas poderão cumular-se, sendo independentes entre si.

Como base nessa legislação, é assente na jurisprudência dos Tribunais Superiores que deve prevalecer a independência relativa entre as instâncias, que possibilita à administração aplicar a pena de demissão, independente das sanções aplicadas em sede de ação de improbidade, como se depreende da Súmula 651 do STJ:

> Súmula nº 651 – STJ: Compete à autoridade administrativa aplicar a servidor público a pena de demissão em razão da prática de improbidade administrativa, independente da prévia condenação, por autoridade judicial, à perda da função pública. STJ. 1ª Seção. Aprovada em 21/10/2021.

Nessa toada, o entendimento do Superior Tribunal de Justiça é no sentido de que "*é possível utilizar a Lei de Improbidade Administrativa (Lei nº 8.429/1992) em interpretação sistemática, para definir o tipo pre-*

visto no artigo 132, IV, da Lei nº 8.112/1990 e justificar a aplicação da pena de demissão a servidor (Jurisprudência em Teses, edição 141 – Processo Administrativo Disciplinar IV, tese 8).[53]

Isso significa que a Administração Pública possui autonomia no sentido de aplicar a pena de demissão, por meio do processo administrativo disciplinar, independente da existência da ação de improbidade que apure ato de enriquecimento ilícito. Mais uma vez, é imperioso mencionar o entendimento do Superior Tribunal de Justiça, nos seguintes termos:

STJ – Jurisprudência em Teses, edição 1 – Processo Administrativo Disciplinar I, tese 7: A autoridade administrativa pode aplicar a pena de demissão quando em processo administrativo disciplinar é apurada a prática de ato de improbidade por servidor público, tendo em vista a independência civil, penal e administrativa.[54]

O ato de improbidade, como visto, corresponderá, na esfera administrativa, à transgressão prevista no regulamento disciplinar a que esteja submetido o servidor. Em reforço, trazemos à colação as ementas dos seguintes julgados:

AGRAVO REGIMENTAL NOS EMBARGOS DE DECLARAÇÃO NO RECURSO EXTRAORDINÁRIO. DIREITO ADMINISTRATIVO. INVESTIGADOR DE

---

53 Acórdãos MS 21.120/DF, Rel. Ministro BENEDITO GONÇALVES, PRIMEIRA SEÇÃO, julgado em 22/02/2018, DJe 01/03/2018 MS 21.544/DF, Rel. Ministro MAURO CAMPBELL MARQUES, PRIMEIRA SEÇÃO, julgado em 22/02/2017, DJe 07/03/2017 MS 14.450/DF, Rel. Ministro GURGEL DE FARIA, TERCEIRA SEÇÃO, julgado em 26/11/2014, DJe 19/12/2014 RMS 35.325/PE, Rel. Ministro HERMAN BENJAMIN, SEGUNDA TURMA, julgado em 26/02/2013, DJe 07/03/2013 MS 14.372/DF, Rel. Ministra MARIA THEREZA DE ASSIS MOURA, TERCEIRA SEÇÃO, julgado em 08/06/2011, DJe 30/08/2011 MS 14.404/DF, Rel. Ministro HAROLDO RODRIGUES (DESEMBARGADOR CONVOCADO DO TJ/CE), TERCEIRA SEÇÃO, julgado em 25/05/2011, DJe 15/06/2011.
54 Julgados: EDcl no MS 17.873/DF, Rel. Ministro MAURO CAMPBELL MARQUES, PRIMEIRA SEÇÃO, julgado em 28/08/2013, DJe 09/09/2013; MS 15.848/DF, Rel. Ministro CASTRO MEIRA, PRIMEIRA SEÇÃO, julgado em 24/04/2013, DJe 16/08/2013; MS 16.418/DF, Rel. Ministro HERMAN BENJAMIN, PRIMEIRA SEÇÃO, julgado em 08/08/2012, DJe 24/08/2012; AREsp 147.269/DF (decisão monocrática – com ressalva), Rel. Ministro NAPOLEÃO NUNES MAIA FILHO, julgado em 08/05/2013, DJe 16/05/2013; MS 17.151/DF (decisão monocrática), Rel. Ministro ARNALDO ESTEVES LIMA, julgado em 15/12/2011, DJe 01/02/2012.

POLÍCIA CIVIL. PROCESSO ADMINISTRATIVO DISCIPLINAR. DEMISSÃO. INDEPENDÊNCIA DAS ESFERAS PENAL E ADMINISTRATIVA. ALEGADA VIOLAÇÃO DOS PRINCÍPIOS DA LEGALIDADE, DA AMPLA DEFESA, DO CONTRADITÓRIO E DO DEVIDO PROCESSO LEGAL. PROVA PRODUZIDA EM AÇÃO PENAL UTILIZADA EM PROCESSO ADMINISTRATIVO. LICITUDE DA PROVA EMPRESTADA. LEGISLAÇÃO INFRA-CONSTITUCIONAL. OFENSA REFLEXA. FATOS E PROVAS. REEXAME. IMPOSSIBILIDADE. PRECEDENTES.

1. Independência entre as esferas penal e administrativa, salvo quando, na instância penal, se decida pela inexistência material do fato ou pela negativa de autoria, casos em que essas conclusões repercutem na seara administrativa, o que não ocorre na espécie. 2. As instâncias de origem reconheceram a legalidade do processo administrativo disciplinar que culminou na demissão do ora agravante amparadas na legislação pertinente e nos fatos e nas provas constantes dos autos. (...). (STF; RE-ED-AgR 1.272.316; PA; Primeira Turma; Rel. Min. Dias Toffoli; DJE 10/02/2021; Pág. 94). PROCESSUAL CIVIL. EMBARGOS DE DECLARAÇÃO. ART. 1.022 do CPC. VÍCIO INEXISTENTE. REDISCUSSÃO DA CONTROVÉRSIA. SERVIDOR PÚBLICO.

PROCESSO ADMINISTRATIVO DISCIPLINAR. AUMENTO PATRIMONIAL SEM JUSTIFICATIVA LEGAL. ART. 132, IV, DA LEI Nº 8.112/90 E ART. 9º, VII, DA LEI Nº 8.429/92. IMPROBIDADE ADMINISTRATIVA. INCREMENTO PATRIMONIAL. RELAÇÃO COM DESVIO FUNCIONAL DESNECESSIDADE.

(...) é assente no STJ que, conforme o art. 12 da Lei nº 8.429/1992, "a apuração de falta disciplinar realizada no PAD não se confunde com a ação de improbidade administrativa, esta sabidamente processada perante o Poder Judiciário, a quem cabe a imposição das sanções previstas nos incisos do art. 12 da Lei nº 8.429/92", de modo que "há reconhecida indepen-

> dência das instâncias civil, penal e administrativa, que é afastada quando a esfera penal taxativamente afirmar que não houve o fato, e/ou, acaso existente, houver demonstrações inequívocas de que o agente não foi o seu causador. Este fundamento, inclusive, autoriza a conclusão no sentido de que as penalidades aplicadas em sede de processo administrativo disciplinar e no Superior Tribunal de Justiça âmbito da improbidade administrativa, embora possam incidir na restrição de um mesmo direito, são distintas entre si, tendo em vista que se assentam em distintos planos". (STJ; EDcl-MS 21.708; Proc. 2015/0078709-0; DF; Primeira Seção; Rel. Min. Herman Benjamin; Julg. 18/02/2020; DJE 10/03/2020).

> (...). É possível admitir que uma infração disciplinar possa ser reconhecida como ato de improbidade e sujeitar-se ao processo judicial correspondente, assim como reconhecê-la como crime e sujeitá-la à ação penal, sem que, por uma ou outra circunstância, seja inviabilizada a autonomia da investigação administrativa disciplinar (STJ, MS 15.054, rel. Min. Gilson Dipp, DJe 11.05.2011.

Outro ponto relevante é que no âmbito do processo administrativo disciplinar – cujo objeto é a apuração e valoração dos reflexos ou resíduos do ato ímprobo à luz dos imperativos éticos e morais regentes da Administração – existe a possibilidade da aplicação da cassação de aposentadoria, caso o ato de enriquecimento ilícito tenha ocorrido antes da passagem para inatividade, como previsto, por exemplo, no artigo 127, inciso IV, da Lei nº 8.112, de 11 de dezembro de 1990.

Já na ação de improbidade correlata, o Superior Tribunal de Justiça já decidiu que não é possível a pena de cassação de aposentadoria – Jurisprudência em Teses, edição nº 188, item 5:

> 5) Incabível aplicar a pena de cassação de aposentadoria – não prevista no rol taxativo do artigo 12 da Lei 8.429/1992 – em processo judicial em que se apura a prática de atos de improbidade administrativa, em

virtude do princípio da legalidade estrita, que impede o uso de interpretação extensiva no âmbito do direito sancionador.

Ainda sobre a aludida independência, é mister pontuar o entendimento Superior Tribunal de Justiça relativamente ao controle judicial sobre os atos praticados no âmbito do processo administrativo disciplinar: *"O controle judicial no processo administrativo disciplinar – PAD – restringe-se ao exame da regularidade do procedimento e da legalidade do ato, à luz dos princípios do contraditório, da ampla defesa e do devido processo legal, não sendo possível nenhuma incursão no mérito administrativo"*. (Jurisprudência em Teses, edição 141, Processo Administrativo Disciplinar IV – Tese 1).

7 PRESCRIÇÃO

A prescrição é mecanismo fundamental, pelo qual se consolidam efeitos jurídicos pelo decurso do tempo. Ninguém pode ficar *ad aeternum* sob a ameaça de sanções estatais. Assim, o direito de punir servidores públicos se sujeita a prazos fatais que, uma vez ultrapassados, fazem prescrever a prerrogativa decorrente do poder disciplinar da Administração Pública.

Esses prazos prescricionais no âmbito do direito administrativo disciplinar devem estar previstos no regulamento a que se subordina o agente público, como, por exemplo, ocorre com o regime jurídico dos servidores públicos civis da União, das autarquias e das fundações públicas federais, disposto na Lei Federal nº 8.112/90.

Na lição de Antônio Carlos Alencar Carvalho, *"(...) se a Administração Pública não exercita seu direito de punir os seus servidores faltosos ao longo de determinado período de tempo, é de se julgar que abdicou da prerrogativa, gerando no espírito do funcionário a expectativa de que aquele fato não mais será punido contra ele, nem mais poderá gerar qualquer tipo de sanção"*.[55]

O mestre Alencar destaca na sua obra a lição de José Cretella Jr:

> A prescrição na esfera disciplinar pode ser assim definida como a extinção do direito de punir que a lei impõe à autoridade administrativa, no caso de não usar ela, no momento adequado e durante certo lapso de tempo, das prerrogativas que lhe confere o Estatuto dos Funcionários no capítulo das infrações.[56]

---

55 Carvalho, Antonio Carlos Alencar. Manual de processo administrativo disciplinar e sindicância: à luz da jurisprudência dos Tribunais e da casuística da Administração Pública. 4. ed. Belo Horizonte: Fórum, 2014, página 1.144.

56 CRETELLA JÚNIOR, José. Dicionário de direito administrativo. 3. ed. rev. e aum. Rio de Janeiro: Forense, 1978, p. 414.

No caso da improbidade administrativa não poderia ser diferente, sendo relevante destacar que a Lei nº 14.230/2021 promoveu inúmeras alterações na Lei nº 8.429/1992, inclusive no conteúdo do artigo 23, que trata da prescrição, alterando sobremaneira tanto o termo inicial, quanto o prazo prescricional em si, com criação de termos de suspensão e interrupção de prescrição.

Não obstante a independência relativa entre as mencionadas instâncias, discorreremos acerca da prescrição tanto na esfera administrativa disciplinar, quanto no âmbito da ação de improbidade.

7.1 PRESCRIÇÃO DA PRETENSÃO PUNITIVA ESTATAL DISCIPLINAR

Como já mencionado anteriormente, o enriquecimento ilícito presumido, além de configurar um ato de improbidade administrativa, também se consubstancia em **transgressão disciplinar de natureza grave**, passível de demissão, sujeitando-se à prescrição quinquenal, como se pode extrair da leitura do artigo 132, inciso IV da Lei nº 8.112/90:

> Art. 132. A demissão será aplicada nos seguintes casos:
>
> I.   Crime contra a administração pública;
>
> II.   Abandono de cargo;
>
> III.   Inassiduidade habitual;
>
> IV.   **Improbidade administrativa.**

O artigo 142 da mencionada lei federal dispõe sobre a prescrição:

> Art. 142. A ação disciplinar prescreverá:

I. Em 5 (cinco) anos, quanto às infrações puníveis com demissão, cassação de aposentadoria ou disponibilidade e destituição de cargo em comissão;

II. Em 2 (dois) anos, quanto à suspensão;

III. Em 180 (cento e oitenta) dias, quanto à advertência.

§ 1º O prazo de prescrição começa a correr da data em que o fato se tornou conhecido.

§ 2º Os prazos de prescrição previstos na lei penal aplicam-se às infrações disciplinares capituladas também como crime.

§ 3º A abertura de sindicância ou a instauração de processo disciplinar interrompe a prescrição, até a decisão final proferida por autoridade competente.

§ 4º Interrompido o curso da prescrição, o prazo começará a correr a partir do dia em que cessar a interrupção.

Considerando que na apuração de enriquecimento ilícito na esfera administrativa disciplinar, em regra, tem-se a instauração de sindicância patrimonial (procedimento preliminar, inquisitorial e não punitivo), devemos ter atenção para três fatores: (i) momento em que o fato se torna conhecido pela Administração Pública (ii) marco inicial da contagem do prazo prescricional e (iii) causas interruptivas.

Sobre o marco inicial, é pacífico que o mesmo começa a correr a partir da data em que o fato se tornou conhecido (artigo 142, § 1º da Lei 8.112/1990), entendimento este sumulado pelo Superior Tribunal de Justiça, Súmula nº 635:

Os prazos prescricionais previstos no art. 142 da Lei nº 8.112/1990 iniciam-se na data em que a autoridade competente para a abertura do procedimento administrativo toma conhecimento do fato, e interrompem-se com o primeiro ato de instauração válido – sindicância de caráter punitivo ou processo disciplinar – e voltam a fluir por inteiro, após decorridos 140 dias desde a interrupção. (Julgado em 12/06/2019, DJe 17/06/2019).

Nesse sentido, vale trazer à colação o entendimento do Superior Tribunal de Justiça esposado, recentemente, no julgado do Mandado de Segurança impetrado por servidora federal demitida em processo administrativo disciplinar relativo à apuração do ato de improbidade administrativa (enriquecimento ilícito previsto), previsto no artigo 132, inciso IV da Lei nº 8.112/1990:

> PROCESSUAL CIVIL. ADMINISTRATIVO. AGRAVO INTERNO NO MANDADO DE SEGURANÇA. PROCESSO ADMINISTRATIVO DISCIPLINAR. PENA DE DEMISSÃO. NECESSIDADE DE DILAÇÃO PROBATÓRIA. VIA INADEQUADA. PRESCRIÇÃO DA PRETENSÃO ADMINISTRATIVA NÃO CONSUMADA. SÚMULA 635/STJ. **VARIAÇÃO PATRIMONIAL A DESCOBERTO.** DOLO GENÉRICO. NULIDADES. NÃO CONFIGURAÇÃO. PRINCÍPIOS DA AMPLA DEFESA, DO CONTRADITÓRIO E DO DEVIDO PROCESSO LEGAL. *PAS DE NULLITÊ SANS GRIEF.* É ÔNUS DO SERVIDOR DEMONSTRAR A LICITUDE DE SUA EVOLUÇÃO PATRIMONIAL. ARGUMENTOS INSUFICIENTES PARA DESCONSTITUIR A DECISÃO ATACADA.

> 1. Cuida-se de mandado de segurança onde se pretende a concessão da ordem para anular penalidade de demissão aplicada a Servidor Público devido à suposta prática da infração prevista no art. 132, IV, da Lei nº 8.112/1990, mediante a Portaria nº 293, de 20/08/2012 e publicada no DOU de 22/08/2012.

> É firme o entendimento desta Corte de que o termo inicial do prazo prescricional do Processo Administrativo Disciplinar é a data do conhecimento inequívoco da infração pela autoridade competente para a instauração do PAD.

> O prazo prescricional, previsto no artigo 142 da Lei nº 8.213/1991 não se inicia no momento em que qualquer servidor tenha conhecimento dos fatos, mas, sim, no momento em que a autoridade competente para a abertura do processo administrativo disciplinar toma ciência, logo, o fato de a servidora ter apresentado declaração de IRPF retificadora em dezembro de

2003 e esclarecimentos ao Setor de Malha da DRF de Volta Redonda em março de 2004 não tem o condão de deflagrar o termo inicial da prescrição.

O conhecimento dos fatos pela autoridade coatora somente se perfectibilizou após a abertura da Auditoria Patrimonial (Portaria ESCOR07, nº 68/2006, de 17.03.2006 (fls. 64/68. Ato contínuo, foi constituída a Comissão de Sindicância Patrimonial, em 29.02.2008, sugerindo a instauração de processo administrativo disciplinar (fls. 69 e 82/97), em 18.09.2009, que concluiu pela demissão da acusada por suposta transgressão, em tese, ao disposto no inciso IV do artigo 132 da Lei nº 8.112/1990. Improbidade Administrativa, com a definição dada pelo artigo 9º, VII, da Lei nº 8.429/1992, impondo à servidora a pena disciplinar de demissão, nos termos da Portaria nº 293, de 20.08.2012.

Nesse contexto, observo não assistir razão à impetrante, no que toca à suscitada prescrição da pretensão punitiva, quando ainda não ultrapassado o prazo prescricional de 5 anos, entre a ciência dos fatos e a instauração do processo administrativo disciplinar.

Consoante o enunciado da Súmula nº 635 desta Corte, "os prazos prescricionais previstos no art. 142 da Lei nº 8.112/1990 iniciam-se na data em que a autoridade competente para a abertura em que a autoridade competente para a abertura do procedimento administrativo toma conhecimento do fato, interrompem-se com o primeiro ato de instauração válido – sindicância de caráter punitivo ou processo disciplinar – e voltam a fluir por inteiro, após decorridos 140 dias dessa interrupção.

Nos casos de variação patrimonial a descoberto, resta caracterizado o dolo genérico na conduta do servidor que não demonstre a licitude da evolução patrimonial constatada pela Administração, caracterizado pela falta de transparência do servidor.

(...)

11. Ao contrário do que sustenta a impetrante é seu o ônus de demonstrar a licitude de sua evolução patrimonial, não se revelando suficiente para isso a mera demonstração de que sua doadora não tinha regularidade fiscal.

12. Não apresentação de argumentos suficientes para desconstituir a decisão recorrida.

13. Agravo interno não provido.

Contudo, não se pode olvidar que o fato pode se tornar conhecido pela Administração por meio de uma verificação anterior à instauração da sindicância patrimonial. Essa espécie de investigação analisa, em regra, o lastro patrimonial do servidor em determinado período, ano a ano, uma vez que a base de comparação é a declaração anual de bens e valores. Daí dizer-se: *evolução patrimonial.*

Nesse caso, é indene de dúvidas que a instauração da sindicância patrimonial não interrompe o prazo prescricional por se tratar de procedimento investigativo, tendo-se como primeiro marco interruptivo a instauração do processo administrativo disciplinar. Atente-se que a sindicância mencionada no § 3º da Lei 8.112/1990 (*§ 3º A abertura de sindicância ou a instauração de processo disciplinar interrompe a prescrição, até a decisão final proferida por autoridade competente*) será somente aquela de cunho punitivo.

Por ocasião do julgamento do 18.664/DF, o Ministro Mauro Campbel Marques assegurou: *"(...) 7. Ocorre que somente a sindicância instaurada com caráter punitivo tem o condão de interromper o prazo prescricional, e não aquelas meramente investigatórias ou preparatórias de um processo disciplinar".*

Merece relevo também o entendimento da Controladoria Geral da União, explicitado no Enunciado nº 1, publicado no DOU de 5/5/2011:

CONTROLADORIA-GERAL DA UNIÃO CORREGEDORIA-GERAL DA UNIÃO ENUNCIADO Nº 1, DE 4 DE MAIO DE 2011 – O CORREGE-

DOR-GERAL DA UNIÃO – SUBSTITUTO, no uso da competência que lhe confere os arts. 4º, 6º e 10º do Decreto nº 5.480, de 30 de junho de 2005, e o art. 15, I, do Decreto nº 5.683, de 24 de janeiro de 2006, resolve editar o presente Enunciado, conforme proposto pela Comissão de Coordenação de Correição, sessão realizada em 15 de setembro de 2010, na forma que se segue: PRESCRIÇÃO. INTERRUPÇÃO. **O processo administrativo disciplinar e a sindicância acusatória, ambos previstos pela lei nº 8.112/90, são os únicos procedimentos aptos a interromper o prazo prescricional.**

No âmbito da União, o prazo é de cinco anos e começa a correr da data em que o fato se tornou conhecido, não pendendo causa interruptiva ou suspensiva, e dos Estados e Municípios, previsto nas leis por eles editadas sobre a matéria, em geral, também de cinco anos.[57]

Portanto, se o fato não for atingido pela prescrição na fase preliminar e a sindicância patrimonial ensejar a deflagração do Processo Administrativo Disciplinar, a instauração do PAD irá interromper esse prazo. Significa dizer que o novo prazo quinquenal começa a ser contado. Por outro lado, se antes da instauração do processo administrativo disciplinar for detectado o decurso do prazo prescricional (cinco anos), a Administração tem o dever de reconhecê-lo, por tratar-se de questão de ordem pública, como dispõe o artigo Art. 112 da Lei 8.112/1990: *"A prescrição é de ordem pública, não podendo ser relevada pela administração"*.

Na prática, a definição desse marco temporal que antecede ao processo administrativo disciplinar requer muita atenção, especialmente da comissão de sindicância patrimonial encarregada da investigação preliminar, uma vez que nem sempre a constatação do enriquecimento ilícito demonstra uma data específica e, quase sempre, refere-se a um período, sendo relevante observar algumas situações específicas, exemplificativas:

---

57 https://repositorio.cgu.gov.br/bitstream/1/44231/1/Enunciados_1_2011.pdf

- Data em que se deu o ingresso de valores por meio de transação bancária;

- Momento da aquisição de bens imóveis ou bens móveis de alto valor;

- Exercício financeiro (ano) em que se restou comprovado o lastro patrimonial incompatível ou desproporcional.

Acrescente-se que a mera análise prévia das declarações de bens e valores do agente público não representa o marco inicial do prazo prescricional, sendo imprescindível o conhecimento inequívoco da infração.

Para efeitos didáticos, em relação ao prazo prescricional, analisamos a seguinte situação hipotética, em que um servidor vinculado ao Poder Executivo Federal foi submetido a uma sindicância patrimonial e, consequentemente, ao processo administrativo, por meio do qual a Administração Pública Federal o demitiu, vejamos:

> Caso hipotético: Em **junho de 2014**, servidor público federal, que recebia de remuneração mensal pouco mais de R$ 11.000,00 (onze mil reais), adquiriu e registrou um imóvel (apartamento) no valor de 1.200.000,00 (hum milhão e duzentos mil reais), no qual passou a residir. A aquisição do aludido imóvel foi declarada à Receita Federal no ano seguinte.

> Em janeiro de 2019, a Corregedoria Setorial a que estava subordinado o hipotético agente recebeu uma denúncia anônima dando conta de que o mesmo ostentava um padrão de vida não condizente com o cargo que ocupa no Poder Executivo Federal. O "denunciante" informou que o apartamento onde mora o referido agente teria custado "mais de um milhão de reais".

> Essa notícia apócrifa foi imediatamente remetida ao órgão correcional central, onde foi determinada a análise prévia das declarações de imposto de renda do servidor relativas aos últimos cinco anos (2014 a 2019), tendo sido verificado que de fato o servidor

não possuía lastro suficiente para aquisição do imóvel em 2014, no valor de R$ 1.200.000,00, razão pela qual foi determinada a instauração de uma sindicância patrimonial (caráter inquisitorial, investigativa e não punitiva) para a completa apuração dos fatos, cuja portaria foi publicada em 05.07.2019.

No curso da instrução da sindicância patrimonial, foram realizadas diversas outras diligências no sentido de perscrutar a evolução patrimonial do agente investigado no período de 2014 a 2019. Ao término da apuração, restou comprovado que em 2014 o servidor apresentou valor a descoberto, no montante de R$ 1.085.000,00 (um milhão e oitenta e cinco mil reais), mormente em razão da aquisição do já mencionado imóvel. Nos demais anos analisados, não foram detectados valores a descoberto.

Antes de sugerir a instauração de processo administrativo disciplinar, a comissão de sindicância patrimonial notificou o servidor acerca da constatação do valor a descoberto e oportunizou ao mesmo que explicasse a origem desses recursos. O servidor limitou-se a dizer que a aquisição do aludido imóvel foi fruto de suas economias, durante os vinte anos de serviço público.

Assim, considerando que o servidor não comprovou a origem do valor a descoberto constatado de R$ 1.085.000,00 e considerando que a tal valor deveriam ser acrescidos, pelo menos, os gastos médios mensais para a sobrevivência do servidor e de sua família (esposa e dois filhos), a comissão de sindicância patrimonial sugeriu a instauração de processo administrativo disciplinar para apurar a transgressão disciplinar insculpida no artigo 132, inciso IV, da Lei nº 8.112/1990, c/c artigo 9º, inciso VII, da Lei nº 8.429/1992.

A sugestão da comissão de sindicância patrimonial foi acatada, tendo sido o PAD instaurado em 09/11/2019. Durante a instrução do PAD foi realizada a análise qualitativa dos dados analisados durante a sindicância patrimonial, sob o crivo do contraditório e da ampla defesa. Em seu interrogatório, o servidor novamente limitou-se a dizer que adquiriu o aludido imóvel com economias que guardou durante vinte anos de serviço público e que não possuía nenhuma outra fonte de renda, além da sua remuneração como servidor público federal.

A instrução do PAD foi concluída, culminando no indiciamento do servidor pela prática da transgressão disciplinar prevista no artigo 132, inciso IV, da Lei nº 8.112/1990, c/c artigo 9º, inciso VII da Lei nº 8.429/1992.

Na fase seguinte, a defesa alegou que o agente processado não teria cometido qualquer transgressão disciplinar, por ausência de dolo e, subsidiariamente, alegou a prescrição da pretensão punitiva estatal, pois, segundo a defesa, a aquisição do imóvel ocorreu junho de 2014 e o PAD só teria sido instaurado em 9/11/2019, ultrapassando os cinco anos previstos no artigo 142, inciso I, da Lei nº 8.112/1990.

Em síntese, no relatório final do processo administrativo disciplinar a comissão processante, com base nas provas carreadas aos autos, demonstrou que o servidor praticou a conduta que lhe foi imputada e que as alegações de defesa não foram suficientes para afastar a sua responsabilidade administrativa disciplinar.

Sobre a alegação de prescrição a comissão processante ressaltou o teor do artigo 142, inciso I e parágrafos 1º, 3º e 4º da Lei nº 8.112/1990, bem como o teor da Súmula 635/STJ (dispositivos já mencionados anteriormente), tendo em vista que, em que pese o imóvel ter sido adquirido em junho de 2014 e o PAD só ter sido instaurado em novembro de 2019, deve-se considerar, primordialmente, as seguintes situações: (i) o fato se tornou conhecido pela Administração em janeiro de 2019 (marco inicial); (ii) a instauração da sindicância patrimonial em 5/07/2019 não interrompeu o prazo prescricional por tratar-se de procedimento investigativo; (iii) o prazo prescricional foi interrompido, pela primeira vez, com a instauração do PAD, em 09/11/2019 (*dies a quo*).

O colegiado inseriu no relatório conclusivo trechos do voto do Ministro Relator no MS 21.084/DF, *in verbis*:

> *"(...) 4. Em matéria de enriquecimento ilícito, cabe à Administração comprovar o incremento patrimonial significativo e incompatível com as fontes de renda do servidor, competindo, a este, por outro lado, o ônus da prova no sentido de demonstrar a licitude da evolução patrimonial constatada pela Administração, sob pena de configuração de improbidade administrativa por enriquecimento ilícito. 5. A prática do Ato de Improbidade Administrativa previsto nos artigos 9º, VII e 11, da Lei nº 8.429/1992, dispensa a prova do dolo específico, bastando o dolo genérico, que, nos casos de variação patrimonial a descoberto resta evidenciado pela manifesta vontade do agente em realizar conduta contrária ao dever de legalidade, consubstanciada na falta de transparência da evolução patrimonial e da movimentação financeira, bem como que a conduta do servidor tida por ímproba não precisa estar, necessária e diretamente, vinculada com o exercício do cargo público."*

Hipoteticamente, com base no que restou demonstrado na referida apuração, o servidor veio a ser demitido por infração ao artigo 132, inciso IV, da Lei nº 8.112/1990, c/c artigo 9º, inciso VII, da Lei 8.429/1992. Paralelamente, foi deflagrada uma ação de improbidade administrativa.

O estudo do caso hipotético acima não exigiu uma análise contábil mais aprofundada, uma vez que o único indício de enriquecimento ilícito foi a aquisição do imóvel em valor incompatível com os rendimentos auferidos pelo servidor. Há casos em que essa comprovação depende de um balanço contábil mais complexo.

Noutro giro, dentre as alterações promovidas pela Lei nº 14.230/2021 merece relevo a reforma do capítulo VII que trata de prescrição, notadamente o *caput* do artigo 23 da Lei 8.429/1992 que assim dispõe: "*Art. 23. A ação para a aplicação das sanções previstas **nesta Lei** prescreve em **8 (oito) anos**, contados a partir da ocorrência do fato ou, no caso de infrações permanentes, do dia em que cessou a permanência*".

Ressalte-se que o legislador fez questão de dispor que o prazo prescricional de 8 (oito) anos refere-se às sanções previstas na Lei nº 8.429/1992, ou seja, aquelas previstas no seu artigo 12, incisos I, II e III:

> I – na hipótese do art. 9º desta Lei, perda dos bens ou valores acrescidos ilicitamente ao patrimônio, perda da função pública, suspensão dos direitos políticos até 14 (catorze) anos, pagamento de multa civil equivalente ao valor do acréscimo patrimonial e proibição de contratar com o poder público ou de receber benefícios ou incentivos fiscais ou creditícios, direta ou indiretamente, ainda que por intermédio de pessoa jurídica da qual seja sócio majoritário, pelo prazo não superior a 14 (catorze) anos; <u>(Redação dada pela Lei nº 14.230, de 2021)</u>

> II – na hipótese do art. 10 desta Lei, perda dos bens ou valores acrescidos ilicitamente ao patrimônio, se concorrer esta circunstância, perda da função pública, suspensão dos direitos políticos até 12 (doze) anos, pagamento de multa civil equivalente ao valor do dano e proibição de contratar com o poder público ou de receber benefícios ou incentivos fiscais ou creditícios, direta ou indiretamente, ainda que por intermédio de pessoa jurídica da qual seja sócio majoritário, pelo prazo não superior a 12 (doze) anos; <u>(Redação dada pela Lei nº 14.230, de 2021)</u>

> III – na hipótese do art. 11 desta Lei, pagamento de multa civil de até 24 (vinte e quatro) vezes o valor da remuneração percebida pelo agente e proibição de contratar com o poder público ou de receber benefícios ou incentivos fiscais ou creditícios, direta ou indiretamente, ainda que por intermédio de pessoa jurídica da qual seja sócio majoritário, pelo prazo não superior a 4 (quatro) anos.

A nova redação da LIA ao tratar no artigo 23 § 1º de causas de suspensão do curso do prazo prescricional menciona a "***instauração de inquérito civil ou de processo administrativo***", no entanto, não se pode deduzir que o legislador tenha se referido ao processo administrativo disciplinar, até porque no mesmo parágrafo encontramos a seguinte expressão: "***para apuração dos ilícitos referidos nesta Lei***".

Ou seja, o que apuramos no PAD é a transgressão disciplinar correlata ao ato de improbidade administrativa, configurando falta disciplinar sujeita a pena de demissão. Assim sendo, deve-se observar o prazo prescricional previsto no respectivo regulamento disciplinar ao qual o servidor investigado está subordinado.

7.2 PRESCRIÇÃO NO ÂMBITO DA AÇÃO DE IMPROBIDADE ADMINISTRATIVA

Sobre os prazos prescricionais previstos na Nova Lei de Improbidade Administrativa, deve ser ressaltado que as mudanças promovidas no capítulo que trata de prescrição não deixaram qualquer vestígio da essência anterior[58]. A modificação foi integral, tanto no termo inicial quanto no prazo prescricional em si, com criação, inclusive, de termos de suspensão e interrupção de prescrição.

Antes da reforma promovida pela Lei nº 14.230/2021, a LIA previa três fórmulas diferentes de contagem (datas): (i) do término do mandato, cargo em comissão ou função de confiança; (ii) de leis especiais quando de atos puníveis com demissão a bem do serviço público; (iii)

---

58   Texto anterior: Art. 23. As ações destinadas a levar a efeitos as sanções previstas nesta lei podem ser propostas: I – até cinco anos após o término do exercício de mandato, de cargo em comissão ou de função de confiança; II – dentro do prazo prescricional previsto em lei específica para faltas disciplinares puníveis com demissão a bem do serviço público, nos casos de exercício de cargo efetivo ou emprego. III – até cinco anos da data da apresentação à administração pública da prestação de contas final pelas entidades referidas no parágrafo único do art. 1º desta Lei (incluído pela Lei nº 13.019, de 2014).

da apresentação de contas ao órgão competente — artigo 23, I a III, Lei 8.429/92 antes da reforma.

Atualmente, a Lei nº 8.429/1992 dispõe que a prescrição **conta-se a partir da ocorrência do fato ou do dia em que cessou a permanência**, na hipótese das infrações permanentes (artigo 23, *caput*, da Lei 8.429/92, com redação dada pela Lei 14.230/21). Além disso, os prazos que, em regra, eram de cinco anos, passaram a ser de oito anos.

Outra inovação foi a incorporação da prescrição intercorrente nas ações de improbidade administrativa — que ocorre após o início do processo, quando superados prazos para o acontecimento de certos eventos processuais, como se depreende do § 5º do artigo 23, de onde se extrai que *prescreverá em quatro anos* as sanções possíveis por atos de improbidade — metade do prazo de oito anos do *caput* —, se não ocorrida algumas das hipóteses de interrupção do § 4º, do artigo 23, quais sejam:

> § 4º O prazo da prescrição referido no *caput* deste artigo interrompe-se:
>
> I. Pelo ajuizamento da ação de improbidade administrativa;
>
> II. Pela publicação da sentença condenatória;
>
> III. Pela publicação de decisão ou acórdão de Tribunal de Justiça ou Tribunal Regional Federal que confirma sentença condenatória ou que reforma sentença de improcedência;
>
> IV. Pela publicação de decisão ou acórdão do Superior Tribunal de Justiça que confirma acórdão condenatório ou que reforma acórdão de improcedência;
>
> V. Pela publicação de decisão ou acórdão do Supremo Tribunal Federal que confirma acórdão condenatório ou que reforma acórdão de improcedência.

O inciso I dispõe sobre a primeira causa de interrupção do curso do prazo prescricional, dando início à prescrição intercorrente de 4 anos. Esse prazo será interrompido, em momento posterior, pelas hipóteses dos incisos II, III, IV e V, supramencionadas.

Ademais, o § 8º do artigo 23 da Lei nº 8.429/1992 dispõe que *"o juiz ou o tribunal, depois de ouvido o Ministério Público, deverá, de ofício ou a requerimento da parte interessada, reconhecer a prescrição intercorrente da pretensão sancionadora e decretá-la de imediato, caso, entre os marcos interruptivos referidos no § 4º, transcorra o prazo previsto no § 5º deste artigo".*

Homenageando a clareza e objetividade, apresenta-se abaixo a seguinte representação gráfica, relativamente à prescrição prevista no artigo 23, da Lei nº 8.429/1992:

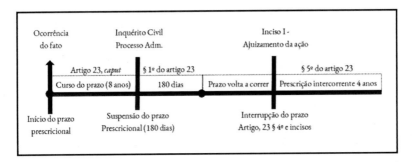

Por fim, entende-se que tais inovações trazidas pela Lei nº 14.230/2021 melhor se coadunam ao princípio da duração razoável do processo, evitando que uma ação de improbidade venha a se protrair por longos anos, injustificadamente.

8 CONCLUSÃO

Inicialmente, cabe neste momento conclusivo pontuar que a segunda edição do presente manual tem o seu prefácio subscrito pelo Dr. Paulo Enrique Mainier, um expert em matéria de investigação patrimonial, o que legitima e honra sobremaneira o esforço dos autores.

O Dr. Paulo Enrique Mainier, atualmente, é Procurador-Chefe da Procuradoria de Petróleo, Gás Natural e Outros Recursos Naturais na Procuradoria Geral do Estado do Rio de Janeiro. Versado como poucos no tema-objeto do presente compêndio, o Dr. Paulo Enrique atuou como Corregedor da Secretaria de Estado de Fazenda do Estado do Rio de Janeiro, de 2017 a 2020.

Dito isso, e longe da pretensão de esgotar o tema "sindicância patrimonial", foram aqui apresentados, de forma abrangente, todos os aspectos relevantes a essa importante ferramenta utilizada pela Administração Pública no combate à corrupção.

Nesse sentido, buscou-se, ao longo da presente obra, discorrer sobre o arcabouço jurídico que dá suporte legal à sindicância patrimonial, apresentando pertinentes entendimentos doutrinários e jurisprudenciais de maneira pragmática e instrumental, notadamente as alterações promovidas pela Lei nº 14.230/2021 na Lei de Improbidade Administrativa (Lei nº 8.429/1992).

E mais. Demonstrou-se que a investigação patrimonial como um todo – *lato sensu* – possui diversas especificidades, principalmente em relação à instauração, instrução e conclusão da sindicância patrimonial – investigação patrimonial *stricto sensu* –, a qual requer conhecimentos específicos e técnicos por parte dos membros de sua comissão.

Em assim sendo, cabe sublinhar que, no contexto abordado nas linhas acima, tencionou-se valorizar o caráter prático e metodológico utilizado nas formas de análise dos dados contábeis e fiscais, que já se provaram eficazes nas investigações de atos ímprobos, na modalidade enriquecimento ilícito, conforme assentado em teoria e corroborado pela experiência dos autores.

A fim de contribuir com o intuito instrumental a que se pretendeu na concepção deste compêndio, buscou-se ilustrar os temas abordados com um estudo de caso, além da inserção no apêndice, para efeitos didáticos, de diversos modelos utilizados na instrução da sindicância patrimonial, em um rol exemplificativo, a partir de um "servidor fictício" nominado MÉVIO DE TAL.

Cabe também asseverar, em sede conclusiva, que apesar do avanço no combate à corrupção no Brasil, por meio de disposições normativas que buscam viabilizar o agir do Estado brasileiro frente ao funesto flagelo causado pela ação ímproba de agentes públicos, muito ainda precisa ser feito para que a sindicância patrimonial se consagre como uma efetiva arma de investigação patrimonial.

No entanto, o contexto histórico apresentado neste manual nos revela que o Brasil caminha a passos lentos no combate à improbidade administrativa, nomeadamente na investigação do enriquecimento ilícito presumido por parte dos agentes públicos. Alvitra-se, pois, que as lacunas da legislação brasileira sejam preenchidas e a sindicância patrimonial passe a ser expressamente normatizada por Lei Federal, uniformizando a sua aplicação por todos os entes da Federação.

Finalmente, espera-se que esta obra tenha cumprido o seu objetivo de difundir conhecimentos e incentivar a utilização da sindicância patrimonial por todos os setores da Administração Pública, como uma firme arma "no *combate à corrupção e ao seu ominoso consectário, a saber: o enriquecimento ilícito dos agentes públicos*", conforme brilhantemente prefaciou e asseverou o Delegado Jayme Berbat Filho, na primeira edição, e o Dr. Paulo Enrique Mainier nesta versão.

9 REFERÊNCIAS

ALVES, Léo da Silva. Questões Relevantes da Sindicância e do Processo Disciplinar. Brasília Jurídica, 1999.

AMORA, Joni Barbosa. Corregedoria Geral Unificada e Sistema Disciplinar da Segurança Pública do Estado do Rio de Janeiro. Rio de Janeiro: *Lumen Juris*, 2018.

BORGES, Arthur Diniz. O Estatuto dos Policiais Civis do Rio de Janeiro Comentado. Rio de Janeiro: *Lumen Juris*, 2014.

BARRETO, Alessandro Gonçalves; WEND, Emerson; CASELI, Guilherme. Investigação Digital em Fontes Abertas. Brasport. Rio de Janeiro, 2017.

BRASIL. Código de Conduta da Administração Federal. Disponível em: http://www.planalto.gov.br/ccivil_03/codigos/codi_conduta/cod_conduta.htm.

BRASIL. Código Tributário Nacional. Disponível em: https://www.planalto.gov.br/ccivil_03/LEIS/L5172Compilado.htm.

BRASIL. Constituição da República Federativa do Brasil. Disponível em: http://www.planalto.gov.br/ccivil_03/Constituiçao.htm.

BRASIL. Decreto nº 5.483, de 30 de junho de 2003. Disponível em: http://www.planalto.gov.br/ccivil_03/_Ato2004-2006/2005/Decreto/D5483.htm.

BRASIL. Decreto nº 10.571, de 9 de dezembro de 2020. Disponível em: https://www.planalto.gov.br/ccivil_03/_Ato2019-2022/2020/Decreto/D10571.htm.

BRASIL. Guia de Boas Práticas voltado para as Unidades de Corregedoria do Sistema Único de Segurança Pública-SUSP (2020). Acessível em: https://www.gov.br/mj/pt-br/

canais_atendimento/coger/arquivos/guia_de_boas_prati-
cas_____corregedorias_do_susp.pdf.

BRASIL. Lei nº 8.112, de 11 de dezembro de 1990. Disponível
em: https://www.planalto.gov.br/ccivil_03/LEIS/L8112cons.
htm.

BRASIL. Lei nº 8.429, de 2 de junho de 1992, Lei de
Improbidade Administrativa. Disponível em: https://www.
planalto.gov.br/ccivil_03/Leis/L8429.htm.

BRASIL. Lei nº 8.730, de 10 de novembro de 1993. Disponível
em: https://www.planalto.gov.br/ccivil_03/Leis/L8730.htm.

BRASIL. Lei nº 13.974, de 7 de janeiro de 2020.
Disponível em: https://www.in.gov.br/web/dou/-/
lei-n-13.974-de-7-de-janeiro-de-2020-236986816.

BRASIL. Lei 14.230, de 25 de outubro de 2021. Disponível em:
https://www.planalto.gov.br/ccivil_03/_Ato2019-2022/2021/
Lei/L14230.htm.

BRASIL. Manual de Processo Administrativo Disciplinar –
Controladoria Geral da União – Corregedoria Geral da União,
edição 2019. Disponível em https://repositorio.cgu.gov.br/
bitstream/1/42052/13/Manual_PAD.pdf.

CARVALHO, Antonio Carlos Alencar. Manual de processo administrativo disciplinar e sindicância: à luz da jurisprudência
dos Tribunais e da casuística da Administração Pública. 4. ed.
rev. atual. e aum. Belo Horizonte: Fórum, 2014.

CARVALHO, Matheus. Manual de direito administrativo. 10 ed.
rev. ampl. e atual. São Paulo: JusPODIVM, 2022.

COSTA, José Armando da. Contorno Jurídico da Improbidade
Administrativa, Brasília: Brasília Jurídica, 2002.

COUTO, Reinaldo. Curso prático de processo administrativo
disciplinar e sindicância – 2 ed. São Paulo: Atlas, 2014.

CRETELLA Júnior, José. Prática do processo administrativo. 7
ed. rev. e atual – São Paulo: Editora Revista dos Tribunais.

REFERÊNCIAS

CRETELLA, José Júnior. Tratado de direito administrativo. São Paulo: Forense, v. 6.

GARCIA, Emerson, Pacheco Rogério. Improbidade Administrativa. 6. ed. *Lumen Juris.*

FAZZIO JR., Waldo. Improbidade administrativa e crimes de prefeitos. 2 ed. São Paulo: Atlas. 2001.

JUSTEN FILHO, Marçal. Reforma da lei de improbidade administrativa comentada e comparada: Lei 14.230, de 25 de outubro de 2021. Marçal Justen Filho. 1 ed. Rio de Janeiro: Forense. 2022.

LESSA, Sebastião José. Improbidade Administrativa. Brasília: Editora Fórum, 2011.

LESSA, Sebastião José. Do processo administrativo disciplinar e da sindicância: doutrina, jurisprudência e prática. Belo Horizonte: Fórum, 2000.

MEIRELLES, Hely Lopes et al. Direito Administrativo Brasileiro, 37 ed., São Paulo, Malheiros, 2011.

MONTEZ, Marcus Vinícius Lopes. Estatuto e Regulamento da Polícia Civil do Estado do Rio de Janeiro. Rio de Janeiro: ed. JusPODIVM, 2014.

PAZZAGLINI Filho, Marino. Lei de improbidade administrativa comentada: aspectos constitucionais, administrativos, civis, criminais, processuais e de responsabilidade fiscal; legislação e jurisprudência atualizada. São Paulo: Atlas, 2015.

RIO DE JANEIRO. Decreto nº 46.364, 17 de julho de 2018 (SISPATRI). Disponível em: http://www.fazenda.rj.gov.br/sefaz/content/conn/UCMServer/uuid/dDocName%3AWCC331140.

RIO DE JANEIRO. Sindicância Patrimonial. Poder Executivo. Polícia Civil, Polícia Militar e Corpo de Bombeiros Militar. Decreto nº 43.483, de 27 de fevereiro de 2012.

RIO DE JANEIRO. Sindicância Patrimonial. Poder Executivo. Estado do Rio de Janeiro. Decreto nº 42.553, de 15 de julho de 2010. Disponível: http://www.fazenda.rj.gov.br/sefaz/content/conn/UCMServer/uuid/dDocName%3AWCC213853.

SÃO PAULO. Sindicância Patrimonial. Município de São Paulo. Decreto Municipal nº 54.838, de 13 de fevereiro de 2012. Disponível em: https://legislacao.prefeitura.sp.gov.br/leis/decreto-54838-de-13-de-fevereiro-de-2014.

SÃO PAULO. Manual de Processos e Procedimentos. Programa de Integridade e Boas Práticas. Corregedoria Geral do Município de São Paulo. Disponível em: https://www.prefeitura.sp.gov.br/cidade/secretarias/upload/controladoria_geral/Processos%20e%20Procedimentos%20CORR_1708.pdf.

SCHREIBER, Anderson, Paulo Enrique Mainier. Controle de legalidade da administração pública: diálogos institucionais. Indaiatuba: Editora Foco, 2022.

APÊNDICE 1:
ESTUDO DE CASO HIPOTÉTICO

Na análise do presente caso hipotético, propõe-se a realização da análise técnica financeira a partir dos documentos carreados aos autos de sindicância patrimonial, submetida ao analista pela comissão, até a sugestão de instauração de processo administrativo disciplinar.

Os dados utilizados neste estudo não guardam relação com nenhum caso concreto.

DESCRIÇÃO DO CASO HIPOTÉTICO

Em 14 de dezembro de 2021, por ocasião de uma inspeção de rotina realizada em determinado órgão público, o servidor MÉVIO DE TAL foi visto conduzindo um **veículo da marca Toyota Hilux, ano de 2018**, considerado de elevado valor. Também causou estranheza, aos agentes que faziam a inspeção, o fato de o servidor MÉVIO ostentar um **cordão de ouro,** cuja espessura despertou atenção. MÉVIO disse ser proprietário do veículo, com valor aproximado de **R$ 146.000,00** (cento e quarenta e seis mil reais) e que de fato aquele cordão que estava usando era de ouro, com aproximadamente 50 gramas de ouro 18 quilates, no valor aproximado de **R$ 60.000,00** (sessenta mil reais). Indagado sobre seus ganhos líquidos mensais, MÉVIO disse que o valor líquido do seu último salário foi de **R$ 6.800,00**, aproximadamente, e que não possui nenhuma outra fonte de renda.

Tal fato foi consignado no relatório de inspeção, tendo sido remetida cópia para o órgão competente, sugerindo a **verificação preliminar** das declarações de bens e valores do servidor MÉVIO, relativamente aos anos de 2017, 2018, 2019, 2020 e 2021 (últimos cinco anos).

A sugestão foi aceita e o órgão responsável realizou uma **análise prévia** das declarações de bens e valores do servidor MÉVIO DE TAL, tendo coletado, a princípio, as seguintes informações:

Mévio de Tal possui, como única fonte de renda declarada, os rendimentos de Pessoa Jurídica referentes ao órgão público a que está vinculado, conforme demonstrativo abaixo:

RENDIMENTOS	ANO CALENDÁRIO				
	2017	2018	2019	2020	2021
Rendimentos recebidos da pessoa jurídica XPTO (fonte de pagamento 1)	46.394,40	64.941,53	65.555,06	75.523,35	97.024,22
Imposto de renda retido na fonte	2.776,89	7.426,60	7.595,30	10.336,60	16.249,34
13º Salário	3.221,28	4.995,50	5.042,74	5.809,49	7.463,40
Contribuição previdência oficial	4.970,71	6.171,82	6.650,07	6.957,27	13.562,23

A análise prévia das declarações de imposto de renda do servidor Mévio de Tal revelaram a seguinte posição em bens e direitos:

Declarações de bens:

2017:

- Casa 00 da Rua Luiz Beltrão, bairro Vila Valqueire, no Rio de Janeiro. Situação: 31/12/2010 = 280.000,00 / 31/12/2017 = 280.000,00

2018:

- Casa 00 da Rua Luiz Beltrão, bairro Vila Valqueire, no Rio de Janeiro – 31/12/2017 = 280.000,00 / 31/12/2018 = 280.000,00

- Veículo Toyota HYLUX, ano 2018, placa QQQ-0000, adquirido à vista em 20 de janeiro de 2018. Situação: 31/12/2017 = 0,00 / 31/12/2018 = 146.000,00

2019:

- Casa 00 da Rua Luiz Beltrão, bairro Vila Valqueire, no Rio de Janeiro – 31/12/2018 = 280.000,00 / 31/12/2019 = 280.000,00
- Veículo Toyota HYLUX, ano 2018, placa QQQ-0000, adquirido à vista em 20 de janeiro de 2018. Situação: 31/12/2018 = 146,000,00 / 31/12/2019 = 146.000,00
- Moto aquática do tipo Jet Ski, modelo Sea Doo Wake 230, motor 4 tempos, ano 2019, adquirido em 1 de agosto de 2019, valor de 98.000,00 à vista. Situação: 31/12/2018 = 0,00 / 31/12/2019 = 98.000,00

2020:

- Casa 00 da Rua Luiz Beltrão, bairro Vila Valqueire, no Rio de Janeiro – 31/12/2019 = 280.000,00 / 31/12/2020 = 280.000,00
- Veículo Toyota HYLUX, ano 2018, placa QQQ-0000, adquirido à vista em 20 de janeiro de 2018. Situação: 31/12/2019 = 146.000,00 / 31/12/2020 = 146.000,00
- Moto aquática do tipo Jet Ski, modelo Sea Doo Wake 230, motor 4 tempos, ano 2019, adquirido em 1 de agosto de 2019, valor de 98.000,00 à vista. Situação: 31/12/2019 = 98.000,00 / 31/12/2020 = 98.000,00

2021:

- Casa 00 da Rua Luiz Beltrão, bairro Vila Valqueire, no Rio de Janeiro – 31/12/2020 = 280.000,00 / 31/12/2021 = 280.000,00

- Veículo Toyota HYLUX, ano 2018, placa QQQ-0000, adquirido à vista em 20 de janeiro de 2018. Situação: 31/12/2020 = 146.000,00 / 31/12/2021 = 146.000,00

- Moto aquática do tipo Jet Ski, modelo Sea Doo Wake 230, motor 4 tempos, ano 2019, adquirido em 1 de agosto de 2019, valor de 98.000,00 à vista. Situação: 31/12/2020 = 98,000,00 / 31/12/2021 = 98.000,00

Com base na simples análise preliminar das aludidas declarações de imposto de renda do servidor Mévio de Tal, restou verificado sinais de **evolução patrimonial incompatível**, notadamente nos anos de **2019 e 2020**, em razão da aquisição dos seguintes bens:

- Veículo Toyota HYLUX, ano 2018, placa QQQ-0000, adquirido à vista em 20 de janeiro de 2018. Situação: 31/12/2020 = 146.000,00 / 31/12/2021 = 146.000,00

- Moto aquática do tipo Jet Ski, modelo Sea Doo Wake 230, motor 4 tempos, ano 2019, adquirido em 1 de agosto de 2019, valor de 98.000,00 à vista. Situação: 31/12/2020 = 98,000,00 / 31/12/2021 = 98.000,00

- Além disso, o servidor não declarou a aquisição/compra do cordão de ouro que segundo ele próprio teria o valor de R$ 60.000,00 (sessenta mil reais)

Com base nessas constatações preliminares, foi sugerida pelo órgão competente a instauração de **sindicância patrimonial** para melhor apuração dos fatos, notadamente pela necessidade de realizar um rastreio patrimonial e, consequente, submeter à apreciação de um analista com expertise contábil, para a devida análise do fluxo de caixa do servidor.

A sugestão foi aceita pela autoridade competente, que determinou a instauração da sindicância patrimonial, por meio da **portaria 001/2022**, tendo sido designados três servidores para a condução da apuração.

PORTARIA DA SINDICÂNCIA PATRIMONIAL 001/2022

O (*inserir o nome e cargo da autoridade instauradora*), no uso das atribuições previstas no (*indicar dispositivo de norma que estabelece a competência para instaurar a sindicância patrimonial*), com fulcro nos artigos 11 e 14 do Decreto Federal nº 10.571, de 9 de dezembro de 2020, e:

CONSIDERANDO que a investigação patrimonial preliminar instaurada em face do servidor MÉVIO DE TAL, relativamente aos anos de 2017, 2018, 2019, 2020 e 2021, indicou a existência de sinais exteriores de riqueza e evolução patrimonial incompatível, mormente nos anos de 2019 e 2020;

CONSIDERANDO que a aludida investigação patrimonial detectou aquisição não justificada dos bens abaixo descritos:

- Veículo Toyota HYLUX, ano 2018, placa QQQ-0000, adquirido à vista em 20 de janeiro de 2018. Situação: 31/12/2018 = 146.000,00 / 31/12/2021 = 146.000,00

- Moto aquática do tipo Jet Ski, modelo Sea Doo Wake 230, motor 4 tempos, ano 2019, adquirido em 1 de agosto de 2019, valor de 98.000,00 à vista. Situação: 31/12/2019 = 98,000,00 / 31/12/2021 = 98.000,00

- Além disso, o servidor não declarou a aquisição/compra do cordão de ouro que segundo ele próprio teria o valor de R$ 60.000,00 (sessenta mil reais)

CONSIDERANDO que é imperiosa a instauração da presente sindicância patrimonial, para melhor apuração dos fatos e realização de um rastreio patrimonial;

CONSIDERANDO o dever de probidade administrativa inerente à condição de servidor público e de efetivo cumprimento das obrigações criadas pelas Leis Federais nº 8.429, de 2 de junho de 1992, e nº 8.730, de 10 de novembro de 1993;

CONSIDERANDO, por fim, os princípios da moralidade administrativa e eficiência, previstos no art. 37, *caput,* da Constituição da República, bem como o dever jurídico da Administração Pública de diligenciar no sentido da imediata apuração de qualquer irregularidade verificada no serviço público.

R E S O L V E:

INSTAURAR sindicância patrimonial em face do servidor **MÉVIO DE TAL** (*inserir cargo, matrícula e lotação*), com base no que restou apurado na investigação preliminar (*nº processo*), objetivando apurar indícios de enriquecimento ilícito, inclusive evolução patrimonial incompatível com os recursos e disponibilidades do aludido servidor, no prazo de **30 (trinta) dias**, prorrogável pela autoridade competente.

DESIGNAR para compor a comissão de sindicância patrimonial os seguintes servidores:

Presidente: (*indicar o nome do servidor designado presidente da comissão*);

Membro: (*indicar o nome, cargo e matrícula do servidor designado para compor a comissão*);

Membro: (*indicar o nome, cargo e matrícula do servidor designado para compor a comissão*).

DELEGAR ao Presidente da comissão de sindicância patrimonial a competência para solicitar informações a outros órgãos públicos, devendo ser observado o disposto no(a) (*mencionar a norma interna que regulamenta a sindicância patrimonial: instrução normativa/resolução ou portaria*).

Assinatura da autoridade competente para instauração

PORTARIA DE DESIGNAÇÃO DE SECRETÁRIO DA COMISSÃO

O Presidente da Comissão de Sindicância Patrimonial, instaurada pela Portaria nº 001/2022 (*inserir número da portaria e data da instauração*), do Exmo. Sr. (*nome, cargo e lotação da autoridade instauradora*) **resolve**:

Designar o servidor (inserir nome, cargo, matrícula e lotação do servidor designado para atuar como secretário, para desempenhar as funções de secretário da referida Comissão de Sindicância Patrimonial, enquanto durarem os trabalhos de apuração.

Cumpra-se.

Assinatura da Autoridade

ATA DE DELIBERAÇÃO INAUGURAL

Aos (*indicar dia, mês e ano*), reuniram-se os membros da Comissão de Sindicância Patrimonial instaurada pela Portaria nº 001/2022, com a finalidade de promover a investigação acerca de possível evolução patrimonial incompatível ou enriquecimento ilícito por parte do servidor **MÉVIO DE TAL** (*cargo, matrícula e lotação*), com base no que dispõem as normas vigentes (*mencionar Lei nº 8.429/92; Lei nº 8.730/93 e Decreto Federal nº 10.571/2020*).

Iniciados os trabalhos, foram deliberadas as seguintes providências:

1. Expedir ofício ao órgão de pessoal competente (*indicar o órgão detentor da guarda das declarações de bens e valores do servidor*), solicitando o envio das declarações de bens e renda do servidor **MÉVIO DE TAL** (*cargo, matrícula e lotação*), relativamente aos anos de (*mencionar os anos que serão analisados*);

2. Requerer ao órgão de recursos humanos/gestão de pessoal a cópia dos assentamentos funcionais do servidor **MÉVIO DE TAL** (*indicar matrícula ou ID funcional*);

3. Expedir ofícios aos Cartórios Distribuidores e de Registro Geral de Imóveis, visando buscar as seguintes informações:

   3.1 Existência de Títulos e Documentos em nome do servidor sindicado **MÉVIO DE TAL**;

   3.2 Anotações no Registro Geral de Imóveis, acerca de escrituras ou procurações para terceiros, com a finalidade de buscar possíveis bens imóveis que se encontrem em nome do servidor sindicado **MÉVIO DE TAL**;

4. Solicitar ao Cartório de Registro Civil de Pessoas Jurídicas informações acerca da existência de sociedade(s) simples, associações ou fundações, nas quais figure em atos constitutivos o servidor sindicado **MÉVIO DE TAL**;

5. Solicitar informações ao Departamento de Trânsito (DETRAN), sobre a existência de veículos automotores em nome do servidor sindicado **MÉVIO DE TAL**;

6. Expedir ofício à Junta Comercial do Estado, solicitando informações sobre a existência de sociedades empresárias em que o servidor **MÉVIO DE TAL** figure como sócio;

7. Solicitar informações à Capitania dos Portos da Marinha do Brasil, acerca de inscrição de embarcação, compra/venda para terceiros ou qualquer documento relativo a esse tipo de bens que se encontrem em nome do servidor **MÉVIO DE TAL**;

8. Expedir ofício à Polícia Federal, destinado à DELEMIG, solicitando informações sobre viagens ao exterior realizadas pelo servidor sindicado **MÉVIO DE TAL**;

9. Expedir ofícios às concessionárias de serviço público de ENERGIA, ÁGUA e GÁS, objetivando carrear aos autos endereços de imóveis para os quais o servidor **MÉVIO DE TAL** tenha solicitado serviços e cadastrados em seu nome;

10. Solicitar ao Setor de Inteligência do órgão que realize pesquisas nos bancos de dados, informando acerca da existência de inquéritos, processos, denúncias ou outros informes de inteligência relativos ao servidor sindicado **MÉVIO DE TAL** (*O RELINT – relatório de inteligência não poderá ser inserido nos autos. As informações devem ser extraídas por meio de Extrato de RELINT*);

11. Submeter a presente a(ao) Excelentíssima(o) autoridade (*indicar nome, cargo e matrícula da autoridade que instaurou a sindicância patrimonial*), alvitrando pela remessa de ofício à Superintendência Regional da Receita Federal com a solicitação do Dossiê Integrado, consistente com as informações constantes das seguintes bases de dados: Declaração de Informações sobre Movimentações Financeiras (DIMOF); Declaração de Operações com Cartões de Crédito (DE-CRED); Declaração de Informações sobre Atividades Imobiliárias (DIMOB); Declaração de Imposto sobre a Renda da Pessoa Física (DIRPF); Declaração sobre Operações Imobiliárias (DOI), no período de (*mencionar os anos que serão apurados*). "***Observação: esse ofício deve ser assinado pela Autoridade que instaurou a sindicância, devendo ser encaminhada cópia da portaria***".

Nada mais havendo a consignar, foi encerrada a reunião e, para constar, foi lavrada a presente ata, que segue assinada pelos membros da Comissão.

Assinatura dos membros da comissão

INSTRUÇÃO DA SINDICÂNCIA PATRIMONIAL

Após a devida instauração da sindicância patrimonial, foram adotadas as seguintes diligências:

- Busca de informações sobre a existência de sociedades empresárias e simples, associações ou fundações, nas quais o investigado e/ou seus dependentes figurem em atos constitutivos ou alterações, perante a Junta Comercial do Estado do Rio de Janeiro.

- Busca de informações de propriedade de veículos automotores em nome do investigado MÉVIO, junto ao DETRAN/RJ.

- Busca de informações sobre atos e negócios jurídicos imobiliários praticados pelo investigado MÉVIO, junto aos cartórios distribuidores do município do Rio de Janeiro.

- Busca de informações sobre Títulos e Documentos em nome do investigado e seus dependentes nos Cartórios de Títulos e Documentos, do município do Rio de Janeiro.

- Busca de informações sobre a existência de veículos aquáticos (embarcações e outros) em nome do investigado, junto à Capitania dos Portos.

- Busca de informações sobre viagens ao exterior realizadas pelo investigado, junto à Delegacia de Imigração da Polícia Federal.

- Busca de informações cadastrais do investigado junto às concessionárias de serviços públicos. (água, energia e gás).

- Solicitação do Dossiê Integrado junto à Secretaria da Receita Federal (DIMOF, DECRED, DIMOB, DIRPF, DOI).

Após o exaurimento de todas as diligências e pesquisas, a comissão de sindicância patrimonial passou a analisar os dados que foram coletados.

1º. A Junta Comercial do Estado do Rio de Janeiro informou que o servidor Mévio de Tal não figura em qualquer sociedade empresária, associações ou fundações;

2º. O <u>Departamento Estadual de Trânsito do Estado do Rio de Janeiro</u> informou a existência de dois veículos em nome do servidor Mévio de Tal: a) Veículo Toyota HYLUX, ano 2018, placa QQQ-0000; b) Veículo Mercedes Benz, C200, modelo Avantgarde, ano 2016, placa XXX-0000, transferido para Mévio em agosto de 2017 (este último não consta das declarações de imposto de renda);

3º. O <u>5º Ofício do Registro de Distribuição do Rio de Janeiro</u> informou acerca existência da seguinte anotação: No 11º Ofício de Notas, a existência da escritura de promessa de cessão de direitos aquisitivos do imóvel, localizado na Avenida Sernambetiba, nº 100.000, com quitação da unidade 404 (apartamento) que Tício de Tal fez para Mévio de Tal, em 5 de março de 2017. Não foi informado nenhum registro de Busca de Títulos e Documentos em nome do investigado e seus dependentes nos Cartórios de Títulos e Documentos, do município do Rio de Janeiro;

4º. O <u>Registro de Imóveis do 9º Ofício</u> informou acerca da seguinte transação imobiliária: **Imóvel**: Casa 00, da Rua Luiz Beltrão, bairro Vila Valqueire, no Rio de Janeiro. proprietário: Mévio de Tal, CPF: 000.000.000-00, em 19 de maio de 2017;

5º. A Capitania dos Portos informou o registro da embarcação do tipo Moto aquática do tipo Jet Ski, modelo Sea Doo Wake 230, motor 4 tempos, ano 2019, adquirido em 1 de agosto de 2019, valor de 98.000,00;

6º. A <u>Delegacia de Imigração da Polícia Federal</u> informou os seguintes movimentos e saída do país, relativamente ao servidor processado:

Em 2018:

- 01/05/2018 – Saída – Aeroporto Antônio Carlos Jobim Rio de Janeiro/DEAIN/SR/PF/RJ – servidor Mévio de Tal – Destino Aeroporto Internacional de Orlando – EUA.

- 25/05/2018 – Entrada – Aeroporto Antônio Carlos Jobim Rio de Janeiro/DEAIN/SR/PR/RJ – servidor Mévio de Tal – Origem: Aeroporto Internacional de Orlando – EUA.

Em 2019:

- 01/04/2019 – Saída – Aeroporto Antônio Carlos Jobim Rio de Janeiro/DEAIN/SR/PF/RJ – servidor Mévio de Tal – Destino Aeroporto Internacional de Buenos Aires/Argentina.
- 25/04/2019 – Entrada – Aeroporto Antônio Carlos Jobim Rio de Janeiro/DEAIN/SR/PR/RJ – servidor Mévio de Tal – Origem: Aeroporto Internacional de Buenos Aires/Argentina.

7º. Das pesquisas realizadas junto às Companhias de Energia, Água e Gás retornaram informações acerca dos seguintes cadastros:

- **A Companhia de Gás** informou acerca da existência dos seguintes cadastros: a) Casa 00 da Rua Luiz Beltrão, bairro Vila Valqueire, no Rio de Janeiro; b) Avenida Sernambetiba, nº 100.000, apartamento 404.
- **A Companhia de Energia** informou acerca da existência dos seguintes cadastros: a) Casa 00 da Rua Luiz Beltrão, bairro Vila Valqueire, no Rio de Janeiro; b) Avenida Sernambetiba, nº 100.000, apartamento 404.
- **A Companhia de Água** informou acerca da existência dos seguintes cadastros: a) Casa 00 da Rua Luiz Beltrão, bairro Vila Valqueire, no Rio de Janeiro; b) Avenida Sernambetiba, nº 100.000, apartamento 404.

8º. A Superintendência da Receita Federal do Rio Janeiro enviou o Dossiê Integrado (DIMOF, DECRED, DIMOB, DIRPF, DOI) do servidor Mévio de Tal, que foi anexado aos autos.

Comentário: a comissão de sindicância patrimonial instituída pela Portaria nº 001/2022, após colher todas as informações necessárias à instrução da investigação, remeteu os autos para a realização da análise técnica financeira e contábil, relativamente ao servidor MÉVIO DE TAL, inscrito no Cadastro de Pessoa Física sob o número CPF: 000.000.000-00, servidor público vinculado ao Poder Executivo da União, subordinado ao Decreto nº 10.571, de 2020. Para tanto, elaborou a seguinte requisição:

SOLICITAÇÃO DE ANÁLISE TÉCNICA FINANCEIRA – ENCAMINHAMENTO DOS AUTOS

Aos trinta dias do mês de março do ano de dois mil e vinte e dois, reuniu-se a comissão de sindicância patrimonial, com o objetivo de bem instruir os autos do procedimento em epígrafe, deliberando pela realização da análise técnica financeira dos documentos e informações carreadas a estes autos, referentes ao período de 2017 a 2021, alusivos ao servidor investigado MÉVIO DE TAL. Para tanto, os membros desta Comissão encaminham os autos integralmente, contendo dois volumes (o segundo volume até à fl.(_____), bem como o anexo I, contendo o Dossiê Integrado fornecido pela Superintendência da Receita Federal, ressaltando o caráter sigiloso dessas informações.

Esta comissão chama a atenção do senhor analista para as seguintes constatações:

O servidor não declarou a aquisição/compra do cordão de ouro que segundo ele próprio teria o valor de R$ 60.000,00 (sessenta mil reais);

O Departamento Estadual de Trânsito informou que o veículo Mercedes Benz, C200, modelo Avantgard, ano 2016, placa XXX-0000 foi transferido para Mévio de Tal em agosto de 2017, entretanto tal aquisição não foi informada pelo servidor nas declarações de imposto de renda;

O 11º Ofício de Notas informou acerca da existência da escritura de promessa de cessão de direitos aquisitivos do imóvel, localizado na Avenida Sernambetiba, nº 100.000, com quitação da unidade 404 (apartamento) que Tício de Tal fez para Mévio de Tal, em 5 de março de 2017. O setor de investigações realizou diligências no local e constatou que o servidor reside no local há cerca de dois anos;

Pela leitura perfunctória da DIMOF, constante do anexo I, destacam-se as seguintes movimentações:

DIMOF
Movimentação mensal por instituição financeira valores expressos em REAIS

2017	Débitos	Créditos
Janeiro	40.028,37	62.000,00
Fevereiro	57.313,47	36.838,75
Março	58.967,16	68.850,00
Abril	121.736,53	123.850,25
Maio	93.544,74	114.350,25
Junho	37.923,48	3.850,25
Julho	4.300,00	5.977,18
Agosto	5.923,00	3.850,25
Setembro	3.898,00	3.850,25
Outubro	123.785,63	63.850,25
Novembro	3.966,06	3.850,25
Dezembro	3.800,00	5.283,10
TOTAL	**555.186,44**	**496.400,78**

2018	Débitos	Créditos
Janeiro	10.699,05	9.257,98
Fevereiro	3.588,40	3.836,05
Março	5.107,54	4.881,30
Abril	4.445,19	4.431,30
Maio	5.015,78	5.028,39
Junho	4.992,13	4.976,30
Julho	4.956,04	7.656,82
Agosto	71.702,00	93.394,00
Setembro	289.742,24	265.124,09
Outubro	4.500,00	4.594,09
Novembro	7.206,87	10.517,88
Dezembro	8.332,88	6.781,38
TOTAL	**420.288,12**	**420.479,58**
2019	Débitos	Créditos
Janeiro	12.008,28	10.186,36
Fevereiro	13.896,18	13.879,18
Março	10.875,87	10.811,20
Abril	10.475,67	10.551,31
Maio	10.625,06	10.551,34
Junho	10.573,25	10.551,34
Julho	8.849,18	16.710,28
Agosto	16.364,15	10.512,62
Setembro	31.108,41	40.512,62
Outubro	21.579,43	10.512,62
Novembro	10.284,87	10.512,62
Dezembro	13.843,08	14.094,50
TOTAL	**170.483,43**	**169.385,99**

2020	Débitos	Créditos
Janeiro	10.719,17	10.512,62
Fevereiro	11.688,51	11.779,44
Março	14.289,95	14.426,42
Abril	212.161,10	212.786,42
Maio	12.280,12	11.786,42
Junho	76.510,50	76.786,42
Julho	15.365,23	18.933,50
Agosto	14.227,04	11.786,42
Setembro	12.784,00	11.786,42
Outubro	11.641,52	11.786,42
Novembro	11.715,34	11.786,42
Dezembro	10.280,73	12.568,68
TOTAL	**413.663,21**	**416.725,60**

2021	Débitos	Créditos
Janeiro	8.381,00	11.718,00
Fevereiro	10.319,00	11.500,00
Março	10.570,00	11.780,00
Abril	11.207,00	11.057,00
Maio	11.858,00	11.264,00
Junho	10.010,00	11.269,00
Julho	10.747,00	11.600,00
Agosto	11.617,00	11.313,00
Setembro	10.610,00	11.350,00
Outubro	10.079,00	11.491,00
Novembro	10.088,00	11.794,00
Dezembro	11.331,00	11.109,00
TOTAL	**126.817,00**	**137.245,00**

RELATÓRIO DE ANÁLISE TÉCNICA FINANCEIRA

I. INTRODUÇÃO

Considerando a atribuição do Departamento (*mencionar o nome do órgã*o) para promover a apuração de enriquecimento ilícito por parte dos servidores da Secretaria (*mencionar a Secretaria ou outro órgão*), à luz do Decreto nº 10.571, de 2020 e da Instrução Normativa nº 14, de 2018;

Considerando o teor da Portaria nº **001/2022**, em que foi delineado o raio de atuação da presente sindicância patrimonial, qual seja, a perscrutação da evolução patrimonial do servidor MÉVIO DE TAL (mencionar cargo, matrícula e lotação);

Considerando que os membros da comissão de sindicância patrimonial foram designados por meio da Portaria nº **001/2022**.

Considerando que o signatário é analista lotado neste órgão (*mencionar o órgão a que o analista está subordinado, podendo o mesmo, inclusive, fazer parte da comissão de sindicância patrimonial*).

Coube ao signatário analisar, em caráter preliminar, a existência de possível incompatibilidade entre renda e receitas auferidas pelo investigado e seu patrimônio e/ou movimentação financeira, independentemente de critérios tributários.

II. DO ESCOPO

A presente análise tem como objetivo verificar a existência de possível incompatibilidade entre renda e receitas auferidas pelo investigado MÉVIO DE TAL e o seu patrimônio e/ou movimentação financeira, independentemente de critérios tributários, relativamente aos anos de 2017, 2018, 2019, 2020 e 2021.

A análise qualitativa e jurídica será realizada pelos demais membros da comissão de sindicância patrimonial, com base nas conclusões esposadas neste relatório.

Não compete exclusivamente ao signatário a análise qualitativa dos documentos remetidos à comissão pelos cartórios, tais como escrituras, procurações e outros, não obstando que, objetivamente, essas informações façam parte da análise do patrimônio e bens.

III. DA METODOLOGIA

A metodologia da análise é composta pelos seguintes passos:

A) Demonstração do saldo disponível estimado do servidor, o qual é considerado como sendo o somatório de suas rendas e receitas em geral, exceto aquelas oriundas de variação patrimonial (aumento ou diminuição do patrimônio), diminuídas das despesas em geral. Dessa forma, compõem a base de cálculo da renda bruta total o somatório dos valores brutos de salários, proventos, pensões, pensões alimentícias, aposentadorias, comissões, pró-labore, outros rendimentos do trabalho não assalariado, rendimentos do mercado informal ou autônomo e rendimentos auferidos do patrimônio, assim como compõem a base de cálculo das despesas totais o somatório das deduções com contribuição previdenciária, dependentes, pagamentos e deduções efetuadas, impostos pagos, possíveis gastos com cartões de crédito e demais pagamentos informados pela declaração de ajuste anual.

B) Em seguida, é apurada a variação do patrimônio líquido da pessoa indicada, o qual é obtido comparando o valor do patrimônio do ano estudado contra o ano imediatamente anterior.

C) Nesta etapa é feita uma comparação entre o resultado obtido com o passo 1 (saldo disponível) e o passo 2 (variação patrimonial), no intuito de apontar as eventuais insuficiências de fundos para fazer frente às variações do patrimônio notificadas à Receita Federal ou créditos sem origem declarada.

Note-se que, quando aplicável, poderá o analista executar correções nos lançamentos com objetivo de refletir de forma mais fidedigna as operações declaradas pelo investigado sem, contudo, deixar de mencionar detalhadamente qualquer ajuste feito. Não faz parte dessa metodologia se ater a outras análises de cunho estritamente tributário ou fiscal.

IV. DA DOCUMENTAÇÃO RECEBIDA

A documentação recebida para exame é composta por:

A) Declarações de Ajuste Anual do Imposto de Renda de Pessoa Física – DIRPF, relativamente aos anos de 2017 a 2021;

B) Dossiê Integrado fornecido pela Receita Federal do Brasil (DIMOF, DECRED, DIMOB, DIRPF e DOI), referente aos anos de 2017, 2018, 2019, 2020 e 2021.

III. DA ANÁLISE

O demonstrativo de fluxo de caixa busca reproduzir todos os ingressos e saídas efetivos de recursos do servidor, de modo a desvelar o patrimônio a descoberto ou demais indicativos de enriquecimento ilícito. (Eis o nosso caso hipotético)

	CPF: 000.000.000-00	Exercício				
		2017	2018	2019	2020	2021
F1	Fonte de pagamento 1 – XPTO	46.394,40	64.941,53	69.555,06	75.523,35	97.024,22
F2	Fonte de pagamento 2					
F3	Fonte de pagamento 3					
1.1	Recebidos de Pessoas Jurídicas	46.394,40	64.941,53	69.555,06	75.523,35	97.024,22
1.2	Recebidos de P. Físicas / Exterior					
1.3	Rend. Isentos e não tributáveis	0,00	0,00	0,00	0,00	0,00
1.4	Rend. tributação excl./ definitiva	3.321,28	4.995,50	5.042,74	5.809,49	7.463,40
1.5	Resultado Tribut. da Atividade Rural					
1.6	Restituição I.R. (exercício anterior)					
1	Renda Total	49.715,68	69.937,03	74.597,80	81.332,84	104.487,62
2	Retenções na Fonte					
2.1	Imposto de Renda na Fonte e/ou Pago	2.776,89	7.426,60	7.595,30	10.336,60	16.249,34
2.2	Previdência Oficial	4.970,71	6.171,82	6.650,07	6.957,27	13.562,23
2	Total de Retenções na Fonte	7.747,60	13.598,42	14.245,37	17.293,87	29.811,57
3	Renda Líquida (1 – 2)	41.968,08	56.338,61	60.352,43	64.038,97	74.676,05
4	Despesas	2017	2018	2019	2020	2021
	Declaradas na DIRPF	12.500,00	13.750,00	15.600,00	16.100,00	18.000,00
	Apuradas pela Comissão				60.000,00	
	Doações					
	Prejuízo com vendas					
4.1	Total Pagamentos PF/PJ	12.500,00	13.750,00	15.600,00	76.100,00	18.000,00
4.2	Previdência Privada					
4.3	I.R. a pagar					
4	Total das Despesas	12.500,00	13.750,00	15.600,00	76.100,00	18.000,00

Tabela 1 – Fluxo de Caixa

Do quadro acima, pode-se constatar que os anos de 2017, 2018, 2019 e 2021 apresentaram Renda Líquida (item 3) superior ao Total das Despesas (item 4) indicando que os ganhos apurados foram suficientes para pagar as despesas conhecidas pela comissão e declaradas na DIRPF. No entanto, o ano de 2020 apresentou Renda Líquida de 64.038,97 (item 5) reais que se mostrou insuficiente para fazer frente ao total de despesas no montante de 76.100 reais, dos quais, 60 mil reais foram apurados pelas buscas da comissão durante a investigação.

Passamos então a montar a planilha de bens e direitos onde será apurada a variação patrimonial da pessoa investigada.

Por uma questão de espaço, iremos apresentar a planilha ano a ano.

NOME: Mévio de Tal
ID:

			2017	
Início	**2017**			
		BENS E DIREITOS		
			2017	
Item	**Cód**	**Discriminação**	**dezembro 2016**	**dezembro 2017**
1		Casa 00 da Rua Luiz Beltrão, bairro Vila Valqueire, no Rio de Janeiro	280.000,00	280.000,00
2		Veículo Toyota HYLUX, ano 2018, placa QQQ-0000, adquirido à vista em 20 de janeiro de 2018.		
3		Moto aquática do tipo Jet Ski, modelo Sea Doo Wake 230, motor 4 tempos, ano 2019, adquirido em 01 de agosto de 2019, valor de 98.000,00 à vista		
4				
		Total - Bens	280.000,00	280.000,00
		Erros de transposição		-
		Variação Patrimonial		-

Tabela 2 – Bens e Direitos – Ano Calendário 2017

MANUAL DE SINDICÂNCIA PATRIMONIAL

NOME: Mévio de Tal
ID:

Início	2017			
		BENS E DIREITOS		
			2018	
Item	Cód	Discriminação	dezembro 2017	dezembro 2018
1		Casa 00 da Rua Luiz Beltrão, bairro Vila Valqueire, no Rio de Janeiro	280.000,00	280.000,00
2		Veículo Toyota HYLUX, ano 2018, placa QQQ-0000, adquirido à vista em 20 de janeiro de 2018.		146.000,00
3		Moto aquática do tipo Jet Ski, modelo Sea Doo Wake 230, motor 4 tempos, ano 2019, adquirido em 01 de agosto de 2019, valor de 98.000,00 à vista		
4				
		Total - Bens	280.000,00	426.000,00
		Erros de transposição		-
		Variação Patrimonial		146.000,00

Tabela 3 – Bens e Direitos – Ano Calendário 2018

NOME: Mévio de Tal
ID:

Início	2017			
		BENS E DIREITOS		
			2019	
Item	Cód	Discriminação	dezembro 2018	dezembro 2019
1		Casa 00 da Rua Luiz Beltrão, bairro Vila Valqueire, no Rio de Janeiro	280.000,00	280.000,00
2		Veículo Toyota HYLUX, ano 2018, placa QQQ-0000, adquirido à vista em 20 de janeiro de 2018.	146.000,00	146.000,00
3		Moto aquática do tipo Jet Ski, modelo Sea Doo Wake 230, motor 4 tempos, ano 2019, adquirido em 01 de agosto de 2019, valor de 98.000,00 à vista		98.000,00
4				
		Total - Bens	426.000,00	524.000,00
		Erros de transposição		-
		Variação Patrimonial		98.000,00

Tabela 4 – Bens e Direitos – Ano Calendário 2019

APÊNDICE: ESTUDO DE CASO

NOME: Mévio de Tal
ID:

Início	2017			
		BENS E DIREITOS		
			2020	
Item	Cód	Discriminação	dezembro 2019	dezembro 2020
1		Casa 00 da Rua Luiz Beltrão, bairro Vila Valqueire, no Rio de Janeiro	280.000,00	280.000,00
2		Veículo Toyota HYLUX, ano 2018, placa QQQ-0000, adquirido à vista em 20 de janeiro de 2018.	146.000,00	146.000,00
3		Moto aquática do tipo Jet Ski, modelo Sea Doo Wake 230, motor 4 tempos, ano 2019, adquirido em 01 de agosto de 2019, valor de 98.000,00 à vista	98.000,00	98.000,00
4				
		Total - Bens	524.000,00	524.000,00
		Erros de transposição		-
		Variação Patrimonial		-

Tabela 5 – Bens e Direitos – Ano Calendário 2020

NOME: Mévio de Tal
ID:

Início	2017			
		BENS E DIREITOS		
			2021	
Item	Cód	Discriminação	dezembro 2020	dezembro 2021
1		Casa 00 da Rua Luiz Beltrão, bairro Vila Valqueire, no Rio de Janeiro	280.000,00	280.000,00
2		Veículo Toyota HYLUX, ano 2018, placa QQQ-0000, adquirido à vista em 20 de janeiro de 2018.	146.000,00	146.000,00
3		Moto aquática do tipo Jet Ski, modelo Sea Doo Wake 230, motor 4 tempos, ano 2019, adquirido em 01 de agosto de 2019, valor de 98.000,00 à vista	98.000,00	98.000,00
4				
		Total - Bens	524.000,00	524.000,00
		Erros de transposição		-
		Variação Patrimonial		-

Tabela 6 – Bens e Direitos – Ano Calendário 2021

O quadro a seguir apresenta a variação patrimonial ano a ano (item 5.7) já descontada as dívidas.

5	Patrimônio	2017	2018	2019	2020	2021
5.1	Bens e Direitos – ANO ANTERIOR	280.000,00	280.000,00	426.000,00	524.000,00	524.000,00
5.2	Bens e Direitos – ANO ATUAL	280.000,00	426.000,00	524.000,00	524.000,00	524.000,00
5.3	Variação – Bens e Direitos	0,00	146.000,00	98.000,00	0,00	0,00
5.4	Dívidas e ônus – ANO ANTERIOR	0,00	0,00	0,00	0,00	0,00
5.5	Dívidas e ônus – ANO ATUAL	0,00	0,00	0,00	0,00	0,00
5.6	Variação – Dívidas e Ônus	0,00	0,00	0,00	0,00	0,00
5.7	Variação Patrimonial	0,00	146.000,00	98.000,00	0,00	0,00
5	Patrimônio Líquido	280.000,00	426.000,00	524.000,00	524.000,00	524.000,00
6	Valor Anual Disponível para Outros Gastos (*)	29.468,08	-103.411,39	-53.247,57	-12.061,03	56.676,05
7	Média Mensal para Outros Gastos	2.455,67	-8.617,62	-4.437,30	-1.005,09	4.723,00

(*) Renda Líquida – Despesas Declaradas – Variação Patrimonial Total

Tabela 2 – Fluxo de Caixa – Variação Patrimonial

Ao examinar a linha 6 chega-se às seguintes conclusões:

A) O ano de 2017 apresentou um saldo para gastos no valor de 29.468,08 reais anuais o que equivale a 2.455,67 reais mensais (itens 6 e 7). Como não houve variação patrimonial, este valor mensal disponível deverá, em tese, ser suficiente apenas para cobrir as despesas ordinárias compatíveis com o estilo de vida do investigado tais como: locomoção, alimentação, impostos, moradia, manutenção etc.

B) O ano de 2018 apresentou saldo negativo no valor de 103.411,39 reais quando confrontamos seus rendimentos líquidos de aproximadamente 56.338,61 reais anuais com a variação patrimonial de 146.000 reais mais despesas de 13.750 reais.

C) O ano de 2019 apresentou saldo negativo no valor de 53.247,57 reais quando confrontamos seus rendimentos líquidos de 60.352,43 reais com a variação patrimonial de 98.000,00 reais mais despesas de 15.600,00 reais.

D) O ano de 2020 apresentou saldo negativo no valor de 12.061,03 reais quando confrontamos seus rendimentos líquidos de 64.038,97 reais com a variação patrimonial igual a zero e despesas de 76.100 reais das quais 16.100 reais foram declaradas pelo próprio investigado e os outros 60 mil reais apurados pela comissão por meio de investigações e diligências.

E) O ano de 2021 apresentou saldo positivo no valor de 56.676,05 reais no confronto entre os rendimentos líquidos e as despesas contabilizadas. Esse valor resultou em um valor disponível para gastos na ordem de 4.723,00 mensais que devem ser suficientes para cobrir as despesas ordinárias compatíveis com o estilo de vida do investigado.

Do exposto percebe-se que a apuração das despesas é tão importante quanto a apuração dos ganhos e da variação patrimonial, uma vez que as despesas não declaradas tendem a ocultar um estilo de vida incompatível com os rendimentos do investigado.

VI. MOVIMENTAÇÃO FINANCEIRA

O quadro abaixo apresenta a soma dos valores que foram lançados a crédito em contas vinculadas ao CPF do investigado (item 8 e 10), a soma dos valores estimados que deveriam ingressar nessas contas com base na Renda Líquida (item 11), e a diferença entre eles com objetivo de apurar uma movimentação financeira não justificada (item 12).

8	Movimentação Financeira	2017	2018	2019	2020	2021
	Banco 1 – créditos	496.400,78	420.479,58	169.385,99	416.725,60	137.245,00
	Banco 2 – créditos					
8	Total	496.400,78	420.479,58	169.385,99	416.725,60	137.245,00

9	Movimentação Financeira / Renda Líquida	11,83	7,46	2,81	6,51	1,84
10	Total Movimentação Financeira	496.400,78	420.479,58	169.385,99	416.725,60	137.245,00
11	Total Renda Líquida	41.968,08	56.338,61	60.352,43	64.038,97	74.676,05
12	Saldo não justificado (*)	454.432,70	364.140,97	109.033,56	352.686,63	62.568,95
	(*) Movimentação financeira – Renda Líquida					

Tabela 3 – Fluxo de Caixa – Movimentação Financeira

Do exposto, nota-se que a movimentação financeira considerando apenas os lançamentos a crédito, ao ser confrontada com os rendimentos líquidos (linha 11), deixa à mostra saldos negativos (linha 12) que chegam a ser 12 vezes o valor esperado, conforme calculado para o ano de 2017 (linha 9).

VII. CONCLUSÃO DA ANÁLISE CONTÁBIL

No exemplo acima, o cotejo de todos os rendimentos do servidor, inclusive aqueles eventualmente auferidos de outras fontes, com os dispêndios conhecidos – despesas declaradas e aquisição de novos bens, i.e., variação patrimonial – permite apontar a existência de **patrimônio a descoberto** (*Tabela 2 – Variação Patrimonial*) no ano-calendário de **2018**, **2019** e **2020** bem como **movimentação financeira atípica** (*Tabela 3 – Movimentação Financeira*) para todos os anos examinados, sobretudo nos anos de **2017**, **2018** e **2020**, que apresentaram movimentação financeira superior à movimentação esperada na proporção de 12 vezes para **2017, 8 vezes** para 2018 e **6,99 vezes** para **2020**.

Índices muito elevados denotam o trânsito significativo de recursos nas contas mantidas pelo agente, e servem de subsídio para a comissão deliberar sobre eventual pedido de afastamento de sigilo bancário no intuito de verificar a origem e destino dessas transações.

Assim sendo, submeto o presente Relatório de Análise Patrimonial (ou contábil) aos membros da douta comissão de sindicância patrimonial, para a adoção das medidas cabíveis à instrução do feito. **Local e data. Assinatura do Analista Patrimonial.**

RELATÓRIO ELABORADO PELA COMISSÃO DE SINDICÂNCIA PATRIMONIAL

Referência: Sindicância Patrimonial nº **001/2022**

EMENTA: Sindicância Patrimonial instaurada em face do servidor **MÉVIO DE TAL**, servidor público federal (cargo, matrícula, lotação). Sugestão de **INSTAURAÇÃO DE PROCESSO ADMINISTRATIVO DISCIPLINAR**, em razão de movimentação financeira acima do esperado para os rendimentos declarados pelo servidor, bem como evolução patrimonial não justificada, conforme preconiza o artigo 14, § 3º, inciso III, do Decreto Federal nº 10.571, de 2020. Sugestão de remessa de cópia do Relatório de Análise Patrimonial à Secretaria da Receita Federal, tendo em vista a possível incidência de fato gerador de obrigação tributária sobre os créditos não declarados e aos demais órgãos mencionados no artigo 29, da IN nº 14/2018.

Excelentíssimo Senhor (*mencionar a autoridade competente para a instauração do processo administrativo disciplinar*).

A presente Sindicância Patrimonial foi instaurada aos (*mencionar a data da instauração*), por meio da Portaria nº **001/2022**, em face de **MÉVIO DE TAL**, objetivando apurar se a evolução patrimonial do servidor seria compatível com a remuneração por ele auferida, em razão do cargo público e de eventuais recursos e disponibilidades lícitas que integrassem seu patrimônio, relativamente aos anos de 2017, 2018, 2019, 2020 e 2021.

Esta investigação teve a sua gênese em 14 de dezembro de 2021, por ocasião de uma inspeção de rotina realizada em determinado órgão público, quando o servidor MÉVIO DE TAL foi visto conduzindo um **veículo da marca Toyota Hilux, ano de 2018**, considerado de elevado valor. Também chamou a atenção dos agentes que faziam a inspeção o fato de o servidor MÉVIO ostentar um **cordão de ouro** de espessura considerável. MÉVIO disse ser proprietário do veículo, com valor aproximado de **R$ 146.000,00** (cento e quarenta e seis mil reais), e que de fato aquele cordão que estava usando era de ouro, com aproximadamente 50 gramas de ouro 18 quilates, no valor aproximado de **R$ 60.000,00** (sessenta mil reais). Indagado sobre seus ganhos líquidos mensais, MÉVIO disse que o valor líquido do seu último salário foi de **R$ 6.800,00**, aproximadamente, e que não possui nenhuma outra fonte de renda.

Tal fato foi consignado no relatório de inspeção, tendo sido remetida cópia para o órgão competente, sugerindo a **verificação preliminar** das declarações de bens e valores do servidor MÉVIO, relativamente aos anos de 2017, 2018, 2019, 2020 e 2021 (últimos cinco anos).

No âmbito da investigação preliminar foram evidenciadas movimentações financeiras atípicas e evolução patrimonial incompatível, que justificaram a instauração da sindicância patrimonial (SINPA).

O investigado é <u>servidor público federal</u> subordinado às regras insculpidas na Lei nº 8.112, de 11 de dezembro de 1990, que dispõe sobre o regime jurídico dos servidores públicos civis da União, das autarquias e das fundações públicas federais.

O procedimento *sub examine* encontra-se em consonância com o Decreto Federal nº 10.571, de 9 de dezembro de 2020, que dispõe sobre a apresentação e a análise das declarações de bens e de situações que possam gerar conflito de interesses por agentes públicos civis da administração pública federal, bem como as demais normas, notadamente a Instrução Normativa nº 14, de 14 de novembro de 2018.

Os membros da comissão de sindicância patrimonial que a este subscrevem foram devidamente designados para atuar neste procedimento inquisitorial, investigativo e não punitivo, na forma do artigo 24, § 1º, da Instrução Normativa nº 14/2018.

2. DA INSTRUÇÃO

(neste ponto devem ser descritas todas as diligências realizadas e documentos encartados aos autos)

- Às fls. despacho do Excelentíssimo Senhor (mencionar a autoridade) que determinou a instauração da presente sindicância patrimonial.

- Às fls. encontra-se a Portaria Inicial, na qual foram descritos os fatos que motivaram a instauração da presente sindicância patrimonial.

[...]

- *(elencar as respostas oriundas dos órgãos)*
- As fls. ( ) encontra-se o Termo de Cientificação em que o servidor tomou ciência das incompatibilidades apuradas. Não obstante, ter sido dada a oportunidade, ao servidor investigado, para comprovar a origem lícita dos valores e bens acrescidos ao seu patrimônio, este quedou-se inerte.

- No anexo único da presente sindicância patrimonial encontram-se as informações sigilosas que compõem o Dossiê Integrado do servidor MÉVIO DE TAL, oriundo da Secretaria da Receita Federal do Brasil.

- Às fls. ( ) foi juntado o Relatório Técnico de Análise Financeira que embasa a sugestão de instauração de processo administrativo disciplinar.

3. DA APURAÇÃO

O Relatório de Análise Técnico Financeira acostado às fls. (____) apontou as seguintes conclusões:

- *Pode-se constatar que os anos de 2017, 2018, 2019 e 2021 apresentaram Renda Líquida (item 3) superior ao Total das Despesas (item 4), indicando que os ganhos apurados foram suficientes para pagar as despesas conhecidas pela comissão e declaradas na DIR-PF. No entanto, no ano de 2020 apresentou Renda Líquida de 64.038,97 reais (item 5), que se mostrou __insuficiente__ para fazer frente ao total de despesas no montante de 76.100 reais, dos quais, 60 mil reais foram apurados pelas buscas da comissão durante a investigação.*

- *Do Patrimônio (itens 5, 6 e 7). Ao examinar a linha 6, chegam-se às seguintes conclusões:*

  A) *O ano de 2017 apresentou um saldo para gastos no valor de 29.468,08 reais, o que equivale a 2.455,67 reais mensais (itens 6 e 7). Este valor mensal disponível deverá, em tese, ser suficiente para cobrir as despesas ordinárias compatíveis com o estilo de vida do investigado tais como: locomoção, alimentação, impostos, moradia, manutenção etc.*

  B) *O ano de 2018 apresentou __saldo negativo__ no valor de 103.411,39 reais, quando confrontamos seus rendimentos lí-*

quidos de aproximadamente 56.338,61 reais com a variação patrimonial de 146.000 reais e despesas de 13.750 reais.

C) *O ano de 2019 apresentou **saldo negativo** no valor de 53.247,57 reais, quando confrontamos seus rendimentos líquidos de 60.352,43 reais com a variação patrimonial de 98.000,00 reais e despesas de 15.600,00 reais.*

D) *O ano de 2020 apresentou **saldo negativo** no valor de 12.061,03 reais, quando confrontamos seus rendimentos líquidos de 64.038,97 reais com a variação patrimonial igual a zero e despesas de 76.100 reais das quais 16.100 reais foram declaradas pelo próprio investigado e os outros 60 mil reais apurados pela comissão por meio de investigações e diligências.*

E) *O ano de 2021 apresentou **saldo positivo** no valor de 56.676,05 reais, no confronto entre os rendimentos líquidos e as despesas contabilizadas. Esse valor resultou em um valor disponível para gastos na ordem de 4.723,00 mensais, que devem ser suficientes para cobrir as despesas ordinárias compatíveis com o estilo de vida do investigado.*

- *Do exposto, percebe-se que a apuração das despesas é tão importante quanto a apuração dos ganhos e da variação patrimonial, uma vez que as despesas não declaradas tendem a ocultar um estilo de vida incompatível com os rendimentos do investigado.*

- *Da Movimentação Financeira (item 8) – (...) apresenta a soma dos valores que foram lançados a crédito em contas vinculadas ao CPF do investigado (item 8 e 10), a soma dos valores estimados que deveriam ingressar nessas contas com base na Renda Líquida (item 11), e a diferença entre eles com objetivo de apurar uma movimentação financeira não justificada (item 12).*

- *Do exposto, nota-se que a movimentação financeira considerando apenas os lançamentos a crédito, ao ser confrontada com os rendimentos líquidos (linha 11), deixa à mostra **saldos negativos** (linha 12) que chegam a ser 12 vezes o valor esperado, conforme calculado para o ano de 2017 (linha 9).*

Destarte, o analista apontou os seguintes **indícios de enriqueci-mento ilícito** por parte do servidor MÉVIO DE TAL:

- *(...) o cotejo de todos os rendimentos do servidor, inclusive aqueles eventualmente auferidos de outras fontes, com os dispêndios conhe-cidos – despesas declaradas e aquisição de novos bens, i.e., varia-ção patrimonial – permite apontar a existência de **patrimônio a descoberto** (Tabela 2 – Variação Patrimonial) no ano-calendário de **2018**, **2019** e **2020** bem como **movimentação financeira atípica** (Tabela 3 – Movimentação Financeira) para todos os anos examinados, sobretudo nos anos de **2017, 2018** e **2020**, que apresentaram movimentação financeira superior à movimentação esperada na proporção de 12 vezes para **2017, 8 vezes** para 2018 e **6,99 vezes** para **2020**.*

- *Índices muito elevados denotam o trânsito significativo de recur-sos nas contas mantidas pelo agente, e servem de subsídio para a **comissão deliberar sobre eventual pedido de afastamento de sigilo bancário** no intuito de verificar a origem e destino des-sas transações.*

- *Assim sendo, submeto o presente Relatório de Análise Patrimonial (ou contábil) aos membros da douta comissão de sindicância pa-trimonial, para a adoção das medidas cabíveis à instrução do feito. Local e data. (Assinatura do Analista Patrimonial).*

Além das incompatibilidades apontadas pelo analista no supra-mencionado Relatório de Análise Técnico Financeira, esta Comissão Processante ressalta que não foram apresentadas justificativas para a aquisição dos seguintes bens:

A) O servidor não declarou a aquisição/compra do cordão de ouro que segundo ele próprio teria o valor de R$ 60.000,00 (sessenta mil reais);

B) O Departamento Estadual de Trânsito informou que o veí-culo Mercedes Benz, C200, modelo Avantgard, ano 2016, placa XXX-0000 foi transferido para Mévio de Tal em agosto de 2017, entretanto tal aquisição não foi informada pelo servidor nas declarações de imposto de renda;

C) O 11º Ofício de Notas informou acerca da existência da escritura de promessa de cessão de direitos aquisitivos do imóvel, localizado na Avenida Sernambetiba, nº 100.000, com quitação da unidade 404 (apartamento) que Tício de Tal fez para Mévio de Tal, em 5 de março de 2017. O setor de investigações realizou diligências no local e constatou que o servidor reside no local há cerca de dois anos.

4. CONCLUSÃO

Por todo o exposto, considerando os indícios apurados no curso da presente Sindicância Patrimonial, notadamente no teor do Relatório de Análise Técnico Financeira, os membros desta Comissão alvitram pela adoção das seguintes providências:

A) Instauração de Processo Administrativo Disciplinar em face do servidor MÉVIO DE TAL, com supedâneo legal no artigo 14, § 3º, inciso II, do Decreto Federal nº 10.571, de 2020, visando à apuração da transgressão disciplinar insculpida no artigo 132, inciso IV, da Lei nº 8.112, de 1990, c/c artigo 9º, inciso VII, da Lei nº 8.429, de 1992;

B) Análise da conveniência de eventual pedido de afastamento de sigilo bancário do servidor MÉVIO DE TAL, a fim de se conhecer a origem/destino dos significativos recursos que transitaram nas contas mantidas pelo processado;

C) Comunicação imediata ao Ministério Público Federal, ao Tribunal de Contas da União, ao Ministério Público da Transparência e Controladoria-Geral da União, à Receitas Federal do Brasil, ao Conselho de Controle de Atividades Financeiras e à Advocacia-Geral da União, em cumprimento disposto no artigo 29, da Instrução Normativa nº 14/2018.

É o que nos cabe submeter à apreciação de V.Exa.

Local e data

Assinaturas dos membros da comissão

APÊNDICE 2:
MODELOS DE DOCUMENTOS

MODELO I
MINUTA DE DECRETO PARA INSTITUIR SINDICÂNCIA PATRIMONIAL

DECRETO Nº XXXXXX DE XX DE XXXXXXXX DE 20XX

Regulamenta, para os servidores da Polícia Civil, da Polícia Militar, do Corpo de Bombeiros Militar e da Administração Penitenciária, no âmbito do Poder Executivo Estadual, o art. 13 da Lei nº 8.429, de 2 de junho de 1992, que institui a sindicância patrimonial.

O GOVERNADOR DO ESTADO DO (*Estado da Federação*), no uso de suas atribuições legais, e tendo em vista o disposto no art. 13, § 2º, da Lei Federal nº 8.429, de 2 de junho de 1992, no art. 1º da Lei Federal nº 8.429, de 2 de junho de 1992, no art. 7º da Lei nº 8.730, de 10 de novembro de 1993, na Lei Federal nº 8.429, de 2 de junho de 1992, e na Lei nº 8.730, de 10 de novembro de 1993.

RESOLVE:

Art. 1º – A declaração dos bens e valores que integram o patrimônio privado de agentes públicos da Polícia Civil, da Polícia Militar, do

Corpo de Bombeiros Militar e do Sistema Penitenciário, no âmbito do Poder Executivo Estadual, bem como sua atualização, conforme previsto na Lei Federal nº 8.429, de 2 de junho de 1992, e na Lei nº 8.730, de 10 de novembro de 1993, observarão as normas deste Decreto.

Art. 2º – A posse e o exercício em cargo, emprego ou função pelos agentes citados no art. 1º ficam condicionados à apresentação, pelo interessado, de declaração dos bens e valores que integram o seu patrimônio, bem como os do cônjuge, companheiro, filhos ou outras pessoas que vivam sob a sua dependência econômica, excluídos apenas os objetos e utensílios de uso doméstico.

Parágrafo Único – A declaração de que trata este artigo compreenderá imóveis, móveis, semoventes, dinheiro, títulos, ações e qualquer outra espécie de bens e valores patrimoniais localizados no País ou no exterior.

Art. 3º – Os agentes públicos de que trata este Decreto atualizarão, em formulário eletrônico próprio, anualmente e no momento em que deixarem o cargo, emprego ou função, a declaração dos bens e valores, com a indicação da respectiva variação patrimonial ocorrida.

§ 1º – A atualização anual de que trata o *caput* será realizada no prazo de até quinze dias após a data limite fixada pela Secretaria da Receita Federal do Brasil do Ministério da Economia para a apresentação da Declaração de Ajuste Anual do Imposto de Renda Pessoa Física.

§ 2º – O cumprimento do disposto no § 4º do art. 13 da Lei Federal nº 8.429, de 1992, poderá, a critério do agente, realizar-se mediante autorização de acesso à declaração de ajuste anual do imposto de renda pessoa física apresentada à Secretaria da Receita Federal do Brasil, com as respectivas retificações.

Art. 4º – O setor de pessoal de cada uma das Corporações citadas no art. 1º manterá arquivo das declarações previstas neste Decreto até cinco anos após a data em que o servidor deixar o cargo, emprego ou função.

Art. 5º – Será instaurado processo administrativo disciplinar contra o agente público que se recusar a apresentar declaração dos bens e valores na data própria, ou que prestá-la falsa, ficando sujeito à penalidade prevista no § 3º do art. 13 da Lei Federal nº 8.429, de 1992.

Art. 6º – Os órgãos de controle interno da Secretaria de Estado de (*Estado da Federação*) fiscalizarão o cumprimento da exigência de entrega das declarações regulamentadas por este Decreto, ao setor de pessoal competente.

Art. 7º – As respectivas unidades de corregedoria das Corporações elencadas no art. 1º, no âmbito de sua esfera de atuação, deverão analisar, por amostragem, a evolução patrimonial do agente público, a fim de verificar a compatibilidade desta com os recursos e disponibilidades que compõem o seu patrimônio, na forma prevista na Lei nº 8.429, de 1992, observadas as disposições especiais da Lei nº 8.730, de 1993.

§ 1º – Verificada a incompatibilidade patrimonial, na forma estabelecida no *caput*, a unidade de corregedoria instaurará procedimento de sindicância patrimonial.

§ 2º – Sem prejuízo das responsabilidades penal, tributária e civil, constitui transgressão disciplinar, na forma compatível com a tipicidade prevista nas normas aplicáveis aos agentes destinatários do presente Decreto, as condutas de fazer declaração falsa ou omitir nesta informação sobre rendas, bens ou fatos, ou empregar outra fraude, com fins de eximir-se da ação fiscalizadora ora estabelecida à égide dos princípios da probidade e da moralidade administrativas.

Art. 8º – Ao tomar conhecimento de fundada notícia ou de indícios de enriquecimento ilícito, inclusive evolução patrimonial incompatível com os recursos e disponibilidades do agente público, nos termos do art. 9º da Lei nº 8.429, de 1992, a autoridade competente determinará a instauração de sindicância patrimonial, destinada à apuração dos fatos.

Parágrafo único. A sindicância patrimonial de que trata este artigo será instaurada, mediante portaria, pela autoridade competente.

Art. 9º – A sindicância patrimonial constituir-se-á em procedimento sigiloso e meramente investigatório, não tendo caráter punitivo.

§ 1° – O procedimento de sindicância patrimonial será conduzido por comissão previamente constituída e composta por 2 (dois) servidores ocupantes de cargos públicos efetivos e estáveis, designada pelo titular da respectiva unidade de corregedoria.

§ 2° – O prazo para conclusão do procedimento de sindicância patrimonial será de trinta dias, contados da data da publicação da portaria, podendo ser prorrogado, por igual período ou por período inferior, pela autoridade competente pela instauração, desde que justificada a necessidade.

§ 3° O presidente da comissão de sindicância patrimonial poderá propor à autoridade instauradora que seja dada ciência do procedimento ao Ministério Público competente, visando ao eventual compartilhamento de provas.

Art. 10 – A instrução da sindicância patrimonial comportará a produção de provas testemunhais, documentais, periciais e quaisquer outras provas lícitas, a critério do presidente da comissão processante, que poderá, inclusive e se necessário:

I. Requerer ao Poder Judiciário, por intermédio da Procuradoria Geral do Estado, a prestação de informações e o fornecimento de documentos sigilosos destinados a apurar a responsabilidade do agente público, em especial, a quebra do sigilo bancário do agente em tela, cônjuge, companheiro, filhos ou outras pessoas que vivam sob sua dependência econômica, respeitado o disposto nos §§ 1° e 2° do art. 3° da Lei Complementar n° 105, de 10 de janeiro de 2001;

II. Representar à Procuradoria Geral do Estado para que requeira ao juízo competente a decretação do sequestro dos bens do agente público, em relação ao qual existam fundados indícios de enriquecimento ilícito, nos termos do artigo 16 da Lei Federal n° 8.429, de 1992;

III. Solicitar diretamente ao Fisco informações sobre a situação econômica ou financeira do acusado e sobre a natureza e o estado de seus negócios ou atividades.

Parágrafo único. O requerimento a que alude o inciso III dependerá de comprovação da instauração regular de sindicância ou processo administrativo por prática de infração administrativa no âmbito das Corregedorias Internas das corporações elencadas no art. 1º, e observará os termos da legislação nacional de regência, notadamente as disposições do inciso II do § 1º do art. 198 do Código Tributário Nacional.

Art. 11 – As autoridades responsáveis pela sindicância patrimonial assegurarão, sob pena de responsabilidade, o sigilo que se faça necessário à elucidação dos fatos e à preservação do interesse público e do direito à privacidade do agente público.

Parágrafo único. As autoridades e agentes públicos que, em razão do ofício, tiverem acesso a informações sigilosas de terceiros ou de sindicados ficam sujeitos à observância do dever de preservação do sigilo, na forma da lei.

Art. 12 – Caso se mostre conveniente e oportuna a oitiva do sindicado e de eventuais testemunhas, o presidente da comissão poderá determinar a sua realização, assim como franquear a apresentação, pelo agente público, de justificativa, por escrito, da evolução patrimonial constatada.

§ 1º – Franqueada a apresentação da justificativa, será fixado o prazo de dez dias para a sua entrega, contados do recebimento da notificação, prorrogável por idêntico período, mediante requerimento fundamentado do sindicado.

§ 2º – A justificativa poderá ser instruída pelo sindicado com documentos considerados hábeis e necessários à comprovação da compatibilidade da evolução patrimonial.

Art. 13 – Concluídos os trabalhos da sindicância patrimonial, a comissão responsável por sua condução fará relatório sobre os fatos apurados, opinando pelo seu arquivamento ou, se for o caso, por sua conversão em processo administrativo disciplinar.

Art. 14 – Instaurado processo administrativo disciplinar, com base na sindicância patrimonial, nos termos deste Decreto, dar-se-á imediato conhecimento do fato ao Ministério Público Estadual, ao Tribunal de Contas do Estado, à Secretaria da Receita Federal do Brasil e demais órgãos de controle, cuja atuação se mostre pertinente com o apurado.

Art. 15 – A Secretaria de Estado de (*Estado da Federação*) expedirá, no prazo máximo de noventa dias, as instruções necessárias para o cumprimento deste Decreto.

Art. 16 – Este Decreto entrará em vigor na data de sua publicação.

MODELO II
PORTARIA INICIAL DA SINDICÂNCIA PATRIMONIAL

Portaria Número: ___ de ____ de _____ de _____.

O (nome e cargo da autoridade instauradora), no uso das atribuições previstas no (indicar dispositivo de norma que estabelece a competência para instaurar a sindicância patrimonial), com fulcro nos artigos 11 e 14 do Decreto Federal nº 10.571, de 9 de dezembro de 2020, e:

CONSIDERANDO (breve narrativa dos fatos apurados preliminarmente, com a finalidade de indicar a justa causa à instauração da sindicância patrimonial, podendo ser lançado mais de um "considerando" para melhor compreensão);

CONSIDERANDO o dever de probidade administrativa inerente à condição de servidor público e de efetivo cumprimento das obrigações criadas pelas Leis Federais nº 8.429, de 2 de junho de 1992 e nº 8.730, de 10 de novembro de 1993;

CONSIDERANDO, por fim, os princípios da moralidade administrativa e eficiência, previstos no art. 37, *caput,* da Constituição da República, bem como o dever jurídico da Administração Pública de diligenciar no sentido da imediata apuração de qualquer irregularidade verificada no serviço público.

R E S O L V E:

INSTAURAR sindicância patrimonial em face do servidor "**MÉVIO DE TAL**" (cargo, matrícula e lotação), com base no que restou apurado no procedimento preliminar nº processo (*poderá ser com base em outra fonte, por exemplo, provocação do Ministério Público*), objetivando apurar indícios de enriquecimento ilícito, inclusive evolução patrimonial incompatível com os recursos e disponibilidades do aludido servidor, no prazo de **30 (trinta) dias**, prorrogável pela autoridade competente.

DESIGNAR para compor a comissão de sindicância patrimonial os seguintes servidores:

Presidente: (indicar o nome do servidor designado presidente da comissão);

Membro: (indicar o nome, cargo e matrícula do servidor designado para compor a comissão);

Membro: (indicar o nome, cargo e matrícula do servidor designado para compor a comissão).

DELEGAR ao Presidente da comissão de sindicância patrimonial a competência para solicitar informações a outros órgãos públicos, devendo ser observado o disposto no (a) (mencionar a norma interna que regulamenta a sindicância patrimonial: instrução normativa/resolução ou portaria).

Autue-se.

Assinatura da autoridade competente para instauração

MODELO III
PORTARIA DE DESIGNAÇÃO DE SECRETÁRIO DA COMISSÃO

O Presidente da Comissão de Sindicância Patrimonial, instaurada pela Portaria nº (inserir número da portaria e data da instauração), do Exmo. Sr. (nome, cargo e lotação da autoridade instauradora) **resolve**:

Designar o servidor (inserir nome, cargo, matrícula e lotação do servidor designado para aturar como secretário, para desempenhar as funções de secretário da referida Comissão de Sindicância Patrimonial, enquanto durarem os trabalhos de apuração.

Cumpra-se.

Assinatura da Autoridade

MODELO IV
ATA DE DELIBERAÇÃO INAUGURAL

Aos (indicar dia, mês e ano), reuniram-se os membros da Comissão de Sindicância Patrimonial instaurada pela Portaria nº (número da portaria e data da instauração), com a finalidade de promover a investigação acerca de possível evolução patrimonial incompatível ou enriquecimento ilícito por parte do servidor **"MÉVIO DE TAL"** (cargo, matrícula e lotação), com base no que dispõem as normas vigentes (mencionar Lei nº 8.429/92; Lei nº 8.730/93 e Decreto Federal nº 10.571/2020).

Iniciados os trabalhos, foram deliberadas as seguintes providências:

1. Expedir ofício ao órgão de pessoal competente (detentor da guarda das declarações de bens e valores do servidor), solicitando o envio das declarações de bens e renda do servidor **"MÉVIO DE TAL"** (cargo, matrícula e lotação), relativamente aos anos de (mencionar os anos que serão analisados);

2. Requerer ao órgão de recursos humanos/gestão de pessoal a cópia dos assentamentos funcionais do servidor **"MÉVIO DE TAL"** (indicar matrícula ou ID funcional);

3. Expedir ofícios aos Cartórios Distribuidores e de Registro Geral de Imóveis, visando buscar as seguintes informações:

    3.1 Existência de Títulos e Documentos em nome do servidor sindicado **"MÉVIO DE TAL"**;

    3.2 Anotações no Registro Geral de Imóveis, acerca de escrituras ou procurações para terceiros, com a finalidade de buscar possíveis bens imóveis que se encontrem em nome do servidor sindicado **"MÉVIO DE TAL"**;

APÊNDICE 2: MODELOS

4. Solicitar ao Cartório de Registro Civil de Pessoas Jurídicas informações acerca da existência de sociedade(s) simples, associações ou fundações, nas quais figure em atos constitutivos o servidor sindicado **"MÉVIO DE TAL"**;

5. Solicitar informações ao Departamento de Trânsito (DETRAN), sobre a existência de veículos automotores em nome do servidor sindicado **"MÉVIO DE TAL"**;

6. Expedir ofício à Junta Comercial do Estado, solicitando informações sobre a existência de sociedades empresárias em que o servidor **"MÉVIO DE TAL"** figure como sócio;

7. Solicitar informações à Capitania dos Portos da Marinha do Brasil, acerca de inscrição de embarcação, compra/venda para terceiros ou qualquer documento relativo a esse tipo de bens que se encontrem em nome do servidor **"MÉVIO DE TAL"**;

8. Expedir ofício à Polícia Federal, destinado à DELEMIG, solicitando informações sobre viagens ao exterior realizadas pelo servidor sindicado **"MÉVIO DE TAL"**;

9. Expedir ofícios às concessionárias de serviço público de ENERGIA, ÁGUA e GÁS, objetivando carrear aos autos endereços de imóveis para os quais o servidor **"MÉVIO DE TAL"** tenha solicitado serviços e cadastrados em seu nome;

10. Solicitar ao Setor de Inteligência do órgão que realize pesquisas nos bancos de dados, informando acerca da existência de inquéritos, processos, denúncias ou outros informes de inteligência relativos ao servidor sindicado **"MÉVIO DE TAL"** (O RELINT – relatório de inteligência não poderá ser inserido nos autos. As informações devem ser extraídas por meio de Extrato de RELINT);

11. Submeter a presente a(ao) Excelentíssima(o) autoridade (indicar nome, cargo e matrícula da autoridade que instaurou a sindicância patrimonial), alvitrando pela remessa de ofício à Superintendência Regional da Receita Federal com a solicitação do Dossiê Integrado, consistente com as informa-

ções constantes das seguintes bases de dados: DIMOF, DE-CRED, DIMOB, DIRPF, DOI, no período de <u>(mencionar os anos que serão apurados)</u>. *"**Observação: esse ofício deve ser assinado pela Autoridade que instaurou a sindicância, devendo ser encaminhada cópia da portaria"***.

Nada mais havendo a consignar, foi encerrada a reunião e, para constar, foi lavrada a presente ata, que segue assinada pelos membros da Comissão.

Assinatura dos membros da comissão

MODELO V
OFÍCIO À SECRETARIA DA RECEITA FEDERAL SOLICITAÇÃO DE DOSSIÊ INTEGRADO

Ofício nº _____ – Comissão de Sindicância Patrimonial (*número do processo*)

Local, dia, mês e ano.

Ao: Exmo. Senhor Superintendente Regional da Receita Federal/UF

Endereço:

Assunto: Solicitação de informações e documentos

Cumprimentando-o e, por incumbência do Exmo. Sr. (*nome e cargo da autoridade instauradora*), visando instruir a sindicância patrimonial nº _____, instaurada em desfavor do servidor **MÉVIO DE TAL, inscrito no cadastro de pessoa física sob o nº "021.000.000-01"**, considerando o contido no inciso II, do § 1º, do art. 198, do CTN e com fulcro no Decreto nº (exemplo: Decreto 10.571/2020 ou IN 014/2018), solicitamos a Vossa Excelência digne-se encaminhar a esta Comissão de Sindicância Patrimonial, instalada no endereço _____ (*mencionar endereço*), no âmbito da _____ (*mencionar o órgão a que está subordinada*), às informações constantes das bases de dados de pessoa física adiante mencionadas, relativamente ao servidor sindicado supramencionado: DIMOF; DECRED; DIMOB; DIRPF; DOI; no período de (*indicar os anos de interesse para investigação*), bem como as Declarações de Ajuste Anual de Pessoa Física dos últimos **cinco anos**, de modo a permitir a análise de todos os elementos necessários a afirmar ou afastar a prática do ato de enriquecimento ilícito, consoante o que consta da Portaria Instauradora nº _____.

Visando resguardar o caráter sigiloso da sindicância em epígrafe, as referidas informações deverão ser endereçadas pessoalmente à autoridade instauradora, com vistas ao Presidente da Comissão de Sindicância Patrimonial, servidor _____ (nome do presidente).

Assinatura do Presidente da Comissão

MODELO VI
OFÍCIO PARA CARTÓRIO DE REGISTRO E DISTRIBUIÇÃO

TÍTULOS E DOCUMENTOS

Ofício nº _____ – Comissão de Sindicância Patrimonial (*número do processo*).

Local, dia, mês e ano.

Ao: Ilustríssimo Senhor Escrevente do Cartório do ___ Ofício do Registro de Distribuição/UF

Endereço:

Assunto: Solicitação de informações e documentos

Cumprimentando-o e, por incumbência do Exmo. Sr. (*nome da autoridade instauradora*), visando instruir a sindicância patrimonial nº _____, sirvo-me do presente para solicitar a Vossa Senhoria os bons préstimos no sentido de certificar a Comissão de Sindicância Patrimonial, instalada no endereço (*mencionar o endereço do órgão*) acerca da existência de **Títulos e Documentos em nome do nacional MÉVIO DE TAL, inscrito no cadastro de pessoa física sob o nº "021.000.000-01"**.

Outrossim, solicita a Vossa Senhoria que, a informação seja disponibilizada para o seguinte endereço eletrônico: _____.

Atenciosamente,

Assinatura do Presidente da Comissão

MODELO VII
OFÍCIO PARA CARTÓRIO DE REGISTRO E DISTRIBUIÇÃO

REGISTRO GERAL DE IMÓVEIS, ESCRITURAS E PROCURAÇÕES

Ofício nº _____ – Comissão de Sindicância Patrimonial (*número do processo*)

Local, dia, mês e ano.

Ao: Ilustríssimo Senhor Escrevente do Cartório do _____ Ofício de Registro e Distribuição/UF

Endereço:

Assunto: Solicitação de informações e documentos

Cumprimentando-o e, por incumbência do Exmo. Sr. (*nome da autoridade instauradora*), visando instruir a sindicância patrimonial nº _____, sirvo-me do presente para solicitar a Vossa Senhoria os bons préstimos no sentido de certificar a Comissão de Sindicância Patrimonial, instalada no endereço (*mencionar o endereço do órgão*) acerca de **anotações nos Cartórios de Registro Geral de Imóveis de vossa competência, Escrituras ou Procurações para terceiros**, com o fito de buscar possíveis imóveis que se encontram em nome de **MÉVIO DE TAL, inscrito no cadastro de pessoa física sob o nº "021.000.000-01"**.

Outrossim, solicita a Vossa Senhoria que, a informação seja disponibilizada para o seguinte endereço eletrônico: _____.

Atenciosamente,

Assinatura do Presidente da Comissão

MODELO VIII
OFÍCIO PARA CARTÓRIO – REGISTRO DE PESSOAS JURÍDICAS

Ofício nº _____ – Comissão de Sindicância Patrimonial (número do processo)

Local, dia, mês e ano.

Ao: Ilustríssimo Senhor Escrevente do Cartório de Registro Civil das Pessoas Jurídicas/RJ

Endereço:

Assunto: Solicitação de informações e documentos

Cumprimentando-o e, por incumbência do Exmo. Sr. (*nome da autoridade instauradora*), visando instruir a sindicância patrimonial nº _____, sirvo-me do presente para solicitar a Vossa Senhoria os bons préstimos no sentido de certificar a Comissão de Sindicância Patrimonial, instalada no endereço (*mencionar o endereço do órgão*) acerca da **existência de sociedade(s) simples, associações ou fundações** nas quais figure em atos constitutivos o nacional em nome do nacional **MÉVIO DE TAL, inscrito no cadastro de pessoa física sob o nº "021.000.000-01"**.

Outrossim, solicita a Vossa Senhoria que, a informação seja disponibilizada para o seguinte endereço eletrônico: _____.

Atenciosamente,

Assinatura do Presidente da Comissão

MODELO IX
OFÍCIO PARA CONCESSIONÁRIAS (ÁGUA, LUZ E GÁS)

Ofício nº _____ – Comissão de Sindicância Patrimonial (número do processo)

Local, dia, mês e ano.

Ao: Ilustríssimo Senhor Diretor de Operações da Concessionária (ENERGIA, ÁGUA e GÁS)

Endereço:

Assunto: Solicitação de informações e documentos

Cumprimentando-o e, por incumbência do Exmo. Sr. (*nome da autoridade instauradora*), visando instruir a sindicância patrimonial nº _____, sirvo-me do presente para solicitar a Vossa Senhoria os bons préstimos no sentido de certificar a Comissão de Sindicância Patrimonial, instalada no endereço (*mencionar o endereço do órgão*) acerca da **existência de cadastro de clientes registrados** em nome do nacional **MÉVIO DE TAL, inscrito no cadastro de pessoa física sob o nº "021.000.000-01"**, junto a essa Companhia.

Outrossim, solicita a Vossa Senhoria que, a informação seja disponibilizada para o seguinte endereço eletrônico: _____.

Atenciosamente,
Assinatura do Presidente da Comissão

APÊNDICE 2: MODELOS **247**

MODELO X
OFÍCIO PARA JUNTA COMERCIAL

Ofício nº _____ – Comissão de Sindicância Patrimonial (número do processo)

Local, dia, mês e ano.

Ao: Ilustríssimo Senhor Presidente da Junta Comercial do Estado/UF

Endereço:

Assunto: Solicitação de informações e documentos

Cumprimentando-o e, por incumbência do Exmo. Sr. (*nome da autoridade instauradora*), visando instruir a sindicância patrimonial nº _____, sirvo-me do presente para solicitar a Vossa Senhoria os bons préstimos no sentido de certificar a Comissão de Sindicância Patrimonial, instalada no endereço (*mencionar o endereço do órgão*) acerca da **ocorrência de empresas em nome e/ou com participação** da nacional do nacional **MÉVIO DE TAL, inscrito no cadastro de pessoa física sob o nº "021.000.000-01"**.

Outrossim, solicita a Vossa Senhoria que, a informação seja disponibilizada para o seguinte endereço eletrônico: _____.

Atenciosamente,

Assinatura do Presidente da Comissão

MODELO XI
OFÍCIO PARA A CAPITANIA DOS PORTOS

Ofício nº _____ – Comissão de Sindicância Patrimonial (número do processo)

Local, dia, mês e ano.

Ao: Ilustríssimo Senhor Capitão de Mar-e-Guerra MB – Capitão dos Portos/RJ

Endereço:

Assunto: Solicitação de informações e documentos

Cumprimentando-o e, por incumbência do Exmo. Sr. (*nome da autoridade instauradora*), visando instruir a sindicância patrimonial nº _____, sirvo-me do presente para solicitar a Vossa Senhoria os bons préstimos no sentido de certificar a Comissão de Sindicância Patrimonial, instalada no endereço (*mencionar o endereço do órgão*) acerca da **existência de inscrição e/ou registro de embarcações, compra/venda para terceiros, ou qualquer documento relativo a bens** que se encontrem registrados em nome do nacional **MÉVIO DE TAL, inscrito no cadastro de pessoa física sob o nº "021.000.000-01"**.

Outrossim, solicita a Vossa Senhoria que, a informação seja disponibilizada para o seguinte endereço eletrônico: _____.

Atenciosamente,

Assinatura do Presidente da Comissão

MODELO XII
OFÍCIO PARA A POLÍCIA FEDERAL – DELEGACIA DE IMIGRAÇÃO (DELEMIG)

Ofício nº _____ – Comissão de Sindicância Patrimonial (número do processo)

Local, dia, mês e ano.

Ao: Excelentíssimo Doutor Delegado da Delegacia de Imigração – DELEMIG/UF

Endereço:

Assunto: Solicitação de informações e documentos

Cumprimentando-o e, por incumbência do Exmo. Sr. (*nome da autoridade instauradora*), visando instruir a sindicância patrimonial nº _____, sirvo-me do presente para solicitar a Vossa Senhoria os bons préstimos no sentido de certificar a Comissão de Sindicância Patrimonial, instalada no endereço (*mencionar o endereço do órgão*) **acerca da existência, no cadastro deste DPF, de registros de viagens ao exterior** realizadas pelo nacional **MÉVIO DE TAL, inscrito no cadastro de pessoa física sob o nº "021.000.000-01"**.

Outrossim, solicita a Vossa Senhoria que, a informação seja disponibilizada para o seguinte endereço eletrônico: _____.

Atenciosamente,

Assinatura do Presidente da Comissão

MODELO XIII
OFÍCIO DEPARTAMENTO DE TRÂNSITO

Ofício nº _____ – Comissão de Sindicância Patrimonial (número do processo)

Local, dia, mês e ano.

Ao: Ilustríssimo Senhor Presidente do Departamento de Trânsito/UF

Endereço:

Assunto: Solicitação de informações e documentos

Cumprimentando-o e, por incumbência do Exmo. Sr. (*nome da autoridade instauradora*), visando instruir a sindicância patrimonial nº _____, sirvo-me do presente para solicitar a Vossa Senhoria os bons préstimos no sentido de certificar a Comissão de Sindicância Patrimonial, instalada no endereço (*mencionar o endereço do órgão*) acerca da **existência de veículos que estejam ou estiveram registrados** em nome do servidor **MÉVIO DE TAL, inscrito no cadastro de pessoa física sob o nº "021.000.000-01"**.

Outrossim, solicitamos a Vossa Senhoria que, a informação seja disponibilizada para o seguinte endereço eletrônico: _____.

Atenciosamente,

Assinatura do Presidente da Comissão

MODELO XIV
TERMO DE CIENTIFICAÇÃO DO SERVIDOR INVESTIGADO

Aos (*mencionar dia, mês e ano*), após regular convocação, compareceu perante esta Comissão de Sindicância Patrimonial, estabelecida no endereço (mencionar endereço do órgão), o servidor **MÉVIO DE TAL** (mencionar cargo, matrícula e lotação), o qual toma conhecimento da existência da sindicância patrimonial nº _____ (*mencionar número da portaria*), que tem por escopo apurar suposta incompatibilidade entre o seu patrimônio e a remuneração recebida e informada na Declaração de Ajuste Anual. Nesta ocasião o servidor **MÉVIO DE TAL** foi cientificado acerca do que fora constatado por esta comissão, sendo-lhe oportunizado apresentar documentos e informações que possam justificar o acréscimo patrimonial a descoberto, relativamente aos exercícios: (mencionar os anos), consoante o Relatório de Análise Patrimonial de fls. _____.

Os membros desta comissão reputam necessária a apresentação das informações abaixo elencadas, **a depender da liberalidade do servidor em fornecê-las**:

1. Fontes de renda que possui, além da remuneração recebida do órgão _____ (inclusive recebimento de empréstimos, esclarecendo sobre a finalidade deste empréstimo);

2. Participação em sociedades empresárias (se afirmativo, informar cotas sociais e os lucros mensais auferidos, juntando cópia dos balancetes financeiros das sociedades, onde constem esses repasses para sua receita pessoal);

3. Origem dos capitais integralizados das sociedades empresárias, cujo quadro societário integra;

4. Se algum parente ou cônjuge participa de sociedades empresárias;

5. Nomes dos descendentes, ascendentes, cônjuge ou companheira(o), e seus respectivos CPFs;

6. Fontes de renda das pessoas acima indicadas;

7. Aquisição de direitos e bens móveis e imóveis por compra, sucessão ou doação (em caso de compra, informar sobre formas de pagamento);

8. Datas de nomeação para os cargos públicos exercidos;

9. Cargos públicos exercidos anteriormente à nomeação e posse no órgão _____;

10. Seus gastos e despesas em geral, tais como com educação, saúde, moradia e lazer referentes a si mesmo, cônjuge e dependentes, pagamentos efetuados a terceiros incluindo quitação de dívidas, gastos com cartões de créditos, e tributos suportados (IPVA, IPTU e outros); e

11. **SE ABRE MÃO DO SIGILO FISCAL OU BANCÁRIO, CASO SEJA NECESSÁRIO PARA A CONCLUSÃO DAS INVESTIGAÇÕES;**

12. Outras informações que entender cabíveis.

Nada mais, eu _____, secretário designado, lavrei o presente termo que segue assinado pelos membros da comissão de sindicância e patrimonial e pelo servidor.

Assinaturas dos membros da comissão

Assinatura do servidor

MODELO XV
TERMO DE RENÚNCIA DE SIGILO FISCAL E BANCÁRIO

Aos (*mencionar dia, mês e ano*), após regular convocação, compareceu a esta Comissão de Sindicância Patrimonial, estabelecida no endereço (*mencionar endereço do órgã*o), o servidor **MÉVIO DE TAL** (*mencionar cargo, matrícula e lotação*), o qual após tomar conhecimento da existência da presente sindicância patrimonial, consoante o Termo de Cientificação de fls. _____, RENUNCIA AOS SIGILOS FISCAL E BANCÁRIO, em prol da instrução do presente procedimento inquisitorial e, em consequência AUTORIZA a solicitação dos dados fiscais e bancários à Receita Federal e a outros órgãos competentes, se necessário, bem como se compromete em apresentar ao Presidente deste feito cópia de suas Declarações de Ajuste Anual (IR), no prazo de _____ (*indicar o prazo*), objetivando comprovar a legitimidade de sua evolução patrimonial.

Nada mais. Lido e achado conforme, o presente termo vai por todos assinado. Eu_____, secretário da comissão, o digitei.

Presidente da Comissão

Servidor Sindicado

MODELO XVI
AUTORIZAÇÃO DE TRANSFERÊNCIA DO SIGILO BANCÁRIO

Eu, **MÉVIO DE TAL**, RG n°_____, CPF n° _____, **AUTORIZO** os Bancos _____ e _____ a fornecerem cópias dos extratos bancários de conta corrente, de aplicações financeiras, cadernetas de poupança, de todas as contas mantidas de minha titularidade ou conjunta, inclusive aplicações financeiras, empréstimos, financiamentos e compras de moeda estrangeira, no período de (*mencionar período exato da liberação*), à Comissão de Sindicância Patrimonial, da (o) (*mencionar o órgão*), estabelecida no endereço (mencionar o endereço do órgão), com o escopo de instruir a sindicância patrimonial instaurada por meio da portaria n° _____ (indicar a data).

Local e data

Assinatura do servidor

(necessário o reconhecimento de firma)

MODELO XVII
AUTORIZAÇÃO DE TRANSFERÊNCIA DO SIGILO FISCAL

Eu, **MÉVIO DE TAL**, RG nº_____, CPF nº_____, **AUTORIZO** a Secretaria da Receita Federal a fornecer cópias das Declarações de Imposto de Renda de Pessoa Física, inclusive retificadoras, dos anos ___ a ___, bem como todas as informações existentes nos bancos de dados da Receita Federal, no período de (*mencionar período exato da liberação*), à Comissão de Sindicância Patrimonial, da (o) (mencionar o órgão)**,** estabelecida no endereço (*mencionar o endereço do órgão*)**,** com o escopo de instruir a sindicância patrimonial instaurada por meio da portaria nº _____ (*indicar a data*).

Local e data

Assinatura do servidor

(*necessário o reconhecimento de firma*)

MODELO XVIII
REQUERIMENTO DA COMISSÃO PROCESSANTE SOLICITAÇÃO DE AFASTAMENTO DO SIGILO BANCÁRIO

Ofício nº _____ – Comissão de Inquérito Administrativo (número do PAD)

Local, dia, mês e ano.

À Sua Excelência _____ (nome do representante judicial da Advocacia-Geral da União)

Endereço (do órgão)

Assunto: Solicitação de provimento judicial para afastamento de sigilo bancário.

Por meio da portaria nº _____, publicada em (*mencionar a data da publicação*), o Excelentíssimo Senhor (mencionar nome e cargo da autoridade instauradora) foi instaurado o processo administrativo disciplinar nº ____ (*número do processo*), com a finalidade de apurar a ocorrência de enriquecimento ilícito por parte do servidor **MÉVIO DE TAL** (*mencionar nome, cargo, matrícula e lotação*), com base no que restou apurado na sindicância patrimonial nº _____, levada a efeito no âmbito do (a) (*mencionar o órgão que promoveu a investigação patrimonial*), por meio da qual restou comprovado que no período de (*mencionar o período apurado ou especificada a data do fato, se possível*) o servidor apresentou variação patrimonial incompatível com os seus ganhos auferidos na função de _____ (*mencionar a função*), sendo certo que não foram comprovadas outras fontes de renda por parte do referido servidor, como se depreende do relatório conclusivo subscrito pelos membros da comissão de sindicância patrimonial. (descrever minutamente a incompatibilidade indicada na sindicância patrimonial).

APÊNDICE 2: MODELOS **257**

Após criterioso exame das provas contidas nos autos, os membros desta comissão permanente de inquéritos administrativos identificaram indícios veementes de que tal fato tenha ocorrido. Com efeito, com base nos elementos já colacionados até o momento configuram-se evidentes indícios de infrações disciplinares cometidas pelo servidor processado, (descrever as transgressões ínsitas na portaria inicial ou no despacho da autoridade instauradora), sem prejuízo da ação de improbidade correlata nº _____ (*mencionar número do processo, se houver*), a qual apura o ato de improbidade administrativa, à luz da Lei nº 8.429, de 1992.

No entanto, com vistas ao prosseguimento dos trabalhos de apuração, esta Comissão Processante considera imprescindível o acesso às movimentações financeiras realizadas pelo servidor acusado, visando _____ [exemplo: a) identificar a origem e destino final de quantias que eventualmente vêm sendo movimentadas pelo acusado em face de supostos depósitos efetuados a título de comissão/propina/exercício de atividades ilícitas ou não declaradas; b) identificar os valores que vêm sendo movimentados; c) outras hipóteses tendentes a demonstrar a percepção irregular de valores, propiciando a averiguação no âmbito da persecução disciplinar de desvio de conduta de agentes públicos e a consequente aplicação das sanções administrativas que se impõem ao caso].

O fundamento desta medida encontra amparo nas disposições da Lei Complementar nº 105, de 10 de janeiro de 2001, abaixo reproduzidos:

> *Art. 1º As instituições financeiras conservarão sigilo em suas operações ativas e passivas e serviços prestados. (...).*
> *Art. 3º Serão prestadas pelo Banco Central do Brasil, pela Comissão de Valores Mobiliários e pelas instituições financeiras as informações ordenadas pelo Poder Judiciário, preservado o seu caráter sigiloso mediante acesso restrito às partes, que delas não poderão servir-se para fins estranhos à lide. § 1º Dependem de prévia autorização do Poder Judiciário a prestação de informações e o fornecimento de documentos sigilosos solicitados por comissão processante administrativo destinada a apurar responsa-*

> *bilidade de servidor público por infração praticada no exercício de suas atribuições, ou que tenha relação com as atribuições do cargo em que se encontre investido. § 2º Nas hipóteses do § 1º, o requerimento de quebra de sigilo independe da existência de processo judicial em curso.*

As provas até agora produzidas nos autorizam a concluir pela necessidade de afastamento do sigilo do acusado, prevalecendo, portanto, a excepcionalidade da medida requerida sobre a regra geral de proteção de dados e informações pessoais.

Acrescente-se que, com o afastamento do sigilo, as informações que vierem a ser franqueadas à Comissão Processante restarão devidamente resguardadas do conhecimento público, uma vez que a sua utilização se dará, única e exclusivamente, no desempenho de suas atribuições.

Diante do exposto, solicito a Vossa Excelência providências no sentido de obter provimento judicial tendente a afastar o sigilo bancário do servidor _____. (nome do acusado), com o objetivo de obter acesso às respectivas movimentações financeiras.

Assinatura dos membros da Comissão (CPIA)

ANEXO
DECRETOS

DECRETO Nº 10.571 DE 9 DE DEZEMBRO DE 2020

> Dispõe sobre a apresentação e a análise das declarações de bens e de situações que possam gerar conflito de interesses por agentes públicos civis da administração pública federal.

O PRESIDENTE DA REPÚBLICA, no uso das atribuições que lhe confere o art. 84, *caput*, incisos IV e VI, alínea "a", da Constituição, e tendo em vista o disposto no art. 13, § 5º, da Lei nº 8.112, de 11 de dezembro de 1990, no art. 13 da Lei nº 8.429, de 2 de junho de 1992, e no art. 9º, *caput*, inciso I, da Lei nº 12.813, de 16 de maio de 2013,

DECRETA:

Objeto

Art. 1º Este Decreto estabelece as normas para a apresentação e a análise das declarações de bens e de conflitos de interesses de que tratam o § 5º do art. 13 da Lei nº 8.112, de 11 de dezembro de 1990, o art. 13 da Lei nº 8.429, de 2 de junho de 1992, e o inciso I do *caput* do art. 9º da Lei nº 12.813, de 16 de maio de 2013.

Âmbito de aplicação

Art. 2º O disposto neste Decreto aplica-se a todos os agentes públicos civis da administração pública federal direta e indireta.

Parágrafo único. O disposto neste Decreto aplica-se aos empregados, aos dirigentes e aos conselheiros de empresas estatais, inclusive aquelas não dependentes de recursos do Tesouro Nacional para o custeio de despesas de pessoal ou para o custeio em geral.

Forma de apresentação das declarações

Art. 3º As declarações de que trata este Decreto serão apresentadas, exclusivamente, por meio de sistema eletrônico administrado pela Controladoria-Geral da União.

§ 1º As declarações sobre bens e atividades econômicas ou profissionais de que trata este Decreto poderão ser substituídas por autorização, em meio eletrônico, de acesso às declarações anuais de Imposto sobre a Renda e Proventos de Qualquer Natureza das pessoas físicas apresentadas pelo agente público à Secretaria Especial da Receita Federal do Brasil do Ministério da Economia.

§ 2º A autorização de que trata o § 1º:

I. Terá validade por tempo indeterminado;

II. Poderá ser tornada sem efeito, por meio eletrônico, a qualquer momento, pelo agente público;

III. Será assinada em meio eletrônico pelo agente público, com utilização dos tipos de assinatura eletrônica reconhecidos como válidos para o caso, nos termos do disposto no Decreto nº 10.543, de 13 de novembro de 2020;

IV. IV. não exime o agente público de informar, na forma prevista no *caput*, seus bens e atividades econômicas ou profissionais que não constem da declaração do Imposto sobre a Renda e Proventos de Qualquer Natureza das pessoas físicas;

V. V. implica autorização para acesso e armazenamento de todos os dados da declaração do Imposto sobre a Renda e Proventos de Qualquer Natureza das pessoas físicas pela Controladoria-Geral da União e, quando aplicável, para acesso pela Comissão de Ética Pública, de que trata a Lei nº 12.813, de 2013; e

VI. Poderá ser apresentada por meio do Sistema de Gestão de Pessoas – Sigepe, na hipótese de o agente público estar cadastrado no referido sistema.

Momento de declaração

Art. 4º As declarações de que trata este Decreto serão apresentadas, conforme o caso:

I. No ato da posse ou da contratação em cargo, função ou emprego nos órgãos ou nas entidades do Poder Executivo federal;

II. No prazo de dez dias úteis, contado da data da designação, quando se tratar de função de confiança equivalente ou superior à Função Comissionada do Poder Executivo de nível 5;

III. No prazo de dez dias úteis, contado da data do efetivo retorno ao serviço, no caso de agente público federal que se encontrava, a qualquer título, afastado ou licenciado, sem remuneração, do serviço, por período igual ou superior a um ano;

IV. Na data da exoneração, da rescisão contratual, da dispensa, da devolução à origem ou da aposentadoria, no caso de o agente público federal deixar o cargo, o emprego ou a função que estiver ocupando ou exercendo; e

V. Anualmente.

Parágrafo único. O disposto nos incisos II ao V do *caput* não se aplica nas hipóteses de que tratam os § 1º e § 2º do art. 3º.

Fiscalização da entrega das declarações

Art. 5º Compete à Controladoria-Geral da União e à Comissão de Ética Pública, no âmbito de suas competências, fiscalizar o cumprimento da exigência de apresentação das declarações de que trata este Decreto ou de autorização de acesso nos termos do disposto nos § 1º e § 2º do art. 3º pelos agentes públicos.

Não apresentação das declarações

Art. 6º Poderá ser instaurado processo administrativo disciplinar e, quando cabível, processo ético contra o agente público que se recusar a apresentar ou apresentar falsamente a declaração de que trata este Decreto, observado o disposto nos § 1º e § 2º do art. 3º.

Banco de dados das declarações

Art. 7º A Controladoria-Geral da União manterá e gerenciará banco de dados com o histórico e o inteiro teor de todas as declarações de que trata este Decreto, observado o disposto nos § 2º e § 3º do art. 8º.

Parágrafo único. A Controladoria-Geral da União e a Comissão de Ética Pública acessarão as informações contidas no banco de dados de que trata o *caput*, no limite de suas competências.

Gestão e acesso ao banco de dados das declarações

Art. 8º A Controladoria-Geral da União informará à Secretaria Especial da Receita Federal do Brasil do Ministério da Economia as declarações cujo acesso tenha sido autorizado nos termos do disposto nos § 1º e § 2º do art. 3º.

§ 1º A Secretaria Especial da Receita Federal do Brasil do Ministério da Economia disponibilizará à Controladoria-Geral da União e à Comissão de Ética Pública, por meio eletrônico, as declarações de que tratam os § 1º e § 2º do art. 3º.

§ 2º Compete à Controladoria-Geral da União:

I. Informar à Secretaria Especial da Receita Federal do Brasil do Ministério da Economia o número de inscrição no Cadastro de Pessoas Físicas dos titulares das declarações de Imposto sobre a Renda e Proventos de Qualquer Natureza das pessoas físicas cujo acesso tenha sido autorizado;

II. Certificar a existência e a validade das autorizações eletrônicas de acesso às declarações de que trata o inciso I;

III. Garantir que os dados e as informações sigilosas encaminhadas pela Secretaria Especial da Receita Federal do Brasil do Ministério da Economia permanecerão sob sigilo, com vedação de divulgação ou de utilização para finalidade diversa da prevista neste Decreto;

IV. Zelar pela integridade e pela rastreabilidade dos dados e das informações, observado o disposto na Lei nº 13.709, de 14 de agosto de 2018;

V. Assegurar, no mínimo, os mesmos requisitos de segurança da informação e de comunicação adotados pela Secretaria Especial da Receita Federal do Brasil do Ministério da Economia;

VI. Vedar o acesso ao banco de dados por terceiros não autorizados;

VII. Custear eventuais despesas orçamentárias ou financeiras para a extração e a transferência dos dados; e

VIII. Permitir o acesso direto da Comissão de Ética Pública ao banco de dados, observado o disposto no art. 3º do Decreto nº 10.046, de 9 de outubro de 2019.

§ 3º Os agentes públicos da Controladoria-Geral da União e da Comissão de Ética Pública são obrigados a zelar pelo sigilo dos dados e informações recebidas.

Agentes públicos obrigados a apresentar declarações sobre conflito de interesses

Art. 9º São obrigados a apresentar declarações sobre conflito de interesses à Comissão de Ética Pública, por meio do sistema eletrônico de que trata o art. 3º:

I. Os Ministros de Estado;

II. Os ocupantes de cargo em comissão ou função de confiança de nível igual ou superior a 5 do Grupo-Direção e Assessoramento Superiores – DAS; e

III. Os presidentes, os vice-presidentes e os diretores, ou equivalentes, de entidades da administração pública federal indireta.

Informações sobre conflitos de interesse a serem disponibilizadas

Art. 10. Os agentes públicos de que trata o art. 9º devem:

I.   Indicar a existência de cônjuge, de companheiro ou de parente, por consanguinidade ou por afinidade, em linha reta ou colateral, até o terceiro grau, no exercício de atividades que possam suscitar conflito de interesses;

II.   Relacionar as atividades privadas exercidas no ano-calendário anterior e, se for o caso, indicar o respectivo pedido de autorização para exercício de atividade privada encaminhado à Comissão de Ética Pública; e

III. Identificar toda situação patrimonial específica que suscite ou possa eventualmente suscitar conflito de interesses e, se for o caso, o modo pelo qual pretende evitá-lo.

Parágrafo único. Caso os agentes públicos federais de que trata o art. 9º identifiquem familiares que exerçam atividades que possam suscitar conflito com o interesse público, deverão comprovar que realizaram consulta à Comissão de Ética Pública de acordo com o disposto no § 1º do art. 4º da Lei nº 12.813, de 2013.

Análise da evolução patrimonial

Art. 11. A Controladoria-Geral da União analisará a evolução patrimonial dos agentes públicos federais de que trata este Decreto.

Parágrafo único. A Comissão de Ética Pública poderá utilizar a análise da evolução patrimonial para instruir os processos administrativos no âmbito de sua competência.

Informações complementares sobre declarações

Art. 12. O agente público poderá ser notificado para prestar esclarecimentos ou informações complementares:

I.   Pela Controladoria-Geral da União, caso sejam detectadas inconsistências na declaração apresentada; e

II. Pela Comissão de Ética Pública, quando for necessário à análise de conflito de interesses.

Sindicância e processo administrativo disciplinar

Art. 13. A análise das declarações poderá ensejar, após o procedimento disposto no art. 11 e no inciso I do *caput* do art. 12, a instauração de sindicância patrimonial ou, conforme o caso, de processo administrativo disciplinar, caso haja fundado indício de evolução patrimonial incompatível com os rendimentos auferidos de modo legítimo e comprovado.

Sindicância patrimonial

Art. 14. A sindicância patrimonial consiste em procedimento administrativo, sigiloso e não punitivo, destinado a investigar indícios de enriquecimento ilícito por parte de agentes públicos federais, inclusive evolução patrimonial incompatível com os seus recursos e disponibilidades por eles informados na sua declaração patrimonial.

§ 1º O prazo para conclusão da sindicância patrimonial é de trinta dias, contado da data de sua instauração.

§ 2º O prazo de que trata o § 1º poderá ser prorrogado pela autoridade instauradora.

§ 3º Após a conclusão da apuração no âmbito da sindicância patrimonial, será elaborado relatório conclusivo sobre os fatos apurados, que deverá conter recomendação à autoridade instauradora:

I. Pelo arquivamento dos autos; ou

II. Pela instauração de processo administrativo disciplinar, caso tenham sido identificados indícios de autoria e de materialidade de enriquecimento ilícito por parte do agente público federal investigado.

Normas complementares

Art. 15. As normas complementares necessárias ao cumprimento do disposto neste Decreto competem:

I. A ato conjunto do Ministro de Estado da Economia, do Ministro de Estado da Controladoria-Geral da União e da Comissão de Ética Pública, quanto à aplicação do disposto no § 2º do art. 3º e no art. 8º; e

II. À Comissão de Ética Pública e ao Ministro de Estado da Controladoria-Geral da União, no âmbito de suas competências, quanto à aplicação dos demais dispositivos deste Decreto.

Revogações

Art. 16. Ficam revogados:

I. O Decreto nº 5.483, de 30 de junho de 2005;

II. O Decreto nº 6.906, de 21 de julho de 2009; e

III. O art. 4º do Código de Conduta da Alta Administração Federal, instituído pela Exposição de Motivos nº 37, de 18 de agosto de 2000, aprovada em 21 de agosto de 2000.

Vigência

Art. 17. Este Decreto entra em vigor em 9 de dezembro de 2021.

Brasília, 9 de dezembro de 2020; 199º da Independência e 132º da República.

JAIR MESSIAS BOLSONARO

Paulo Guedes

Wagner de Campos Rosário

Jorge Antonio de Oliveira Francisco

Este texto não substitui o publicado no DOU de 10.12.2020.

DECRETO Nº 42.553 DE 15 DE JULHO DE 2010

Regulamenta no Âmbito do Poder Executivo Estadual, o art. 13 da Lei nº 8.429, de 2 de junho de 1992, institui a sindicância patrimonial e dá outras providências.

O GOVERNADOR DO ESTADO RIO DE JANEIRO, no uso de suas atribuições legais,

CONSIDERANDO:

- O disposto no art. 13, § 2º, da Lei Federal nº 8.429, de 2 de junho de 1992, que dispõe sobre a entrega obrigatória da declaração anual de bens e valores que compõem o patrimônio privado de todos os agentes públicos;

- Que a Lei Federal nº 8.429, de 2 de junho de 1992, aplicável aos Estados e Municípios na forma de seu art. 1º, ao dispor sobre a apresentação de declarações de bens e valores estabelece que o cumprimento desta obrigação poderá ser feito mediante entrega da declaração anual de bens preparada para fins de Imposto de Renda;

- Que a Lei Federal nº 8.730, de 10 de novembro de 1993, em seu art. 7º, determina a adoção, pelos Estados e Municípios, de suas disposições, como normas gerais de Direito Financeiro;

- Serem os mesmos os dados e as informações que devem ser apresentados, tanto para fins de Imposto de Renda, quanto para cumprimento das obrigações criadas pelas Leis Federais nº 8.429/92 e nº 8.730/93; e

- Os princípios da racionalidade administrativa e da economicidade, que devem ser observados na organização de toda atividade dos órgãos e entidades públicas, nos termos do art. 14 do Decreto-Lei nº 200, de 25 de fevereiro de 1967.

DECRETA:

Art. 1º – A declaração dos bens e valores que integram o patrimônio privado de agente público, no âmbito do Poder Executivo Estadual, bem como sua atualização, conforme previsto na Lei Federal nº 8.429, de 2 de junho de 1992, bem como na Lei Federal nº 8.730, de 10 de novembro de 1993, observarão as normas deste Decreto.

Art. 2º – A posse e o exercício de agente público em cargo, emprego ou função da administração pública direta ou indireta ficam condicionados à apresentação, pelo interessado, de declaração dos bens e valores que integram o seu patrimônio, bem como os do cônjuge, companheiro, filhos ou outras pessoas que vivam sob a sua dependência econômica, excluídos apenas os objetos e utensílios de uso doméstico.

Parágrafo Único – A declaração de que trata este artigo compreenderá imóveis, móveis, semoventes, dinheiro, títulos, ações e qualquer outra espécie de bens e valores patrimoniais localizados no País ou no exterior.

Art. 3º – Os agentes públicos de que trata este Decreto atualizarão, em formulário próprio, anualmente e no momento em que deixarem o cargo, emprego ou função, a declaração dos bens e valores, com a indicação da respectiva variação patrimonial ocorrida.

§ 1º – A atualização anual de que trata o *caput* será realizada no prazo de até quinze dias após a data limite fixada pela Secretaria da Receita Federal do Ministério da Fazenda para a apresentação da Declaração de Ajuste Anual do Imposto de Renda Pessoa Física.

§ 2º – O cumprimento do disposto no § 4º do art. 13 da Lei Federal nº 8.429, de 1992, poderá, a critério do agente público, realizar-se mediante a entrega de cópia assinada da declaração de ajuste anual do imposto de renda pessoa física apresentada à Secretaria da Receita Federal, com as respectivas retificações.

§ 3º – Caso a declaração apresentada para fins de Imposto de Renda não contenha os elementos indicados no art. 2º da Lei nº 8.730/93 (bens imóveis, móveis, semoventes, títulos ou valores mobiliários, direitos sobre veículos automóveis, embarcações ou aeronaves e dinheiro ou aplicações financeiras que, no País ou no exterior, constituam, separadamente, o patrimônio do declarante e de seus dependentes, na data respectiva), o declarante deverá completá-la, utilizando-se do mesmo formulário aprovado pela Secretaria da Receita Federal.

Art. 4° – O serviço de pessoal competente manterá arquivo das declarações previstas neste Decreto até cinco anos após a data em que o agente público deixar o cargo, emprego ou função.

Art. 5° – Será instaurado processo administrativo disciplinar contra o agente público que se recusar a apresentar declaração dos bens e valores na data própria, ou que a prestar falsa, ficando sujeito à penalidade prevista no § 3º do art. 13 da Lei nº 8.429, de 1992.

Art. 6° – Os órgãos de controle interno fiscalizarão o cumprimento da exigência de entrega das declarações regulamentadas por este Decreto, a ser realizado pelo serviço de pessoal competente.

Art. 7° – A Secretaria de Estado de Planejamento e Gestão poderá analisar, sempre que julgar necessário, a evolução patrimonial do agente público, a fim de verificar a compatibilidade desta com os recursos e disponibilidades que compõem o seu patrimônio, na forma prevista na Lei nº 8.429, de 1992, observadas as disposições especiais da Lei nº 8.730, de 10 de novembro de 1993.

Parágrafo Único – Verificada a incompatibilidade patrimonial, na forma estabelecida no *caput*, a Secretaria de Estado de Planejamento e Gestão instaurará procedimento de sindicância patrimonial ou requisitará sua instauração ao órgão ou entidade competente.

Art. 8° – Ao tomar conhecimento de fundada notícia ou de indícios de enriquecimento ilícito, inclusive evolução patrimonial incompatível com os recursos e disponibilidades do agente público, nos termos do art. 9º da Lei nº 8.429, de 1992, a autoridade competente determinará a instauração de sindicância patrimonial, destinada à apuração dos fatos.

Parágrafo Único – A sindicância patrimonial de que trata este artigo será instaurada, mediante portaria, pela autoridade competente ou pela Secretaria de Estado de Planejamento e Gestão.

Art. 9° – A sindicância patrimonial constituir-se-á em procedimento sigiloso e meramente investigatório, não tendo caráter punitivo.

§ 1° – O procedimento de sindicância patrimonial será conduzido por comissão composta por dois ou mais servidores ou empregados efetivos de órgãos ou entidades da administração estadual.

§ 2° – O prazo para conclusão do procedimento de sindicância patrimonial será de trinta dias, contados da data da publicação do ato que constituir a comissão, podendo ser prorrogado, por igual período ou por período inferior, pela autoridade competente pela instauração, desde que justificada a necessidade.

§ 3° – Concluídos os trabalhos da sindicância patrimonial, a comissão responsável por sua condução fará relatório sobre os fatos apurados, opinando pelo seu arquivamento ou, se for o caso, por sua conversão em processo administrativo disciplinar.

Art. 10 – Concluído o procedimento de sindicância nos termos deste Decreto, dar-se-á imediato conhecimento do fato ao Ministério Público Estadual, ao Tribunal de Contas do Estado, à Secretaria de Estado de Planejamento e Gestão, à Secretaria da Receita Federal e ao Conselho de Controle de Atividades Financeiras.

Art. 11 – A Secretaria de Estado de Planejamento e Gestão expedirá, no prazo de noventa dias, as instruções necessárias para o cumprimento deste Decreto no âmbito do Poder Executivo Estadual.

Art. 12 – Caberá aos titulares dos órgãos e entidades da administração pública estadual direta ou indireta, sob pena de responsabilidade, velar pela estrita observância do disposto neste Decreto.

Art. 13 – Este Decreto entra em vigor na data de sua publicação, revogando-se as disposições em contrário.

Rio de Janeiro, 15 de julho de 2010

SÉRGIO CABRAL

DECRETO Nº 43.483 DE 27 DE FEVEREIRO DE 2012

> Dispõe sobre Sindicância Patrimonial de Servidores da Polícia Civil, da Polícia Militar e do Corpo de Bombeiros Militar, no âmbito do Poder Executivo Estadual, nos casos de Evolução Patrimonial Incompatível com os recursos que auferem em razão do cargo e disponibilidades que compõem seu patrimônio, e dá outras providências.

O GOVERNADOR DO ESTADO RIO DE JANEIRO, no uso de suas atribuições legais, de acordo com o contido no processo nº E-09/33/0003/2011,

CONSIDERANDO:

- O disposto no art. 13, § 2º, da Lei Federal nº 8.429, de 2 de junho de 1992, que dispõe sobre a entrega obrigatória da declaração anual de bens e valores que compõem o patrimônio privado de todos os agentes públicos;

- Que a Lei Federal nº 8.429, de 2 de junho de 1992, aplicável aos Estados e Municípios na forma de seu art. 1º, ao dispor sobre a apresentação de declarações de bens e valores estabelece que o cumprimento desta obrigação poderá ser feito mediante entrega da declaração anual de bens preparada para fins de Imposto de Renda;

- Que a Lei nº 8.730, de 10 de novembro de 1993, em seu art. 7º, determina a adoção, pelos Estados e Municípios, de suas disposições, como normas gerais de Direito Financeiro;

- A necessidade de utilização em sindicância patrimonial destes dados e as informações que devem ser apresentadas, tanto para fins de Imposto de Renda, quanto para cumprimento das obrigações criadas pelas Lei Federal nº 8.429, de 2 de junho de 1992 e Lei nº 8.730, de 10 de novembro de 1993;

- Os princípios da racionalidade administrativa e da economicidade, que devem ser observados na organização de toda atividade dos órgãos públicos, nos termos do art. 14 do Decreto-Lei nº 200, de 25 de fevereiro de 1967;

- Que as peculiaridades da estrutura e das rotinas da Secretaria de Estado de Segurança e da Secretaria de Estado de Defesa Civil, bem como a necessidade de que, no âmbito das forças estaduais de segurança e de defesa civil vinculadas a estas Secretarias, imediatamente se dê maior efetivação ao sistema de controle instituído pelas Leis Federais nᵒˢ 8.429, de 1992, e 8.730, de 1994, recomendam a edição de regulamentação específica para a sindicância patrimonial dos servidores; e

- Os princípios da moralidade administrativa e eficiência, previstos no art. 37, *caput* da Constituição da República, bem como o dever da Administração Pública de promover a imediata apuração de qualquer ilícito ou irregularidade verificados no âmbito do serviço público.

RESOLVE:

Art. 1º – A declaração dos bens e valores que integram o patrimônio privado de agentes públicos da Polícia Civil, da Polícia Militar e do Corpo de Bombeiros Militar, no âmbito do Poder Executivo Estadual, bem como sua atualização, conforme previsto na Lei Federal nº 8.429, de 2 de junho de 1992, e na Lei nº 8.730, de 10 de novembro de 1993, observarão as normas deste Decreto.

Art. 2º – A posse e o exercício em cargo, emprego ou função pelos agentes citados no art. 1º ficam condicionados à apresentação, pelo interessado, de declaração dos bens e valores que integram o seu patrimônio, bem como os do cônjuge, companheiro, filhos ou outras pessoas que vivam sob a sua dependência econômica, excluídos apenas os objetos e utensílios de uso doméstico.

Parágrafo Único – A declaração de que trata este artigo compreenderá imóveis, móveis, semoventes, dinheiro, títulos, ações e qualquer outra espécie de bens e valores patrimoniais localizados no País ou no exterior.

Art. 3° – Os agentes públicos de que trata este Decreto atualizarão, em formulário próprio, anualmente e no momento em que deixarem o cargo, emprego ou função, a declaração dos bens e valores, com a indicação da respectiva variação patrimonial ocorrida.

§ 1° – A atualização anual de que trata o *caput* será realizada no prazo de até 15 (quinze) dias após a data limite fixada pela Secretaria da Receita Federal do Ministério da Fazenda para a apresentação da Declaração de Ajuste Anual do Imposto de Renda Pessoa Física.

§ 2° – O cumprimento do disposto no § 4º do art. 13 da Lei Federal nº 8.429, de 2 de junho de 1992, poderá, a critério do agente, realizar-se mediante a entrega de cópia assinada da declaração de ajuste anual do imposto de renda pessoa física apresentada à Secretaria da Receita Federal, com as respectivas retificações.

§ 3° – Caso a declaração apresentada para fins de Imposto de Renda não contenha os elementos indicados no art. 2º da Lei nº 8.730, de 10 de novembro de 1993 (bens imóveis, móveis, semoventes, títulos ou valores mobiliários, direitos sobre veículos automóveis, embarcações ou aeronaves e dinheiro ou aplicações financeiras que, no País ou no exterior, constituam, separadamente, o patrimônio do declarante e de seus dependentes, na data respectiva), o declarante deverá completá-la, utilizando-se do mesmo formulário aprovado pela Secretaria da Receita Federal.

Art. 4° – O setor de pessoal de cada uma das Corporações abrangidas pelo presente Decreto manterá arquivo das declarações previstas neste Decreto até 5 (cinco) anos após a data em que o servidor deixar o cargo, emprego ou função.

Art. 5° – Será instaurado processo administrativo disciplinar contra o agente público que se recusar a apresentar declaração dos bens e valores na data própria, ou que a prestar falsa, ficando sujeito à penalidade prevista no § 3º do art. 13 da Lei Federal nº 8.429, de 2 de junho de 1992.

Art. 6° – Os órgãos de controle interno da Secretaria de Estado de Segurança e da Secretaria de Estado de Defesa Civil, no âmbito de suas respectivas competências, fiscalizarão o cumprimento da exigência de entrega das declarações regulamentadas por este Decreto, a ser realizado pelo setor de pessoal de cada uma das Corporações abrangidas pelo presente Decreto.

Art. 7º – As declarações de bens e valores assim que recebidas pelo setor de pessoal da Polícia Civil, da Polícia Militar ou do Corpo de Bombeiros Militar deverão ser analisadas por Comissão previamente constituída para esse fim naquele mesmo setor de pessoal e composta por servidores estáveis ocupantes de cargos públicos efetivos, com o objetivo de verificar a existência de sinais de incompatibilidade do patrimônio do servidor, em comparação com a renda que aufere em razão do cargo e quaisquer outras disponibilidades econômicas e financeiras que possua ou usufrua.

§ 1º – A análise das declarações poderá ser realizada por amostragem, segundo critérios definidos pela Comissão, bem como através de software desenvolvido em âmbito das Corporações para essa finalidade.

§ 2º – Consideram-se sinais de incompatibilidade patrimonial qualquer dos seguintes indicativos:

I. A propriedade ou a posse de bens cujo valor econômico seja desproporcional à soma algébrica da remuneração percebida pelo servidor ao tempo da integralização do bem ao seu patrimônio ou a de seus dependentes;

II. A propriedade ou a posse de bens que, por sua natureza, revelem sinais exteriores de riqueza, quando não comprovado nas informações constantes na declaração, ou mediante documentação hábil e idônea, a forma de sua aquisição, uso ou usufruto, assim como os gastos realizados a título de despesas com tributos, guarda, manutenção, conservação e demais gastos indispensáveis à utilização desses bens;

III. A realização de gastos incompatíveis com os rendimentos auferidos pelo servidor ou seus dependentes;

IV. A incorporação patrimonial de ganhos e rendimentos de capital, qualquer que lhes seja a denominação dada, independentemente da natureza, da espécie ou da existência de título ou contrato escrito, quando não justificada a relação jurídica geradora de tal direito;

V. Os acréscimos patrimoniais realizados com recursos advindos de empréstimos contraídos em clara desproporção aos padrões dos rendimentos declarados pelo servidor;

VI. Circunstâncias em que o servidor ou seus dependentes venham a ser donatários de bens cuja origem não seja devidamente comprovada;

VII. Outros indicativos de ordem patrimonial que denotem variação positiva acima da capacidade econômico-financeira do servidor.

§ 3º – Consideram-se bens representativos de sinais exteriores de riqueza, para os efeitos deste Decreto, veículos automotores terrestres, embarcações, aeronaves, imóveis e outros bens que demandem gastos para sua utilização.

§ 4º – Sem prejuízo das responsabilidades penal, tributária e civil, constitui transgressão disciplinar, na forma compatível com a tipicidade prevista nas normas aplicáveis aos agentes destinatários do presente Decreto, as condutas de fazer declaração falsa ou omitir nesta informação sobre rendas, bens ou fatos, ou empregar outra fraude, com fins de eximir-se da ação fiscalizadora ora estabelecida à égide dos princípios da probidade e da moralidade administrativas.

§ 5º – Concluída a análise, verificados sinais de incompatibilidade patrimonial do agente, tal como definida no § 2º, o setor de pessoal competente deverá informar à Corregedoria Geral Unificada, no prazo de 5 (cinco) dias, juntando-se cópia das declarações arquivadas, visando à instauração de sindicância patrimonial.

Art. 8º – A Corregedoria Geral Unificada e as Corregedorias Internas da Polícia Civil, da Polícia Militar e do Corpo de Bombeiros Militar deverão instituir rotinas e formar equipes para a realização de inspeções correicionais ordinárias em todas as unidades da Polícia Civil, da Polícia Militar e do Corpo de Bombeiro Militar, a fim de verificar indícios de evolução patrimonial incompatível de agentes.

Parágrafo Único – Constatados durante as inspeções de que trata o *caput* sinais de incompatibilidade patrimonial do agente, tal como definida no § 2º do art. 7º deste Decreto, as Corregedorias Internas deverão informar o resultado da diligência ao Corregedor-Geral da Corregedoria Geral Unificada, imediatamente, para instauração de sindicância patrimonial.

Art. 9º – Os dirigentes de unidades administrativo-judiciárias da Polícia Civil e os comandantes das organizações policiais militares e dos bombeiros militares deverão permanentemente fiscalizar e identificar, entre seus subordinados, aqueles que exibam sinais exteriores de riqueza incompatíveis com seus vencimentos, bem como aqueles que, de folga, em gozo de férias ou de licenças, demonstrem gastos desproporcionais ao seu padrão salarial.

Parágrafo Único – Nestes casos, sob pena de responsabilidade administrativa, o dirigente da unidade ou o comandante da organização policial militar ou bombeiro militar deverá, de imediato, informar ao Corregedor-Geral da Corregedoria Geral Unificada, para que este instaure, se for o caso, sindicância patrimonial.

Art. 10 – Ao tomar conhecimento de indícios de enriquecimento ilícito ou sinais de incompatibilidade patrimonial do servidor através de qualquer dos meios previstos nas disposições antecedentes, através de notícia divulgada pela imprensa escrita ou falada, ou através de denúncia de autoria identificada, o Corregedor-Geral da Corregedoria Geral Unificada deverá determinar a instauração de sindicância patrimonial, destinada à apuração dos fatos.

Parágrafo Único – Salvo na hipótese do § 5º do artigo 7º deste Decreto, os órgãos da Polícia Civil, da Polícia Militar e do Corpo de Bombeiros Militar responsáveis pelo arquivamento das declarações de bens e valores a que alude o artigo 2º do presente deverão, no prazo de 5 (cinco) dias, contados do recebimento da requisição, enviá-las a Corregedoria Geral Unificada, para instrução da sindicância patrimonial.

Art. 11 – A sindicância patrimonial constituir-se-á em procedimento sigiloso e meramente investigatório, não tendo caráter punitivo.

§ 1° – O procedimento de sindicância patrimonial será conduzido por comissão previamente constituída e composta por servidores estáveis ocupantes de cargos públicos efetivos, designada pelo Corregedor--Geral da Corregedoria Geral Unificada.

§ 2° – O prazo para conclusão do procedimento de sindicância patrimonial será de 30 (trinta) dias, contados da data da publicação da portaria, podendo ser prorrogado, por igual período ou por período inferior, pela autoridade competente pela instauração, desde que justificada a necessidade.

§ 3° – Concluídos os trabalhos da sindicância patrimonial, a comissão fará relatório sobre os fatos apurados, opinando pelo seu arquivamento ou, se for o caso, pela instauração de processo administrativo disciplinar.

Art. 12 – Instaurado processo administrativo disciplinar, com base na sindicância patrimonial, nos termos deste Decreto, dar-se-á imediato conhecimento do fato ao Ministério Público Estadual, ao Tribunal de Contas do Estado e à Secretaria da Receita Federal.

Art. 13 – Instaurado o processo administrativo disciplinar a comissão processante poderá representar, fundamentadamente, ao Ministério Público ou à Procuradoria Geral do Estado para que requeira junto ao Poder Judiciário a quebra dos sigilos bancário e fiscal do acusado, cônjuge, companheiro, filhos ou outras pessoas que vivam sob sua dependência econômica, nos termos do artigo 3°, § 1°, da Lei Complementar n° 105, de 10 de janeiro de 2001.

Parágrafo Único – O requerimento da quebra de sigilos bancário e fiscal independe da existência de processo judicial em curso, conforme dispõe o artigo 3°, § 2°, da Lei Complementar n° 105, de 10 de janeiro de 2001.

Art. 14 – A Corregedoria Geral Unificada, em sede de sindicância patrimonial ou de processo administrativo disciplinar, poderá avaliar a declaração dos bens e valores a que alude o artigo 2° deste Decreto, a fim de verificar a evolução patrimonial do agente e sua compatibilidade com os recursos que aufere em razão do cargo e disponibilidades que compõem seu patrimônio, na forma prevista no artigo 13 da Lei nº 8.429, de 2 de junho de 1992, observadas as disposições da Lei nº 8.730, de 10 de novembro de 1993.

Art. 15 – Além das demais autoridades e agentes públicos responsáveis pela prática dos atos e procedimentos estatuídos no presente Decreto, caberá aos titulares das unidades da Polícia Civil e aos comandantes das organizações Policiais Militares e do Corpo de Bombeiros Militares, sob pena de responsabilidade, velar pela estrita observância do disposto neste Decreto.

Art. 16 – A Secretaria de Estado de Segurança e a Secretaria de Estado de Defesa Civil, no âmbito de suas respectivas competências, expedirão, no prazo máximo de 90 (noventa dias), as instruções necessárias para o cumprimento deste Decreto.

Art. 17 – Este Decreto entrará em vigor na data de sua publicação.

Rio de Janeiro, 27 de fevereiro 2012

SÉRGIO CABRAL

DECRETO Nº 46.364 DE 17 DE JULHO DE 2018

(Alterado pelos Decretos nº 46.663, de 17 de maio de 2019; e nº 47.967, de 23 de fevereiro de 2022)

INSTITUI O SISTEMA DE CONTROLE DE BENS PATRIMONIAIS DOS AGENTES PÚBLICOS – SISPATRI, COMO SISTEMA OFICIAL PARA A ENTREGA DE DECLARAÇÃO ELETRÔNICA DE BENS E VALORES PELOS AGENTES PÚBLICOS DO PODER EXECUTIVO ESTADUAL.

O GOVERNADOR DO ESTADO DO RIO DE JANEIRO, no uso de suas atribuições legais, tendo em vista o que consta no processo administrativo nº E-01/067/1302/2016, e CONSIDERANDO:

- O Termo de Cooperação nº 06/CGMSP firmado pela Prefeitura do Município de São Paulo – SP, por intermédio da Controladoria Geral do Município, e o Estado do Rio de Janeiro, por meio da Secretaria de Estado de Fazenda e Planejamento – SEFAZ, conforme processo administrativo nº E-01/067/1302/2016;

- A mútua cooperação entre os partícipes para o compartilhamento e intercâmbio de informações e conhecimentos técnicos, com a finalidade específica de viabilizar a utilização do Sistema de Controle de Bens Patrimoniais dos Agentes Públicos SISPATRI;

- As disposições do Decreto nº 42.553, de 15 de julho de 2010, que regulamentou, no âmbito do Poder Executivo estadual, o artigo 13 da Lei nº 8.429, de 2 de junho de 1992 e os artigos 1º e 7º da Lei 8.730, de 10 de novembro de 1993, e que estabeleceu a obrigatoriedade da declaração de bens e rendas por parte dos agentes públicos e instituiu no âmbito estadual a sindicância patrimonial;

DECRETA:

Art. 1º – Fica instituído o Sistema de Controle de Bens Patrimoniais dos Agentes Públicos – SISPATRI como sistema oficial eletrônico para registro de bens e valores dos agentes públicos do Poder Executivo estadual.

§ 1º – A Controladoria Geral do Estado – CGE será a gestora do SISPATRI e responsável pelo registro de todos os acessos à aplicação, efetuando o controle e auditoria sobre estes acessos.

§ 2º – A Secretaria de Estado de Fazenda e Planejamento – SEFAZ disponibilizará acesso ao SISPATRI no Portal do Servidor do Estado do Rio de Janeiro – www.servidor.rj.gov.br. (Alterado pelo Decreto nº 46.663, de 17 de maio de 2019)

§ 2º – A Secretaria de Estado de Fazenda – SEFAZ disponibilizará acesso ao SISPATRI no Portal do Servidor do Estado do Rio de Janeiro – www.servidor.rj.gov.br. (Revogado pelo Decreto nº 47.967 de 23 de fevereiro de 2022)

§ 3º – A Subsecretaria-Adjunta de Tecnologia da Informação – SATI, órgão da Secretaria de Estado de Fazenda e Planejamento – SEFAZ, será a responsável técnica do sistema, respondendo por sua integridade e inviolabilidade, devendo atender aos chamados dos gestores do sistema que requisitarem manutenção ou dúvida quanto à parte tecnológica deste, guardando sigilo sobre qualquer informação extraída e se reportando ao gestor do sistema quando houver qualquer espécie de modificação, alteração, ou irregularidade observada. (Alterado pelo Decreto nº 46.663, de 17 de maio de 2019). Publicado no D.O.E.R.J. em 18/07/2018 e 20/05/2019.

§ 3º – A Subsecretaria-Adjunta de Tecnologia da Informação – SATI, órgão da Secretaria de Estado de Fazenda – SEFAZ, será a responsável técnica do sistema, respondendo por sua integridade e inviolabilidade, devendo atender aos chamados dos gestores do sistema que requisitarem manutenção ou dúvida quanto à parte tecnológica deste, guardando sigilo sobre qualquer informação extraída e se reportando ao gestor do sistema quando houver qualquer espécie de modificação, alteração, ou irregularidade observada. (Alterado pelo Decreto nº 47.967 de 23 de fevereiro de 2022)

§ 3º – O Centro de Tecnologia de Informação e Comunicação do Estado do Rio de Janeiro – PRODERJ, será o responsável técnico do sistema, respondendo por sua integridade e inviolabilidade, devendo atender aos chamados dos gestores do sistema que requisitarem manutenção ou dúvida quanto à parte tecnológica deste, guardando sigilo sobre qualquer informação extraída e se reportando ao gestor do sistema quando houver qualquer espécie de modificação, alteração, ou irregularidade observada.

§ 4º – Os órgãos setoriais de recursos humanos da Administração Pública do Poder Executivo estadual deverão fornecer acesso a todos os agentes públicos ao Portal do Servidor no prazo máximo do pagamento do primeiro vencimento. (Revogado pelo Decreto nº 47.967 de 23 de fevereiro de 2022)

§ 5º – Caberá aos titulares dos órgãos e entidades da administração pública estadual direta ou indireta, sob pena de responsabilidade, velar pela estrita observância do disposto neste Decreto.

Art. 2º – A posse e o exercício do agente público do Poder Executivo Estadual ficam condicionados à apresentação da declaração dos bens e valores que compõem o seu patrimônio privado, na forma do artigo 3º deste Decreto, conforme dispõe artigo 10, § 1º, do Decreto nº 220, de 18 de julho de 1975; artigo 13 da Lei Federal nº 8.429, de 2 de junho de 1992, e artigos 1º e 7º da Lei 8.730, de 10 de novembro de 1993. § 1º – Considera-se agente público do Poder Executivo Estadual obrigado à entrega de declaração de bens e valores todos aqueles que exercem, ainda que transitoriamente ou sem remuneração, por eleição, nomeação, designação, contratação, ou qualquer outra forma de investidura ou vínculo, mandato, cargo, emprego ou função nos órgãos e entidades da Administração Pública direta, autárquica, fundacional, empresas públicas, incluindo as entidades de personalidade jurídica de direito privado controladas pelo Poder Público.

§ 2º – Não estão obrigados à entrega da declaração de bens e valores os agentes públicos aposentados sem vínculo ativo com o Poder Executivo estadual, estagiários, residentes e cedidos a outros poderes ou entes da federação, que não estaduais, durante o período de cessão.

§ 3º – A declaração de bens e valores que integram o patrimônio privado do agente público compreenderá todas as fontes de renda, imóveis, móveis, semoventes, dinheiro, títulos, ações, investimentos financeiros, participações societárias e qualquer outra espécie de bens e valores patrimoniais, localizados no País ou no exterior, assim como doações recebidas e dívidas contraídas.

§ 4º – O agente público casado em regime de comunhão total ou parcial de bens, ou em união estável sem contrato que estabeleça regime diverso dos mencionados, deverá fazer constar em sua declaração os bens e valores que integram o patrimônio de seu cônjuge ou companheiro.

§ 5º – Caso o agente público possua cônjuge, companheiro, filhos e/ou outras pessoas que vivam sob sua dependência econômica, deverá fazer constar em sua declaração também os bens e valores destes. Art. 3º – Os agentes públicos do Poder Executivo estadual deverão entregar a declaração de bens e valores por meio do Sistema de Controle de Bens Patrimoniais dos Agentes Públicos – SISPATRI que conterá funcionalidade para recepção da declaração de bens e valores no Portal do Servidor, a partir da possibilidade de acesso ao Portal do Servidor por parte do agente público e da implantação do sistema no respectivo órgão de lotação. (Alterado pelo Decreto nº 47.967 de 23 de fevereiro de 2022)

Art. 3º – Os agentes públicos do Poder Executivo estadual deverão entregar a declaração de bens e valores por meio do Sistema de Controle de Bens Patrimoniais dos Agentes Públicos – SISPATRI que conterá funcionalidade para recepção da declaração de bens e valores a partir da implantação do sistema no respectivo órgão de lotação.

§ 1º – A declaração de bens e valores poderá ser prestada por meio de formulário próprio, na forma do anexo I deste Decreto, a ser disponibilizado pelo órgão setorial de Recursos Humanos do órgão a que se vincula o agente público, observados os trâmites previstos neste decreto e no Decreto 42.553/2010, até que seja implantado o SISPATRI em seu respectivo órgão ou entidade de lotação. (Alterado pelo Decreto nº 46.663, de 17 de maio de 2019)

§ 1º – A declaração de bens e valores poderá ser prestada por meio de formulário próprio, na forma do anexo I deste Decreto, a ser disponibilizado pelo órgão setorial de Recursos Humanos do órgão a que se vincula o agente público, observados os trâmites previstos neste decreto e no Decreto 42.553/2010, até que seja implantado o SISPATRI em seu respectivo órgão ou entidade de lotação ou nos casos de posse de novos agentes públicos no Poder Executivo estadual. (Alterado pelo Decreto nº 47.967 de 23 de fevereiro de 2022)

§ 1º – A declaração de bens e valores poderá ser prestada por meio de formulário próprio, na forma do anexo I deste Decreto, a ser disponibilizado pelo órgão setorial de Recursos Humanos do órgão a que se vincula o agente público, observados os trâmites previstos neste decreto e no Decreto 42.553/2010, até que seja implantado o SISPATRI em seu respectivo órgão ou entidade de lotação.

§ 2º – Na hipótese do § 1º deste artigo é facultada a apresentação de cópia física da última Declaração de Ajuste Anual do Imposto de Renda entregue à Secretaria da Receita Federal do Brasil do Ministério da Fazenda (DIRPF) enquanto não implantado o SISPATRI, complementando as informações que lá não constarem através do formulário próprio do Anexo I, atendendo à declaração conforme disposto no artigo 2º deste Decreto. (Alterado pelo Decreto nº 46.663, de 17 de maio de 2019)

§ 2º – Na hipótese do § 1º deste artigo é facultada a apresentação de cópia física da última Declaração de Ajuste Anual do Imposto de Renda entregue à Secretaria da Receita Federal do Brasil do Ministério da Fazenda (DIRPF) enquanto não implantado o SISPATRI ou nos casos de posse de novos agentes públicos no Poder Executivo estadual, complementando as informações que lá não constarem através do formulário próprio do Anexo I, atendendo à declaração conforme disposto no artigo 2º deste Decreto. (Alterado pelo Decreto nº 47.967 de 23 de fevereiro de 2022) § 2º – Na hipótese do § 1º deste artigo é facultada a apresentação de cópia física da última Declaração de Ajuste Anual do Imposto de Renda entregue à Secretaria da Receita Federal do Brasil do Ministério da Fazenda (DIRPF) enquanto não implantado o SISPATRI, complementando as informações que lá não constarem através do formulário próprio do Anexo I, atendendo à declaração conforme disposto no artigo 2º deste Decreto. § 3º – O agente público que entregar a declaração através de formulário ou cópia da DIRPF deverá apresentar duas vias da declaração (original e cópia) ao Setorial do órgão ou entidade de origem, que deverá promover a guarda do documento original e entregar ao declarante a cópia da declaração com recibo de entrega, com assinatura e ID funcional do servidor responsável pelo recebimento da documentação. (Alterado pelo Decreto nº 47.967 de 23 de fevereiro de 2022)

§ 3º – O agente público que entregar a declaração através de formulário ou cópia da DIRPF deverá apresentar duas vias da declaração (original e cópia) ao Setor de Recursos Humanos do órgão ou entidade de lotação, que deverá promover a guarda do documento original e entregar ao declarante a cópia da declaração com recibo de entrega, com assinatura e ID funcional do servidor responsável pelo recebimento da documentação.

§ 4º – É facultada ao agente público a entrega dos documentos em envelope lacrado, sendo assegurado o recibo de entrega de envelope lacrado, nos moldes do anexo II deste Decreto. (Revogado pelo Decreto nº 46.663, de 17 de maio de 2019) § 5º – Os órgãos setoriais de Recursos Humanos do Poder Executivo estadual deverão manter arquivo das declarações previstas neste Decreto por até cinco anos após a data em que o agente público deixar o cargo, emprego ou função e deverá encaminhar cópias das declarações, autuando processo administrativo próprio ou sigiloso para esta finalidade, sempre que solicitado pelos responsáveis pela análise da evolução patrimonial do agente.

Art. 4º – O agente público deverá apresentar a declaração de bens e valores ao setorial de Recursos Humanos a que estiver vinculado na data da posse, na forma do disposto no art. 3º deste Decreto. (Alterado pelo Decreto nº 47.967 de 23 de fevereiro de 2022)

Art. 4º – A declaração anual de bens e valores deve ser apresentada com data-início igual a estipulada pela Receita Federal para a entrega da Declaração de Ajuste Anual do Imposto de Renda Pessoa Física, e data-fim no último dia do mês subsequente ao da data limite estipulada pela Receita Federal. § 1º – A declaração anual de bens e valores deve ser apresentada em até 30 (trinta) dias após a data limite fixada pela Secretaria da Receita Federal do Brasil para a apresentação da Declaração de Ajuste Anual do Imposto de Renda Pessoa Física ou, quando este não for dia útil, no primeiro dia útil subsequente, independente da forma de entrega disposta no art. 3º deste Decreto. (Alterado pelo Decreto nº 46.663, de 17 de maio de 2019)

§ 1º – A declaração anual de bens e valores deve ser apresentada em até 60 (sessenta) dias após a data limite fixada pela Secretaria da Receita Federal do Brasil para a apresentação da Declaração de Ajuste Anual do Imposto de Renda Pessoa Física ou, quando este não for dia útil, no primeiro dia útil subsequente, independente da forma de entrega disposta no art. 3º deste Decreto. (Alterado pelo Decreto nº 47.967 de 23 de fevereiro de 2022)

§ 1º – O agente público deverá apresentar a declaração de bens e valores em até 10 dias após o início do exercício, no caso de agentes ingressantes no serviço público estadual, na forma do disposto no art. 3º deste Decreto.

§ 2º – O agente público que se encontrar, a qualquer título, regularmente afastado ou licenciado, terá o prazo de até 10 (dez) dias úteis, contado do seu retorno ao serviço, para entregar a declaração de bens e valores, desde que o prazo regular não lhe seja mais favorável. (Alterado pelo Decreto nº 47.967 de 23 de fevereiro de 2022)

§ 2º – O agente público que se encontrar, a qualquer título, regularmente afastado ou licenciado, terá o prazo de até 10 (dez) dias, contado do seu retorno ao serviço, para entregar a declaração de bens e valores, desde que o prazo regular não lhe seja mais favorável.

§ 3º – O agente público que deixar o cargo, emprego ou função deverá atualizar a declaração de bens e valores concomitantemente à concessão do seu pedido de exoneração, rescisão contratual, dispensa, devolução à origem ou aposentadoria.

§ 4º – O agente público poderá, por meio de declaração retificadora, alterar ou excluir informações, bem como acrescentar dados referentes aos bens e valores que não foram incluídos na declaração originalmente apresentada.

§ 5º – A declaração retificadora substitui integralmente a declaração originalmente apresentada.

§ 6º – Para fins de consulta, o sistema ou o órgão setorial de recursos humanos deverá manter arquivadas todas as informações anteriormente declaradas, originais e retificadas, com as alterações e exclusões, bem como, se for o caso, com as informações adicionadas.

Art. 5º – No ano calendário de implantação do SISPATRI para cada órgão da Administração Pública do Poder Executivo estadual, o prazo será de 60 (sessenta) dias para entrega das declarações de bens e valores, contados: I – do dia seguinte da implantação do SISPATRI se a data desta ocorrer posteriormente ao último dia da data limite para entrega da Declaração de Ajuste Anual do Imposto de Renda Pessoa Física à Receita Federal do Brasil, independente de ter sido apresentada a declaração por formulário físico; II – do dia seguinte ao prazo final para entrega da Declaração de Ajuste Anual do Imposto de Renda Pessoa Física à Receita Federal do Brasil se a implantação do SISPATRI for anterior a esta data. Art. 6º – A falta de apresentação da declaração de bens e valores pelos agentes públicos estaduais nas datas previstas será apurada pelos respectivos órgãos setoriais de Recursos Humanos da Administração Pública do Poder Executivo estadual, que deverão exigir a apresentação da referida declaração no prazo de dois dias úteis, informando as penalidades previstas neste artigo. (Alterado pelo Decreto nº 46.663, de 17 de maio de 2019)

Art. 6º – A falta de apresentação da declaração de bens e valores pelos agentes públicos estaduais nas datas previstas será apurada pelos respectivos órgãos setoriais de Recursos Humanos da Administração Pública do Poder Executivo estadual, que deverão exigir a apresentação da referida declaração, conforme estabelecido no parágrafo único do Artigo 8º deste Decreto, informando ao agente público as penalidades previstas neste artigo e na legislação em vigor, principalmente em relação ao disposto no artigo 5º do Decreto nº 42.553/2010 e no artigo 13, § 3º, da Lei nº 8.429/ 1992, que prevê a penalidade de demissão. (Alterado pelo Decreto nº 47.967 de 23 de fevereiro de 2022)

Art. 6º – Os órgãos setoriais de Recursos Humanos da Administração Pública do Poder Executivo estadual deverão exigir a apresentação da referida declaração durante as datas estipuladas pelo artigo 4º deste Decreto, informando ao agente público as penalidades previstas neste Decreto e na legislação em vigor, principalmente em relação ao disposto no artigo 5º do Decreto nº 42.553/ 2010 e no artigo 13, § 3º, da Lei nº 8.429/ 1992, que prevê a penalidade de demissão. § 1º – Após a exigência mencionada no *caput*, a não apresentação da declaração pelo agente público será entendida como recusa, ficando sujeito à suspensão dos vencimentos até que tal obrigatoriedade seja devidamente sanada. (Revogado pelo Decreto nº 46.663, de 17 de maio de 2019) § 2º – A não apresentação por parte do agente público por tempo superior a noventa dias acarretará a abertura de Processo Administrativo Disciplinar, que ensejar a aplicação da pena de demissão do serviço público, conforme previsto no artigo 5º do Decreto 42.553/2010. (Alterado pelo Decreto nº 46.663, de 17 de maio de 2019)

§ 2º – A não apresentação por parte do agente público, no prazo de 10 (dez) dias, acarretará a abertura de procedimento administrativo disciplinar cabível, que poderá ensejar a aplicação da pena de demissão do serviço público, conforme previsto no artigo 5º do Decreto 42.553/10 e artigo 13, § 3º, da Lei 8.429/92. (Revogado pelo Decreto nº 47.967 de 23 de fevereiro de 2022)

§ 3º – A aplicação de qualquer sanção que não aquela mencionada no § 1º será precedida da instauração e conclusão do processo administrativo disciplinar, consoante à legislação específica. (Alterado pelo Decreto nº 46.663, de 17 de maio de 2019)

§ 3º – A aplicação de qualquer sanção será precedida da instauração e conclusão do procedimento administrativo disciplinar cabível, consoante à legislação específica.

§ 4º – O órgão setorial de Recursos Humanos deverá comprovar a exigência da apresentação da declaração de bens e valores realizada ao agente público inadimplente, reduzindo tal exigência a Termo que informe a forma, data e modo que tal cobrança foi realizada, juntando esse e demais documentos comprobatórios de tal medida ao processo administrativo aberto para apurar a falta de apresentação. (Alterado pelo Decreto nº 46.663, de 17 de maio de 2019)

§ 4º – O órgão setorial de Recursos Humanos deverá comprovar a exigência da apresentação da declaração de bens e valores realizada ao agente público inadimplente, reduzindo tal exigência a Termo que informe a forma, data e modo que tal cobrança foi realizada, juntando esse e demais documentos comprobatórios de tal medida ao procedimento administrativo disciplinar aberto para apurar a falta de apresentação. (Revogado pelo Decreto nº 47.967 de 23 de fevereiro de 2022)

§ 5º – A falta da apresentação da declaração de bens e valores nas datas previstas ou apresentação de informações falsas configura descumprimento de dever funcional e sujeita o agente público às sanções cabíveis, na esfera penal, civil e administrativa.

§ 6º – Quando da adoção do procedimento mencionado no § 2º deste artigo, o órgão setorial ou entidade deverá comunicar a CGE, bem como informar o seu resultado, exceto nos casos do § 2º do artigo 10. (Revogado pelo Decreto nº 47.967 de 23 de fevereiro de 2022)

Art. 7º – O sigilo das informações prestadas pelo agente público deverá ser preservado por todos os que tenham acesso às declarações de bens e valores, sob pena de responsabilização na esfera penal, civil e administrativa, nos termos da legislação vigente.

Art. 8º – Os órgãos setoriais de Recursos Humanos da Administração Pública do Poder Executivo estadual divulgarão, anualmente, em período que precede os prazos estabelecidos nos artigos 4º e 5º deste Decreto, a necessidade de apresentação da declaração anual de bens e valores. Parágrafo único – Após o término do prazo para apresentação da declaração de bens e valores, os órgãos setoriais de Recursos Humanos da Administração Pública do Poder Executivo estadual terão quinze dias para apresentar relatório aos seus superiores imediatos referente aos agentes inadimplentes e promover a cobrança descrita no artigo 6º deste Decreto em até cinco dias após a finalização dos respectivos relatórios, sob pena de responsabilização disciplinar. (Revogado pelo Decreto nº 47.967 de 23 de fevereiro de 2022)

Art. 9º – A Controladoria Geral do Estado e a Secretaria de Estado de Fazenda e Planejamento definirão o planejamento e cronograma de implantação do sistema nos órgãos e entidades do Poder Executivo estadual, que será realizada em ondas, de acordo com o número de servidores ativos nos respectivos órgãos, conforme planejamento descrito no Anexo III deste decreto. (Alterado pelo Decreto nº 46.663, de 17 de maio de 2019)

Art. 9º – A Controladoria Geral do Estado e a Secretaria de Estado de Fazenda definirão o planejamento e cronograma de implantação do sistema nos órgãos e entidades do Poder Executivo estadual, que será realizada em ondas, de acordo com o número de servidores ativos nos respectivos órgãos, conforme planejamento descrito no Anexo III deste decreto.

Art. 10 – A Controladoria Geral do Estado fiscalizará o cumprimento da exigência de entrega das declarações regulamentadas por este Decreto, a ser realizado pelo serviço de pessoal competente, sem prejuízo da fiscalização por outros órgãos de controle.

§ 1º – A Controladoria Geral do Estado e as autoridades competentes de cada órgão ou entidade do Poder Executivo Estadual poderão analisar, sempre que julgarem necessário, as declarações de bens e valores, independente da abertura de sindicância patrimonial, para fins de verificação e acompanhamento da evolução patrimonial dos agentes públicos e sua compatibilidade com os recursos e disponibilidades que compõem o seu patrimônio.

§ 2º – As competências da Controladoria Geral do Estado previstas neste artigo não se aplicam aos agentes públicos da Defensoria Pública do Estado, Procuradoria Geral do Estado, Secretaria de Estado de Segurança Pública, Secretaria de Estado da Administração Penitenciária, Secretaria de Estado de Defesa Civil, Secretaria Estadual de Fazenda e Planejamento e de outros órgãos e entidades que possuírem Corregedorias próprias com autonomia prevista na legislação. (Alterado pelo Decreto nº 46.663, de 17 de maio de 2019)

§ 2º – As competências da Controladoria Geral do Estado previstas neste artigo não se aplicam aos agentes públicos da Defensoria Pública do Estado, Procuradoria Geral do Estado, Secretaria de Estado de Polícia Militar, Secretaria de Estado de Polícia Civil, Secretaria de Estado da Administração Penitenciária, Secretaria de Estado de Defesa Civil e Corpo de Bombeiros Militar, Secretaria Estadual de Fazenda e de outros órgãos e entidades que possuírem Corregedorias próprias com autonomia prevista na legislação. (Alterado pelo Decreto nº 47.967 de 23 de fevereiro de 2022)

§ 2º – As competências da Controladoria Geral do Estado previstas neste artigo não se aplicam no âmbito das corregedorias da Procuradoria Geral do Estado, da Secretaria de Estado de Polícia Militar, da Secretaria de Estado da Polícia Civil, da Secretaria de Estado da Administração Penitenciária, da Secretaria de Estado de Defesa Civil e Corpo de Bombeiros Militar, da Corregedoria Tributária da Secretaria Estadual de Fazenda, e de outros órgãos e entidades que possuírem Corregedorias próprias com autonomia prevista na legislação.

Art. 11 – Ao tomar conhecimento de fundada notícia, mesmo por denúncia anônima, ou ainda de indícios de enriquecimento ilícito, inclusive evolução patrimonial incompatível com os recursos e disponibilidades do agente público, ou da prestação de declaração falsa pelo agente à Administração, a autoridade competente para investigar e apurar os fatos determinará a instauração de sindicância patrimonial.

§ 1º – A sindicância patrimonial será instaurada, mediante portaria, pela autoridade competente.

§ 2º – A sindicância patrimonial constituir-se-á em procedimento sigiloso e meramente investigatório, não tendo caráter punitivo.

§ 3º – O procedimento de sindicância patrimonial será conduzido por comissão composta por dois ou mais servidores ou empregados efetivos de órgãos ou entidades da administração pública estadual, direta ou indireta.

§ 4º – O prazo para conclusão do procedimento de sindicância patrimonial será de trinta dias, contados da data da publicação do ato que constituir a comissão, podendo ser prorrogado, por igual período ou por período inferior, pela autoridade competente pela instauração, desde que justificada a necessidade.

§ 5º – Concluídos os trabalhos da sindicância patrimonial, a comissão responsável por sua condução fará relatório sobre os fatos apurados, opinando pelo seu arquivamento ou, se for o caso, por sua conversão em processo administrativo disciplinar.

§ 6º – Caberá à Controladoria Geral do Estado e as autoridades competentes para instauração da Sindicância Patrimonial adotarem medidas que garantam a preservação do sigilo das informações recebidas, relativas à situação econômica ou financeira do agente público ou de terceiros e à natureza e ao estado de seus negócios ou atividades.

Art. 12 – Concluído o procedimento de sindicância patrimonial nos termos deste Decreto, dar-se-á imediato conhecimento do fato ao Ministério Público Estadual, ao Tribunal de Contas do Estado, à Corregedoria Geral do Estado, à Secretaria da Receita Federal do Brasil e ao Conselho de Controle de Atividades Financeiras – COAF, resguardando-se o sigilo das apurações realizadas.

Art. 13 – A Secretaria de Estado de Fazenda e Planejamento e a Controladoria Geral do Estado deverão expedir os atos normativos necessários à regulamentação deste Decreto. (Alterado pelo Decreto nº 46.663, de 17 de maio de 2019)

Art. 13 – A Secretaria de Estado de Fazenda e a Controladoria Geral do Estado deverão expedir os atos normativos necessários à regulamentação deste Decreto. (Alterado pelo Decreto nº 47.967 de 23 de fevereiro de 2022) Art. 13 – O Centro de Tecnologia de Informação e Comunicação do Estado do Rio de Janeiro – PRODERJ e a Controladoria Geral do Estado – CGE-RJ deverão expedir os atos normativos necessários à regulamentação deste Decreto.

Art. 14 – Os demais órgãos do Poder Executivo, não listados no Anexo III, poderão em comum acordo com a SEFAZ e CGE estabelecer a forma de cadastro e envio da declaração de bens e valores através do SISPATRI. (Alterado pelo Decreto nº 47.967 de 23 de fevereiro de 2022) Art. 14 – Os demais órgãos do Poder Executivo, não listados no Anexo III, poderão em comum acordo com o PRODERJ e CGE estabelecer a forma de cadastro e envio da declaração de bens e valores através do SISPATRI.

Art. 15 – A Secretaria de Estado de Fazenda e Planejamento realizará as atribuições definidas neste decreto para a Controladoria Geral do Estado até a sua estruturação e organização final. (Alterado pelo Decreto nº 46.663, de 17 de maio de 2019)

Art. 15 – A Secretaria de Estado de Fazenda realizará as atribuições definidas neste decreto para a Controladoria Geral do Estado até a sua estruturação e organização final.

Art. 16 – Os prazos estipulados neste decreto poderão ser prorrogados, desde que justificados e possuam a concordância dos órgãos responsáveis pelo gerenciamento e análise da evolução patrimonial do agente público. Art. 17 – Este Decreto entrará em vigor na data de sua publicação, revogadas as disposições em contrário.

Rio de Janeiro, 17 de julho de 2018.

LUIZ FERNANDO DE SOUZA